SEMINÁRIOS SOBRE
CENSURA

SEMINÁRIOS SOBRE CENSURA

NÚCLEO DE PESQUISA EM COMUNICAÇÃO E CENSURA (NPCC/ECA/USP)

CRISTINA COSTA (ORG.)

balão editorial

FAPESP

Equipe Balão Editorial
Flávia Cristina Yacubian
Guilherme Kroll Domingues
Natália Carrança Tudrey

Capa Studio DelRey

Imagem da capa do livro de Nelson Rodrigues, *Perdoa-me por me traíres*, na p. 223, gentilmente cedida por Nova Fronteira Participações S.A.

CIP-BRASIL. CATALOGAÇÃO-NA-FONTE
SINDICATO NACIONAL DOS EDITORES DE LIVROS, RJ

S474

Seminários sobre a censura : Núcleo de Pesquisa em Comunicação e Censura (NPCC/ECA/USP) / Cristina Costa (org.). - 1.ed. - São Paulo : Balão Editorial/Fapesp, 2012.

Inclui bibliografia
ISBN 978-85-63223-05-0

1. Teatro - Censura - Brasil - História. 2. Teatro - Brasil - História. I. Costa, Maria Cristina Castilho

12-5849 CDD: 792.0981
CDU: 792(81)

Acompanhe-nos na web!
www.balaoeditorial.com.br
Twitter: @balaoeditorial
Facebook: www.facebook.com/balaoeditorial

Para falar com a gente:
balaoeditorial@balaoeditorial.com.br

Sumário

Parte II – ESTUDOS DE CASO — 133

Parte III – RELATOS DA RESISTÊNCIA — 227

Apresentação

Em dezembro de 1926, a Companhia Portugueza de Revistas, querendo levar a público um espetáculo teatral do gênero revista, com o título *Tiro-liro*, encaminhou a um órgão chamado Gabinete de Investigações uma solicitação de censura prévia. O resultado da avaliação censória foi aquilo a que se chama de "liberação parcial". No caso, a peça foi liberada para apresentação com corte de uma única palavra, que aparece em 16 trechos.

A existência da Companhia Portugueza de Revistas, de um espetáculo chamado *Tiro-liro*, e o fato de ele não ter sido apresentado ao público conforme foi concebido por seu autor poderiam ter sido completamente esquecidos, não fosse um procedimento burocrático que permitiu a guarda de uma série de documentos que deixaram as gerações posteriores conhecer tais fatos contados no parágrafo anterior. Sabe-se de todo esse processo porque a cópia carimbada e censurada da peça, com anotações do censor, foi guardada num prontuário de número 503 que, juntamente com outros, compôs o arquivo da Divisão de Diversões Públicas do Estado de São Paulo (DDP/SP).

Dentro desse arquivo, o prontuário 503 é o registro mais antigo de uma prática que vinha desde os tempos da Colônia: a censura prévia ao teatro. Todos aqueles que pretendiam apresentar um espetáculo teatral deveriam dirigir-se ao órgão de fiscalização em seu estado com um requerimento de autorização, acompanhado de duas cópias do texto do espetáculo para avaliação. Iniciava-se aí um conjunto de ações que, caracterizando um processo burocrático, poderiam ser traduzidas em carimbos, comunicados, cartas, certificados de censura, pareceres dos censores em que comunicavam o motivo do veto à peça ou justificavam sua liberação, se questionados. No estado de São Paulo, possivelmente em outros também, esses documentos foram reunidos em prontuários numerados - cada um com as avaliações sofridas por uma mesma peça.

Em São Paulo, desde a década de 1920, existia um órgão responsável pela censura prévia às diversões públicas. Tendo seu nome alterado algumas vezes, a partir de 1947 passou a se chamar Divisão de Diversões Públicas (DDP) até sua extinção na década de 1970. A seção de censura teatral da DDP arquivou cuidadosamente os prontuários (também chamados de processos) da censura, mesmo aqueles que foram organizados antes de sua criação. Além dos documentos gerados pelo próprio processo de censura, também foram guardados registros de protestos de autores e produtores em relação a vetos e cortes, e manifestações populares de apoio à liberação ou ao veto à peça. Todos esses documentos foram encadernados dentro de seus respectivos prontuários e registrados em fichas catalográficas com os principais dados de cada peça. Extinto o DDP, esse arquivo foi mantido pela Secretaria de Segurança Pública.

Poucas pessoas sabiam de sua existência tanto antes quanto depois da extinção da censura prévia às diversões públicas. Uma delas era Miroel Silveira - autor, diretor, crítico, organizador de companhias de teatro, tradutor, ator e professor do Departamento de Artes Cênicas da Escola de Comunicações e Artes (ECA) da Universidade de São Paulo (USP) -, que utilizou esse arquivo como fonte de pesquisa para sua Tese de Doutorado, mais tarde transformada em livro, defendida em 1973, com o nome *Comédia de costume no período ítalo-brasileiro: subsídio para o estudo da contribuição italiana ao nosso teatro*. Sabedor da importância do conteúdo do arquivo e de seu potencial de pesquisa, Miroel Silveira o levou para a ECA, em 1988, alguns meses antes da promulgação da nova Constituição, que extinguia a censura prévia às diversões públicas.

Na ECA, esses documentos passaram da sala do professor à Biblioteca, onde receberam o nome de Arquivo Miroel Silveira. Durante vários anos, esses documentos não receberam tratamento técnico e pouco foram pesquisados.

Em 2002, depois que a então presidente da Comissão da Biblioteca, a Profa. Dra. Maria Cristina Castilho Costa, conseguiu apoio da Fundação de Amparo à Pesquisa do Estado de São Paulo (Fapesp), iniciou-se projeto de pesquisa científica *Arquivo Miroel Silveira: A Censura em Cena - organização e análise dos processos de censura teatral do Serviço de Censura do Departamento de Diversões Públicas do Estado de São Paulo*. Mais tarde, em 2005, conseguiu-se apoio da mesma Fapesp para o projeto temático (portanto, uma pesquisa de maior duração) *A Cena Paulista: um estudo da produção cultural de São Paulo de 1930 a 1970 a partir do Arquivo Miroel Silveira*, que se estendeu até 2009. Aderiram a essa pesquisa a Profa. Dra. Mayra Rodrigues Gomes e a Profa. Dra. Roseli Aparecida Figaro Paulino. Também em 2009, outro projeto temático foi aprovado: *Comunicação e Censura: análise teórica e documental de processos censórios a partir do Arquivo Miroel Silveira da Biblioteca da ECA/USP*. O projeto conta com a participação das mesmas pesquisadoras principais e acrescenta, à pesquisa teórica e documental, um projeto de videoentrevistas.

O acervo do Arquivo Miroel Silveira (AMS) oferece um conteúdo valiosíssimo em autenticidade, formado por fontes primárias e originais de informação. Portanto, constitui-se em rico patrimônio de caráter documental, que preserva e resguarda a memória cultural e histórica de um período que abrange quatro décadas.

A coleção de peças do AMS é um registro eloquente da memória de São Paulo, em uma época de confluência de imigrantes que se refugiavam no país, em busca de qualidade de vida e riqueza. Em troca, esses povos traziam seus costumes, suas crenças, suas referências culturais e simbólicas. Essa diversidade está materializada nos idiomas das peças que integram o arquivo. Nem todas foram escritas em português, porque eram apresentadas para avaliação dos censores e, depois de liberadas, também encenadas no idioma original dos autores: italiano, alemão, espanhol, iídiche, lituano, armênio, entre outros.

Ao longo de quase dez anos, as pesquisas em torno do AMS contaram com o apoio da Fapesp, do Conselho Nacional de Desenvolvimento Científico e Tecnológico (CNPq) e da própria Universidade de São Paulo. Não só no apoio à pesquisa, mas também na concessão de bolsas e auxílio a eventos, que resultaram em iniciações científicas, mestrados, doutorados, exposições, livros, artigos de periódicos, participações em eventos nacionais e internacionais. Foram feitos contatos com estudiosos da censura de outros países, bem como foram conhecidos arquivos de conteúdo semelhante ao do AMS. Foi criado o Grupo de Pesquisa Arquivo Miroel Silveira, que hoje é o Núcleo de Pesquisa em Comunicação e Censura (NPCC), que pode ser mais bem conhecido no *website* <http://npcc.vitis.uspnet.usp.br>.

No NPCC, a produção dos pesquisadores colabora para identificar e revelar as relações dos censores e autores teatrais e os mecanismos de controle da produção simbólica pelo Estado, a partir dos processos do Arquivo Miroel Silveira. Essa produção coloca ainda em interação e diálogo diversas áreas do conhecimento, permitindo elucidar causas e consequências de perspectivas artísticas, literárias, culturais, comportamentais, históricas, geográficas, jurídicas e políticas.

O trabalho dos pesquisadores concentra-se em uma revisão dos processos do AMS por meio da leitura crítica e da análise de conteúdo dos processos. Com a pesquisa nos prontuários da censura percebeu-se que, a partir do Arquivo, vários temas poderiam ser estudados: a própria ação da censura, o teatro amador em suas várias vertentes (operário e de imigrantes, por exemplo), os gêneros teatrais, as trocas culturais entre o Brasil e outros países, os reflexos da censura passada no cenário cultural do país nos dias de hoje. Os resultados, cada vez mais, revelam as revisões históricas necessárias para se entender o passado, o presente e traçar tendências para o futuro. Cada nova pesquisa que se inicia no Arquivo Miroel Silveira pode ser interpretada como um ato de resistência ao esquecimento, e de testemunho, principalmente da prática censória, sempre presente em nossa sociedade.

Assim, o conhecimento está em plena relação com os fatos do mundo. O saber é uma prática em permanente construção, com suas propostas de métodos de abordagem e relações diversas de significado. É um processo intenso, cuja investigação proporciona a desconstrução e a reinterpretação de fatos e conceitos, muitas vezes incorporados e naturalizados pelo comportamento.

Para incentivar essa confluência de informações, o NPCC promove uma série de eventos de discussão sobre a censura em geral, criando oportunidades para intercâmbio de informações e de saberes entre a produção científica nacional e internacional, bem como o estabelecimento de novos contatos.

Este livro traz uma parte dessa história de pesquisa e troca entre pesquisadores. Trata-se de uma coletânea de ensaios feita através das diferentes atividades do NPCC – seminários internos, seminários abertos ao público e participação em congressos. Os seminários internos são reuniões com os membros do Núcleo em que convidados de fora vêm falar sobre temas relacionados ao teatro e à censura. Dos seminários abertos ao público, destacamos as transcrições de palestras e os ensaios produzidos com base em palestras realizadas em dois grandes eventos organizados pelo NPCC: o Seminário 1968 – Liberdade e Repressão, realizado entre 15 de outubro de 2008, e o Seminário Internacional Comunicação e Censura, entre 17 e 20 de agosto de 2010. Alguns ensaios foram produzidos especialmente para este livro.

Dividimos o livro em quatro partes: discussão da censura como um todo, em diferentes abordagens (de um ponto de vista, num país, num meio de comunicação); estudos de caso (aspectos específicos de um processo ou um conjunto de processos de censura); relatos da resistência, em que nos são apresentadas as diferentes maneiras encontradas pelos artistas para falar sobre e combater a opressão; e uma discussão sobre a classificação indicativa, entendida por uma parcela da sociedade como censura.

O único ensaio que não discute a censura tem sua razão de ser. Trata-se da conferência do antropólogo português Nuno Porto, que fala sobre a etnografia de arquivos. Ele discute como o arquivo – formado a partir de necessidades burocráticas de controle – torna-se o retrato, sob um ponto de vista específico, de um grupo social num momento passado. Esse retrato permite ao pesquisador da atualidade estudar sociedades com as quais não teve contato, desta vez, sob outro ponto de vista. No caso do AMS, ele permitiu recuperar aspectos desconhecidos da história da cultura brasileira.

É este, enfim, o propósito deste livro: levar ao público as diferentes dimensões da pesquisa em torno da censura e tornar públicas as memórias que estão sendo recuperadas.

Walter de Sousa Junior
(editor executivo)

Sobre os autores

Andrea Limberto Leite: Jornalista, doutora em Ciências da Comunicação pela Escola de Comunicações e Artes da USP. Integrante do Núcleo de Pesquisa em Comunicação e Censura (NPCC).

Barbara Heller: Professora doutora, docente do Mestrado em Comunicação da Universidade Paulista (Unip) e do curso de Letras, nível graduação, no Centro Universitário Fundação Santo André. Integrante do Núcleo de Pesquisa em Comunicação e Censura (NPCC).

Carlos Fico: Professor doutor da Universidade Federal do Rio de Janeiro (UFRJ), autor dos livros *Como eles agiam: subterrâneos da ditadura militar* (2001) e *O Grande Irmão: da Operação Brother Sam aos anos de chumbo. O governo dos EUA e a ditadura militar brasileira.*

Cristina Costa: Professora doutora, titular do Departamento de Comunicações e Artes da Escola de Comunicações e Artes da USP. Autora e organizadora dos livros: *Censura em cena; Comunicação e Censura – O circo-teatro na produção cultural paulista de 1930 a 1970* (org.); *Censura, repressão e resistência no teatro brasileiro* (org.); *Teatro, comunicação e censura – Anais* *do Seminário Internacional A Censura em Cena* (org.); *Teatro e Censura – Vargas e Salazar*. Coordenadora do Núcleo de Pesquisa em Comunicação e Censura (NPCC).

Eliza Bachega Casadei: Jornalista e doutoranda do Departamento de Jornalismo e Editoração da Escola de Comunicações e Artes da USP. Professora dos cursos de Comunicação Social do Complexo Educacional FMU. Teve uma bolsa de iniciação científica para trabalhar com o Arquivo Miroel Silveira. Coautora do livro: *Palavras Proibidas: pressupostos e subentendidos da censura teatral*.

Ferdinando Martins: Professor doutor da Escola de Comunicações e Artes da USP e integrante do Núcleo de Pesquisa em Comunicação e Censura (NPCC).

Iná Camargo Costa: Professora doutora da Faculdade de Filosofia, Letras e Ciências Humanas (FFLCH) da USP.

Josseline I. Cabanne: Professora do Instituto Uruguayo de Educación por el Arte – Taller Barradas.

Juliusz Tyszka: Professor doutor, chefe da Unidade de Estudos de Performance do Instituto de Estudos Culturais da Escola de Ciências Sociais da Universidade Adam Mickiewicz em Poznań, Polônia.

Maria Helena Vicente Werneck: Doutora em Letras pela Universidade Federal do Rio de Janeiro (UFRJ) e professora do Departamento de Teoria do Teatro e do Programa de Pós-Graduação em Artes Cênicas da Universidade Federal do Estado do Rio de Janeiro (Unirio), onde dirige, ainda, a Escola de Letras. Coordenou, no Brasil, o Projeto de Cooperação Internacional Capes-FCT entre Unirio, USP e Universidade de Lisboa. É autora do livro

O homem encadernado. A escrita das biografias de Machado de Assis e organizou, com Maria João Brilhante, o livro *Texto e Imagem. Estudos de teatro.* Tem artigos publicados nas revistas *O Percevejo, Sala Preta, Sinais de Cena* e *Semear.* É pesquisadora do CNPq.

Mayra Rodrigues Gomes: Professora doutora, titular do Departamento de Jornalismo e Editoração da Escola de Comunicações e Artes da USP. Coautora do livro: *Palavras Proibidas: pressupostos e subentendidos da censura teatral.* Integrante do Núcleo de Pesquisa em Comunicação e Censura (NPCC).

Nara Lya Simões Caetano Cabral: Graduanda do curso de Jornalismo da Escola de Comunicações e Artes da USP, é bolsista de Iniciação Científica da Fundação de Amparo à Pesquisa do Estado de São Paulo (Fapesp) junto ao Projeto Temático *Comunicação e Censura: análise teórica e documental de processos censórios a partir do Arquivo Miroel Silveira da Biblioteca da ECA/USP.*

Nuno Porto: Professor doutor do Departamento de Ciências da Vida (Antropologia) da Universidade de Coimbra. Foi coordenador do Museu Antropológico, Seção de Antropologia, do Museu de História Natural da Universidade de Coimbra, entre 2002 e 2006. Membro da comissão para a reabertura do Museu de Dundo, Ministério da Cultura de Angola e membro da equipe de pesquisa para montagem do Museu da Reitoria da Universidade de Coimbra. Faz parte do Centro em Rede de Investigação em Antropologia - FCT da mesma Universidade.

Pedro Abramovay: Advogado, ex-secretário nacional de Justiça (cargo que deixou em janeiro de 2011), ex-secretário de Assuntos Legislativos do Ministério da Justiça e ex-assessor especial do mesmo Ministério. Atualmente é professor da Escola de Direito da Fundação Getulio Vargas (FGV).

Sérgio Mattos: Mestre e doutor em Comunicação pela Universidade do Texas, professor do curso de Jornalismo da Universidade Federal do Recôncavo da Bahia (UFRB). Autor dos livros: *O guerreiro midiático: biografia de José Marques de Melo*; *O contexto midiático* e *A mídia nas páginas dos jornais.*

Tania Brandão: Professora doutora da Universidade Federal do Estado do Rio de Janeiro (Unirio), é crítica teatral e coordena o GT Teatro Brasileiro da Associação Brasileira de Pesquisa e Pós-Graduação em Artes Cênicas (Abrace). Autora e organizadora dos livros: *O teatro através da história* (org.); *Itália Fausta: a densidade do mito* (org.); *Teatro Brasileiro no século XX* (coautora); *A máquina de repetir e a fábrica de estrelas*; *Brasil, palco e paixão: um século de teatro* (org.); *Uma empresa e seus segredos: Companhia Maria Della Costa (1948-1974).*

Valério Cruz Brittos: Professor titular do Programa de Pós-Graduação em Ciências da Comunicação da Universidade do Vale do Rio dos Sinos (Unisinos), pesquisador do Conselho Nacional de Desenvolvimento Científico e Tecnológico (CNPq), consultor da Rede de Economia Política de Tecnologias da Informação e Comunicação, vice-presidente da La Unión Latina de Economia Política de la Información, la Comunicación y la Cultura.

Walter de Sousa Junior: Jornalista, mestre e doutor pela Escola de Comunicações e Artes da USP e pós-doutorando com bolsa Fapesp. Integrante do Núcleo de Pesquisa em Comunicação e Censura (NPCC).

PARTE I

DISCUTINDO A CENSURA

Etnografia de arquivos[1]

Nuno Porto

O título desta apresentação associa dois termos num programa de trabalho que nesta forma – título – parecem isentos de problematização. E esse título, entendido dessa maneira, quase sugere uma possível desmultiplicação e pormenorização de outros programas de trabalho. Do gênero: "como fazer uma etnografia de arquivos", ou mesmo (estou parafraseando o título de um livro português de receitas de bacalhau) "mil e uma maneiras de etnografar um arquivo". Dadas as possibilidades a que o título remete, parece-me prudente explicitar que esta apresentação pretende tratar do contrário: quero dizer, em lugar de trazer "receitas", pretende problematizar o que sejam "arquivos" e, paralelamente, explorar práticas etnográficas contemporâneas. Finalmente, procurarei debater, em modo prospectivo, modalidades em curso de exploração etnográfica de objetos suscetíveis de ser considerados "em modo" de arquivo.

O trajeto proposto implica uma digressão inicial pelo arquivo das práticas etnográficas; seguir depois algumas de suas trajetórias divergentes, que conduzem à incorporação de "arquivos" como seus objetos e tentar, a partir daí, esboçar uma espécie de estado da arte a respeito desta relação entre práticas – quero dizer – entre a prática etnográfica e a prática do arquivo.

1. Conferência realizada no dia 18 de agosto de 2010, durante o Seminário Internacional Comunicação e Censura. O texto foi adaptado para o português do Brasil.

1. Etnografia como método

Na história canônica da Antropologia, a etnografia tem sido definida como um método. O método etnográfico foi estabelecido como uma garantia da cientificidade da disciplina, decalcado dos pressupostos de cientificidade das Ciências Naturais. No início do século passado, essa noção de cientificidade implicava um caráter positivista, e era esse caráter que o método etnográfico assegurava, na medida em que se definia pela "observação participante". Prosseguindo no âmbito de uma história canônica da disciplina, Bronislaw Malinowski teria sido o fundador da disciplina – ou da sua versão europeia na academia inglesa – pela explicitação daquilo em que consistia o método. E uma das particularidades decorria da criação de condições laboratoriais para exercício de observação. Segundo ele, era necessário aprender a falar sua língua e comunicar-se com os "nativos" sem intermediários, tradutores ou intérpretes; criar um cotidiano idêntico ao dos "nativos", o que era facilitado se se habitasse junto deles (em vez de ficar tendo conversas com pessoas selecionadas na varanda das habitações coloniais); e, enfim, despertar cada dia para um dia em tudo idêntico ao dos "nativos". O método etnográfico implicava em "observação participante", o que queria dizer que o investigador não se devia limitar a recolher o que aparecia, mas – são as palavras dele – deveria ser um "caçador ativo" de informação, agrupando informação segundo áreas precisas (vida familiar, atividades domésticas, atividades coletivas, ritual, relações políticas etc.) e construindo, dessas áreas, quadros sinópticos, que permitissem questionar, periodicamente, o que estava feito e o que ficava por fazer.

O propósito dessa recolha de informação, entendida como exercício objetivo de um método, era resumido a três propósitos: registrar o que, segundo eles, pensavam que estavam fazendo; registrar o que diziam que estavam fazendo e, finalmente, registrar o que, de fato, faziam. A articulação entre os três níveis de informação produzia o resultado da aplicação do método que era a percepção de seu mundo, nos seus próprios termos. Como o historiador da Antropologia George Stocking (1983) explica: a mitografia da criação da Antropologia como disciplina científica – a fundação do método etnográfico – funciona como um passe de mágica, em que Malinowski acaba por dizer não só que tal método era possível, mas que, além disso, ele o tinha aplicado.

1.1. Agenda

Importa, para já reter que, mitografia à parte, a noção de etnografia – mesmo nesta versão positivista que estabelece um observador e um observado; um agente que conhece e um sujeito, passivo, desse conhecimento – é uma descrição interessada: isto é, uma investigação motivada por problemas específicos e que visa dar respostas a questões emergentes do campo. O problema aqui é que talvez a etnografia não seja exatamente um método.

Fazem parte do anedotário da Antropologia (uma espécie de arquivo paralelo sobre a disciplina) outras descrições do que seja fazer trabalho etnográfico e que não abonam muito a favor da etnografia enquanto método. Evans-Pritchard, por exemplo, resumia suas recomendações aos seus estudantes, quando iam para o campo, ao princípio de serem bem-educados. Isaac Shapera, outro africanista, recomendava que levassem muito quinino e... tratassem de se manter vivos.

Anedotário à parte, o método tal como explicitado por Malinowski nessa altura nos anos 1920, estava já incorporado à Antropologia norte-americana, com Franz Boas, numa ótica de relação com os nativos da Costa Noroeste do Pacífico, que ultrapassava a oposição positivista entre "nós e eles" e colocava a própria possibilidade do método etnográfico numa relação de entendimento entre sujeitos. Quero dizer, com isto, que, se olharmos com detalhe para o método etnográfico, ficamos entre duas perspectivas.

Por um lado, seguindo a versão de Malinowski, a etnografia seria um método de recolha e tratamento de informação. A aplicação de princípios de método faria do trabalho antropológico uma ciência objetiva, despersonalizada, cumulativa, tendente a construir um arquivo de conhecimento sobre grupos humanos. Por outro, seguindo as práticas de trabalho de terreno da maioria dos fundadores da Antropologia – incluindo os textos não doutrinários de Malinowski[2] – o trabalho etnográfico emerge como uma espécie de arte: ou seja, uma série de procedimentos de recolha de informação, desprovidos de um roteiro preciso e cuja aplicação necessita de ser aferida circunstancialmente e ponderada caso a caso.

A esse propósito é conhecida a comparação que Evans-Pritchard formula a propósito de seu trabalho entre os azandes e entre os nuers, realizado uns anos depois. Evans-Pritchard explica que os azandes não deixaram outra alternativa senão viver numa aldeia, entre eles, como um deles. Com os nuers, foi o contrário: a possibilidade de relação etnográfica assentava no fato de ele não ser um deles, nem, como tal, poder viver como um. Foi, enquanto estrangeiro, que sua presença foi sendo tolerada, às vezes mais, outras vezes nem tanto (1951).[3]

1.2. Relação

De uma forma ou de outra, os apontamentos remetem o trabalho etnográfico para um universo relacional. A "imersão no cotidiano" do outro, de que falava Malinowski só é possível – e só se torna significativa, do ponto de vista etnográfico – porque o conhecimento antropológico assente que o trabalho etnográfico é um conhecimento relacional. Desde logo, de um ponto de vista estritamente humano, é um tipo de exercício que assenta exclusivamente na intersubjetividade, quer dizer, em feixes diferenciados de relações entre sujeitos. Como tem sido notado desde cedo, qualquer monografia, hoje, clássica – pensemos nos *Argonautas*, de Malinowski – mostraria um mundo radicalmente diferente se na base desse trabalho tivesse estado uma mulher. Ou, como diria Margaret Mead, nos anos 1940: as pessoas de sua geração tinham aprendido que a Antropologia é o "estudo

---

2. Por exemplo, os volumes de *Coral Gardens and their Magic*, onde a indeterminação da relação etnográfica, que alimentará, quase 40 anos depois, a crítica reflexivista, é claramente assumida pelo autor do método.

3. Frequentemente, E.-P. acordava de manhã para descobrir que o acampamento tinha sumido e que ele tinha sido deixado para trás.

do Homem". Como se pudesse haver homens sem mulheres, e como se uns e outros não tivessem sido, em algum momento, crianças. E dessa perspectiva crítica, nasce o projeto de etnografar os samoanos a partir do olhar dos adolescentes, abrindo o campo disciplinar do "estudo do Homem" para uma disciplina que, para além de homens, inclui também mulheres e crianças. Uma possibilidade, de resto, aberta pelo fato de Margaret Mead ser mulher, feminista, e, nas relações que estabelece com os samoanos ser tomada, de princípio, como mulher e, como tal, ser - naturalmente do ponto de vista cultural - associada aos seus pares locais: as mulheres samoanas.

Um exemplo, apenas, de uma das qualificações do trabalho etnográfico como relacional, que é uma qualificação básica decorrente de ele resultar de relações circunstanciais entre sujeitos, e nas quais o investigador é - apesar de si próprio - enquadrado por percepções locais que lhe dão existência sociológica.

Uma segunda qualificação do trabalho etnográfico como relacional - talvez de maior relevância para pensar a questão da etnografia dos arquivos - é epistemológica. É um conhecimento relacional no sentido de ser sistematicamente informado pelo campo, o que implica assumir o risco de partir para a investigação com uma agenda aberta. Isto é, uma agenda de investigação suficientemente plástica para permitir que o objeto suposto de investigação vá sendo definido pelo próprio campo, até que, eventualmente, qualquer semelhança entre o objeto de partida e o objeto constituído no campo seja pura coincidência.

1.3. Perspectiva

As implicações de assumir um projeto de produção de conhecimento numa base relacional são múltiplas. Por um lado, a relação etnográfica, como qualquer outra relação, ocorre num contexto face a face e supõe formas de reciprocidade entre sujeitos nesse contexto. Mas essa situação, por sua vez, ocorre no processo histórico, e a qualificação de ocorrências no contexto relacional decorre, muitas vezes, de fatores situados fora dele e que não são, por vezes, perceptíveis no momento. Por outro lado, a relação etnográfica hoje em dia, frequentemente, prescinde de um contexto localizado, na medida em que seja possível que as relações entre diferentes sujeitos e grupos se estabeleçam por meio de formas de mediação que asseguram cotidianos até certo ponto partilhados, mas que são multissituados.

Ocorre pensar esta situação de fato com base no aforismo de Clifford Geertz quando, nos anos 1970, sugeria um programa interpretativo que visava sistematizar o fim do pressuposto de objetividade no conhecimento antropológico, em prol de uma lógica hermenêutica para análise da cultura. A certa altura, diz Geertz, torna-se importante lembrar coisas óbvias. No caso, era importante lembrar que apesar de os antropólogos viverem o campo etnográfico num sítio específico, e passarem uma parte significativa da investigação - como ele diz - vivendo numa aldeia, o propósito do trabalho não é "estudar as aldeias", mas "estudar nas aldeias" (Geertz, 1973). Não é, portanto, a coisa em si, mas os modos como o mundo em que vivemos convergem, e se manifestam, e particularizam, num sítio específico, cujas dinâmicas "locais" são atravessadas por fatores que o transcendem e que são parte integral da explicação de ocorrências locais.

O objetivo, portanto, é procurar entender como a vida de pessoas concretas, pessoas essas que podemos ser nós próprios, se vai processando num momento histórico particular, do qual normalmente não nos damos conta, precisamente porque enquanto vamos vivendo o cotidiano, não estamos preocupados em analisá-lo.

1.4. Fatos

Independentemente disso, e como muito bem lembra Paul Rabinow (1977), o contexto relacional do trabalho etnográfico é essencialmente formado por interpretações de outros sobre ocorrências que os afetam e nas quais participam de modo necessário. Como ele diz: os fatos que os antropólogos estudam são *feitos*. Feitos e refeitos na interpretação local; e é necessário proceder a um exercício de múltiplas contextualizações para aferir o valor de troca - contextual e relacional - de uma ação, uma classificação, uma apreciação, ou um juízo de valor. A enunciação de algo, por si só, é vazia, e precisa ser explicitada com o esclarecimento das posições estruturais e relativas de locutor e destinatário, com a situação de locução, os seus antecedentes imediatos e distantes etc.

1.5. Global

O exercício tende a assumir outras formas quando a aldeia passa a ser o nosso mundo contemporâneo, marcado por formas de comunidade desterritorializadas, onde nossas relações - como explica Ulf Hannerz - passam por formas de comunicação "não de massa" que permitem que mantenhamos afinidades e sentimentos de pertencimento com sujeitos e lugares que estão territorialmente dispersos e, eventualmente, a milhares de quilômetros de distância entre si, mas que nos estão mais próximos e são mais presentes e significativos em nossas vidas cotidianas do que, digamos, o vizinho do apartamento ao lado (1991). Parte das nossas relações face a face torna-se mediada por próteses tecnológicas, que entre outras coisas, asseguram a reprodução de comunidades em diáspora, a maturação de laços entre famílias de migrantes, ou a produção e a partilha de memória em redes eletrônicas. Como afirma Arjun Appadurai, "o arquivo de vidas possíveis é hoje mais rico e mais disponível para qualquer um do que nunca antes" (2003). E, por meio da acessibilidade e circulação de conteúdo digital, as tecnologias digitais poderão também estar reconfigurando a memória, ao minar a possibilidade de esquecer (Mayer-Schönberger, 2009).

1.6 Em síntese

Em síntese, a especificidade do conhecimento etnográfico é costurar perspectivas, sobre o que seja, próximas da experiência de sujeitos concretos, que lhes dão sentido. É, necessariamente, a produção de uma perspectiva descentrada do observador. Em rigor, é uma perspectiva deliberada intencionalmente multicêntrica, procurando cobrir ângulos diversos que coexistem na mesma ordem de realidade e a configuram. E é, também nesse sentido, relacional, decorrente da participação parcial em redes de significados imersas em relações sociais. É nessa acepção igualmente que o conhecimento relacional configura uma prática.

2. Arquivos

Posta a digressão, que é muito parcial, em torno da relação etnográfica, a pergunta que se coloca é: quais as possibilidades de uma etnografia de arquivos? Para isso, podemos começar por pensar em que consistem os arquivos e fazê-lo partindo dos traços comuns à enorme diversidade de objetos designados pelo termo "arquivo".

2.1. Na História

Uma primeira constatação é de ordem histórica, que faz entroncar na formação da modernidade a constituição de um complexo arquivístico: arquivos, museus e bibliotecas nascem conjuntamente com a emergência do capitalismo (economia); a emergência do Estado-Nação (política) e a emergência do indivíduo (psicologia) (Brown; Davis-Brown, 1988, p. 18). Nessa configuração, o complexo de arquivo emerge como lugar não da "memória tribal sagrada, mas da memória nacional secular" (idem, op. cit., p. 19). Nesse sentido, os arquivos – mais do que simplesmente guardar a memória – de fato, manufaturam-na. Consequentemente, a questão da produção da memória, como processo construtivo, assimétrico no recrutamento de quem os produz, envolve relações de poder.

> Nenhum corpo de saber pode chegar a formar-se sem um sistema de comunicação, registro, acumulação e deslocamento que é em si mesmo uma forma de poder e que está ligado, na sua existência e funcionamento, a outras formas de poder. Reciprocamente nenhum poder pode ser exercido sem a extração, apropriação, distribuição ou retenção de conhecimento. A este nível, não há conhecimento de um lado e sociedade do outro, ou ciência e o estado, mas apenas as formas fundamentais de poder/saber (Foucault, 1980, p. 131).

A arquitetura dos arquivos é tanto mais elusiva quanto mais ela se distribui por formas de poder delegadas em processos técnico-racionais que são, ostensivamente, não políticos. O trabalho técnico-racional é necessário à manutenção e mesmo à definição do arquivo moderno, compreende atividades habitualmente rotineiras e desempenhadas a um nível micro, mas contribuem à formação da memória nacional, coletiva e pública, e, consequentemente, às concepções partilhadas das suas origens, natureza e destino (Brown; Davis-Brown, 1988). As concepções partilhadas não são, necessariamente, consensuais, dada, por sua vez, sua ocorrência na história e, consequentemente, a natureza dinâmica da relação entre grupos e respectivos arquivos, susceptível de rupturas de consenso, abertas a conflitos e disputas, sujeitas à negociação permanente. Gostaria, a este propósito, de dar três exemplos, de diferentes escalas, de processos que enunciam conflitos de memória.

Primeiro exemplo: Copenhague, 1941. O exército nazista ocupara os Países Baixos onde iniciaram seus programas de deportação de judeus. No período de ocupação nazista, estima-se, cerca de um terço da população de Amsterdã foi deportada. Nesse ínterim, as forças nazistas iniciam a ocupação da Escandinávia. Prevenindo a possibilidade do mesmo tipo de extermínio, a resistência dinamarquesa consegue incendiar os edifícios do Registro Civil, com o que torna indeterminável quem é e quem não é judeu. A consequência foi uma ocupação quase isenta de programas dirigidos de deportação de judeus na Dinamarca ocupada (que não excluíram outras atrocidades).

Segundo exemplo: na guerra do Kosovo, nos Bálcãs, motivada por reclamações identitárias, uma das primeiras ações organizadas dos sérvios foi o bombardeamento do Arquivo Nacional Abkhaziano, apontado como baluarte da identidade kosovar, e designado como testemunho de sua identidade nacional, reduzido a escombros nos primeiros dias de guerra.

Terceiro exemplo: o Brasil nestes dias que correm, e as posições que vão tomando corpo sobre as modalidades de disponibilização dos arquivos do período da ditadura militar – se devem ou não ser tornados públicos, em que condições, quem pode ter acesso a eles.

Tal como nos dois exemplos precedentes, a questão que atravessa os arquivos enquanto instituto de memória coletiva é uma questão de projeto político. Uma questão do futuro que a memória passada permite projetar. No momento atual

– tanto quanto percebo pela imprensa brasileira –, é o próprio poder do arquivo que é posto em marcha como garantia da inércia: esgrimem-se articulados legais, tecnicalidades, preciosismos técnico-racionais (ostensivamente apolíticos) com as quais, por enquanto, se driblam as questões centrais, que são, obviamente, as questões políticas atinentes ao comum dos cidadãos, servidos de uma amnésia prescritiva. Se atendermos a que o assunto não existia há poucos anos, podemos supor que essa amnésia tem, muito provavelmente, os dias contados.

2.2. Como forma de conhecimento

O poder do arquivo não é meramente gestionário, isto é, não advém, exclusivamente, da organização de informação de sujeitos com relação a um território e às leis do Estado que vigoram para essa população e esse território. Prévia a esta condição gestionária, parece residir o fato de os arquivos serem instituintes de realidade: o que existe "lá fora" só existe porque está registrado. Nesse sentido, pode pensar-se o arquivo como uma modalidade de conhecimento, em articulação privilegiada com as formas de conhecimento que sustentam o mundo secular: as ciências.

A associação entre arquivar e conhecer registra-se em vários domínios científicos com diferentes consequências. Uma associação inicial remete para a percepção do conhecimento científico como cumulativo e para a correlativa possibilidade de sua constituição a partir de conjuntos de objetos discretos, classificáveis e acumuláveis. A acumulação de objetos etnográficos, por exemplo, pode ser entendida como uma variante disciplinar do estabelecimento de formatos estandardizados de coleções de dados, passível de sustentar um trabalho semelhante ao das Ciências Naturais. A coincidência entre o conhecimento de determinada área disciplinar e a coleção de objetos dessa área (sejam eles espécimes biológicos ou amostras geológicas) decorre desta primeira associação, manifesta, nas Ciências Sociais, nas correntes de concepções positivistas nas quais os dados suscetíveis de ser arquivados seriam também suscetíveis de quantificação. Um exemplo extremo é dado pelo caso do Human Relations Area Files, proposto por G.P. Murdock, com base na codificação numérica de traços culturais (Velody, 1998, p. 6-7).

Para além desta característica (a cumulatividade do conhecimento), uma segunda associação comporta consequências de tipo estrutural, na medida em que os procedimentos de arquivo contaminem as concepções sobre aquilo que é passível de ser conhecido e as formas assumidas pelo conhecimento. A disciplina da História da Arte fornece, ao propósito, um exemplo elucidativo. Para Donald Preziosi, a disciplina articula uma arte de memória que consiste numa série de protocolos elucidativos do conhecimento e uma gramática prescritiva para a composição de narrativas históricas. Nessa perspectiva, conhecer consiste em classificar objetos de arte por "períodos" ou "estilos" num "período" (1992, p. 376). Em consequência, a exposição de objetos de arte segundo uma narrativa histórica, possibilita ver, com esses objetos, as entradas prescritivas do arquivo. Nesse sentido, o conhecimento, integrando as próprias funções do arquivo, tende a identificar-se com elas.

Jacques Derrida identifica as funções do arquivo como sendo as de unificação, identificação e classificação. Essas características obedeceriam aos princípios topológico e nomológico: cada coisa no seu lugar; cada coisa com um nome (1995, p. 3). Nem o lugar nem o nome, porém, são aleatórios. Neste lugar da exclusão absoluta da desordem e do desconhecido, nome e lugar obedecem ao que designa por poder de consignação, ou seja, obedecem ao poder de realizar "[...] o objetivo de coordenar [os registros do arquivo] num *corpus* único, num sistema ou sincronia na qual todos os elementos articulam a unidade de uma configuração ideal" (ibidem). O arquivo é, desse modo, simultaneamente institutivo e conservativo. A conservação, o resguardo, a reclusão, fazem-se à custa da fabricação de uma lei e da imposição do respeito por essa lei, que são, em última instância, formas da violência arquivística (idem, op. cit., p. 7), precisamente por não decorrerem da natureza das coisas, mas, antes, por intervirem nelas, no mundo e nas relações entre os sujeitos. Na medida em que se integram em diferentes modalidades de percepção e conhecimento do mundo, essas formas da violência arquivística colonizam a possibilidade de conhecer.

A percepção do arquivo como uma forma de colonização é inspirada no trabalho de Foucault, para quem o arquivo não é um cúmulo de objetos discretos, discursos específicos ou de locutores particulares, mas um sistema de demarcação entre práticas discursivas cessantes e práticas discursivas em vigor. O arquivo não designa, para Foucault, a Biblioteca das bibliotecas ou o Museu dos museus. Não designa instituições ou espaços concretos. Designa uma prática, simultaneamente difusa e sistemática, de diferenciação. Designa um trabalho de exclusão que funciona como diagnóstico do presente e que se "manifesta por fragmentos, por regiões e por níveis" subtraindo-se à possibilidade de uma descrição total (1969, p. 171). É, neste sentido, de uma institucionalidade difusa, fragmentária e multinivelada que a "violência arquivística" (que pode, descartando a leitura psicanalítica de Derrida, substituir-se sem outro prejuízo por "cultura de arquivo") assume um cariz colonial. Literalmente tudo, sob essa ótica, é suscetível de ser arquivado e, porque assim é, o arquivo torna-se uma forma de conhecimento inerente a outras modalidades. São essas modalidades de conhecimento, as articulações entre si, as especificidades históricas de sua constituição e desenvolvimento, bem como o universo de representações culturais que permitem, que constituem o campo de uma etnografia do arquivo.

3. O arquivo como objeto etnográfico

Tomar o arquivo como objeto etnográfico parte da assunção do deslocamento contemporâneo do espaço discursivo da etnografia, por relação com a noção clássica, na disciplina antropológica, segundo a qual a etnografia cumulativamente publicada constitui a sua contribuição mais básica para o conhecimento. George Marcus registra que esse arquivo etnográfico se institui na tensão entre o realismo coetâneo da produção da etnografia e o relativismo que sua contextualização futura no arquivo antropológico – onde é inscrito segundo as categorias contingentes da sua produção (área geográfica, temática etc.) – lhe atribui (1998, p. 50). Na execução da etnografia, por sua vez, o investigador produz e faz uso de um amplo conjunto de registros escritos, gráficos, sonoros, fílmicos etc., que constituem, por um lado, seu arquivo pessoal e, por outro, um diretório de verificação e autorização dos elementos aos quais, desse arquivo, é dada existência pública (idem, op. cit., p. 53). Note-se que o realismo etnográfico não é, nessa perspectiva, uma decorrência intrínseca ao trabalho do campo ("a magia do etnógrafo" que Stocking (1983) identifica nos escritos de Malinowski sobre o método a que se aludiu anteriormente), mas o produto deliberado do trabalho sobre uma série de materiais de diferentes propósitos, com vista a conferir-lhes a autonomia e autoridade que os habilita a entrar no arquivo.

Gomes da Cunha, num texto recente a propósito dos arquivos da antropóloga norte-americana Ruth Landes, identifica um *locus* de ambiguidade inerente ao arquivo: onde começa e termina - no caso de Ruth Landes como, arriscaria eu, de qualquer outro profissional - o domínio do "pessoal" e o domínio do "profissional" (2004, p. 296). Esta ambiguidade não é solúvel pela própria classificação arquivística; distinguir "arquivo pessoal" de "arquivo etnográfico" parece, pelo contrário, iludir o fato de qualquer arquivo - uma hipótese que gostaria de contrapor - conter as fontes para sua interpretação etnográfica.

Um aspecto menos valorizado da crítica reflexivista dos anos 1980 na Antropologia, é a passagem da discussão inicial das formas de produção textual da autoridade etnográfica, para uma reflexão e revisão de caráter metodológico e epistemológico mais radical, que tendeu a fragmentar as possibilidades vigentes de representação cultural: a) descentrando-as da escrita para outros *media* - designadamente com a chamada Antropologia Visual (Ruby, 1982); b) propondo genealogias alternativas da história da disciplina, silenciadas, até então, pelos modelos centrais da Antropologia acadêmica (Stocking, 1986); c) incluindo na agenda antropológica a exoticização do familiar como estratégia de crítica cultural (Fischer; Marcus, 1986), e propondo, em suma, d) a consideração da tradução e mediação culturais como temas de direito próprio na disciplina, temas centrais na análise antropológica desse irmão gêmeo do arquivo que são os museus (Bouquet, 1995). Por outro lado, quando a própria categoria do local é objeto de questão na disciplina - designadamente por sua natureza de construto mais analítico do que descritivo (Shelton, 2007) - a própria noção de trabalho de campo é posta em questão enquanto método satisfatório para dar conta da fragmentação e dispersão dos processos de produção cultural, procurando-se, alternativamente, cartografar, sob diferentes pontos de vista, formações culturais que estabelecem conexões e ligações entre pessoas, elites, instituições e comunidades em espaços transnacionais. É nesse espaço discursivo da etnografia que os arquivos podem ser recuperados como objeto de inquérito (Marcus, 1998, p. 58-9).

3.2. Arquivos como coisas

Num sentido literal, metodologicamente complementar do quadro anteriormente esboçado, os arquivos são coisas. A análise de arquivos, contempla, assim, a possibilidade de partir de sua materialidade. Parafraseando Grant McCracken (2007), a vantagem, para a análise da cultura, de partir da cultura material, é que a cultura material *materializa a cultura.* Desse modo, cada arquivo pode ser tomado, do ponto de vista etnográfico, como um objeto discreto, suscetível de descrição enquanto tal. Pode ser tomado como uma coisa.

3.2.1. O sistema material do arquivo

As coisas, recorda Barrie Reynolds (1986), são um pouco como as cerejas, no sentido em que uma cereja nunca vem só. No seu texto clássico sobre cultura material, Reynolds identifica três elementos centrais na análise dos artefatos, que ele designa por "sistema material do artefato". Um sistema material consiste numa unidade complexa de comportamentos, ideias e outros objetos que é polarizada em torno de qualquer elemento da cultura material.

Nessa perspectiva, descrever um arquivo no sentido de isolar o que o especifica face a quaisquer outros arquivos, implicaria identificar comportamentos associados a esse arquivo. Por exemplo, qual o universo de circulação de seus itens? Quem os produz? Como são arrumados? Quem os consulta? E por aí fora. Identificar ideias especificamente associadas a ele. É um arquivo de quê? De um sujeito ou de uma população? Pessoal, privado, constituído pelo próprio, ou comum, de informação pública, produzido por uma instituição? Que objetos compõem esse arquivo? Edifícios? Mesas? Estantes? Prateleiras? Gavetas? Os materiais de arquivo incluem objetos? Textos? Imagens? São materiais físicos ou virtuais? Coisas palpáveis ou meramente digitais? Sem local identificável, migrável a qualquer instante para instância indeterminável? Disponibilizado pelo próprio, ou um seu representante, ou por uma instituição? Ou por uma empresa mediante acordo prévio de (auto, ou alter-) censura, (mas com outra formulação mais conforme aos padrões contratuais atuais)?

3.2.2. Objetos e agência

A inventariação, as mais das vezes provisória e continuamente sujeita à reformulação, do sistema material do arquivo não é um fim em si mesmo. O momento de inventário permite começar a formular o campo etnográfico em que o inquérito pode começar a ocorrer. Os objetos, quaisquer objetos - é outro fator heurístico da análise de artefatos - são agentes sociais. Não porque sejam, por si próprios, dotados de intencionalidade, mas por atuarem por delegação humana (Gell, 1998) e, usualmente, em associação com agentes humanos. Em torno de qualquer objeto - em torno de qualquer arquivo - sustenta-se uma rede de agentes, humanos e não humanos (Latour, 1989 e 1991), que animam a materialidade do arquivo numa relação de determinação mútua. Um propósito central de uma etnografia do arquivo é articular, ao correr do tempo, os formatos móveis das redes de agentes sociais que em torno do arquivo se vão formando, reformando e alterando. As relações que entre si e com o arquivo estabelecem; as posições relativas que vão ocupando e permitindo práticas específicas nessa configuração.

4. Práticas de arquivo

É agora altura de fazer uma síntese desta apresentação.

Procurei estabelecer alguns princípios de análise de arquivos com base no exercício etnográfico. Explorei o exercício etnográfico como uma prática relacional, que envolve riscos, mas que tem as vantagens de uma grande plasticidade na inventariação e análise de contextos sociais, os quais por sua vez, existem apenas em relação.

Os arquivos, como mencionado, são coisas. A vantagem de pensar o arquivo como coisa reside na possibilidade de retirar dele as condições - que ele próprio encerra - de sua análise etnográfica. Essa análise implica transcender as fronteiras de que o arquivo se entretece e com as quais se nos apresenta em forma terminada. Uma etnografia do arquivo implica tomá-lo por ponto nodal de redes sobrepostas de relações sociais. É, nessa medida, uma etnografia de destituição. Implica partir dele e destituí-lo, permanentemente, de sua condição de coisa terminada, e procurar - nas suas prateleiras, gavetas, fichas, textos, imagens, registros, anotações e por aí fora - os enunciados de sua própria constituição; procurar os ritmos da progressiva acumulação, ou reformulação de seus materiais e acompanhar os agentes que mobilizaram critérios de relevância; compreender as razões de suas escolhas; contextualizar as condições de sua aplicação; inventariar as redes de circulação de práticas, sujeitos e ações que foram gravitando em torno do arquivo, incluindo nelas as que ultrapassam seu âmbito, mas, eventualmente, afetam sua dinâmica.

O que seria, creio, exercer de um modo exaustivo as possibilidades da etnografia de um arquivo. Uma etnografia afinada por um programa deliberado de recusar tomar o arquivo e o seu efeito instituinte como coisa acabada, como um *opus operatum*, para, programaticamente, o restituir povoado de diversos e, frequentemente conflituais, *modus operandi*, realizados por sujeitos concretos, em configurações históricas particulares, enquanto iam vivendo as suas vidas.

Referências bibliográficas

APPADURAI, ARJUN. "Archive and Aspiration". In: Brouwer, Joke; Mulder, Arjen (ed.). *Information is Alive*. Rotterdam: V2_Publishing/NAI Publishers, 2003. Disponível em: <www.appadurai.com/pdf/arch_asp.pdf>. Acesso em: 27 maio 2010.

BOUQUET, MARY. "Exhibiting Knowledge: The Trees of Dubois, Haeckel, Jesse and Rivers, at the *Pithecanthropus* Centennial Exhibition". In: Strathern, Marilyn (ed.). *Shifting Contexts: Transformations in Anthropological Knowledge*. Londres: Routledge, 1995, p. 31-55.

Brown, Richard Harvey; Davis-Brown, Beth. "The Making of Memory: The Politics of Archives, Libraries and Museums in the Construction of National Consciousness". *History of the Human Sciences*, v. 11, n. 4, Special Issue: The Archive, 1998, p. 17-32.

Derrida, Jacques. *Archive Fever: A Freudian Impression*. Chicago: The University of Chicago Press, 1996 [1995].

Evans-Pritchard, E. E. *Antropologia social*. Lisboa: Editora 70, 1983 [1951].

Fischer, Michael M. J.; Marcus, George E. *Anthropology as Cultural Critique: An Experimental Moment in the Human Sciences*. Chicago: The University Of Chicago Press, 1986.

Foucault, Michel. *L'archéologie du savoir*. Paris: Gallimard, 1969.

______. *The Will to Truth*. Londres: Tavistock, 1980.

Geertz, Clifford. "Thick Description: Towards an Interpretive Theory of Culture". In: ______. *The Interpretation of Cultures*. Nova York: Basic Books, 1973.

Gell, Alfred. *Art and Agency: An Anthropological Theory*. Oxford: Claredon Press, 1998.

Gomes da Cunha, O. M. "Tempo imperfeito: Uma etnografia do arquivo". *Mana – Estudos de Antropologia Social*, Rio de Janeiro, v. 2, n. 10, 2004, p. 287-322.

Hannerz, Ulf. The Global Ecumene as a Network of Networks. In: Kuper, A. (ed.). *Conceptualizing Society*. Londres: Routledge, 1991.

Latour, Bruno. "Joliot: A história e a física misturadas". In: Serres, Michel (org.). *Elementos para uma História das Ciências III: De Pasteur ao Computador*. Lisboa: Terramar, 1991 [1989], p. 131-55.

______. *We Have Never Been Modern*. Hemel Hempstead: Harvester Wheatsheaf, 1993 [1991].

Malinowski, Bronislaw. *Argonauts of Western Pacific: An Account of Native Enterprise and Adventure in the Archipelagoes of Melanesian New Guinea*. Londres: George Routledge & Sons, 1922.

MALINOWSKI, BRONISLAW. *Coral Gardens and their Magic: A Study of the Methods of Tilling the Soil and of Agricultural Rites in the Trobriand Islands*. Londres: George Routledge & Sons, 1935.

MARCUS, GEORGE E. "The One and Future Ethnographic Archive". *History of the Human Sciences*, v. 11, n. 4, Special Issue: The Archive, 1998, p. 49-63.

MAYER-SCHÖNBERGER, VIKTOR. *Delete: The Virtue of Forgetting in the Digital Age*. Princeton: Princeton University Press, 2009.

MCCRACKEN, GRANT. *Pop-Tech Conference*. 2007.

PREZIOSI, DONALD. "The Question of Art History". *Critical Inquiry*, v. 18, n. 2, Inverno 1992, p. 363-86.

RABINOW, PAUL. *Reflections on my Fieldwork in Morocco*. Chicago: Chicago University Press, 1977.

REYNOLDS, BARRIE. "Material Systems: An Approach to the Study of Kwandu Material Culture". In: Reynolds, Barrie; Stout, Margaret (ed.). *Material Anthropology: Contemporary Approaches to Material Culture*. Langham: University Press of America, 1986, p. 155-85.

RUBY, JAY. *A Crack in the Mirror: Reflexive Perspectives in Anthropology*. Philadelphia: University of Pennsylvania, 1982.

SHELTON, ANTHONY. "Questioning Locality: UBC Museum of Anthropology and its Hinterlands". *Ethnographica*, v. 11, n. 2, 2007, p. 387-406.

STOCKING JR., GEORGE W. (ed.). *Malinowski, Rivers, Benedict and Others*. Madison: University of Wisconsin Press, 1986.

______. "The Ethnographer's Magic: Fieldwork in British Anthropology From Tylor to Malinowski". In: ______ (ed.). *Observers Observed: Essays on Ethnographic Fieldwork*. Madison: University of Wisconsin Press, 1983, p. 70-120.

VELODY, IRVING. "The Archive and the Human Sciences: Notes Towards a Theory of the Archive". *History of the Human Sciences*, v. 11, n. 4, Special Issue: The Archive, 1998, p. 1-16.

A estratégia da censura comunista em relação às mais críticas e subversivas produções teatrais estudantis de 1978 e 1979[1,2]

Juliusz Tyszka

Contexto histórico

A Polônia foi um dos países vitoriosos da Segunda Guerra Mundial, mas o resultado da guerra foi uma tragédia para os poloneses em diferentes planos.

Em primeiro lugar, houve enormes perdas populacionais: mais de 6 milhões de pessoas morreram durante a guerra, mais de um sexto da população existente até então (incluindo 3 milhões de poloneses judeus – 95% da comunidade judaica na Polônia pré-guerra). Entre aqueles que foram mortos, havia muitos, intelectuais, políticos e outros membros da elite social. A política tanto dos ocupantes nazistas alemães quanto dos socialistas soviéticos para a população polonesa era clara: desprover os poloneses de seus líderes, da inteligência, dos representantes do Estado e, por fim, subordiná-los totalmente às forças de ocupação, tornando-os uma nação de escravos, incapazes de resistir ou mesmo de reconhecer claramente a situação.

1. Trabalho apresentado com o nome "The Strategy of the Communist Censorship Towards the Most Critical and Subversive Student Theatre Productions of 1978 and 1979" na Conference Art Made Tongue-tied by Authority: Theatre Censorship Around the World, em 2010, em Dublin. O evento foi organizado pela Royal Irish Academy e pelo Instituto Cervantes de Dublin.
2. Tradução de Aline Lima Gonçalves.

Em segundo lugar, a indústria foi esmagada, a agricultura devastada e quase todas as principais cidades arruinadas (99% da margem esquerda de Varsóvia, a capital do país, foi destruída pelos nazistas alemães).

Em terceiro lugar, nenhuma parte da Europa foi mais profundamente afetada pelos enormes deslocamentos populacionais, que afetaram mais de 3 milhões de cidadãos poloneses. Eles foram deportados em muitas direções diferentes, por ambas as forças de ocupação, durante o período da partilha germano-soviética da Polônia (de setembro de 1939 a junho de 1941) e, mais tarde, durante a guerra germano-soviética (1941-1945). Eram procurados como escravos na Sibéria russa, Alemanha e até mesmo no antigo território polonês.[3]

Depois da guerra, mais de 2 milhões de pessoas de nacionalidade polonesa foram transferidas dos territórios anexados pela URSS[4] (cerca de um terço do território da Polônia pré-guerra) para a nova Polônia. Elas se estabeleceram nos territórios a leste da Linha Oder-Neisse, no oeste da Pomerânia e no leste da Prússia, áreas que tinham sido alemãs antes da guerra e incorporadas à Polônia em 1945.

O maior dilema, no entanto, foi a questão do resultado político da guerra e suas consequências para o novo estado polonês. O futuro da Polônia foi determinado durante as negociações entre a Rússia soviética, o Reino Unido e os EUA, ocorridas em Yalta (Ucrânia soviética, em 1944) e Potsdam (Alemanha, perto de Berlim, em 1945). A nova ordem europeia, com a Europa Centro-oriental subordinada ao poder da URSS, foi decidida sem consultar os poloneses e outras nações em questão sobre suas preferências. A Polônia – o aliado cujos 540 mil soldados lutaram na Europa Ocidental e Oriental, e nas fronteiras africanas, com

---

3. Minha família por parte de mãe foi deportada para 150 quilômetros a leste de sua vila natal, e trabalhou por mais de quatro anos como escrava numa grande fazenda de propriedade alemã (que tinha sido tomada dos antigos donos poloneses), vivendo em condições desumanas. Sua própria fazenda foi dada a colonos alemães. Quando a família retornou para casa, na primavera de 1945, não havia móveis, ferramentas ou equipamento, nem animais. Tudo foi levado pelos alemães, que escaparam para o oeste, fugindo da ofensiva do Exército Vermelho Soviético.

4. União das Repúblicas Socialistas Soviéticas, a Rússia comunista.

outros 300 mil ativos dentro do país como membros do maior exército europeu de resistência clandestina - não foi autorizada a decidir sobre seu território e população pós-guerra, nem sobre sua futura ordem política e econômica. A Rússia de Stalin tomou a Polônia como prêmio de guerra; o mesmo foi o destino de todos os Estados bálticos, do centro-leste europeu e da Alemanha Oriental. O primeiro-ministro britânico, Winston Churchill, estava perfeitamente ciente, declarando, em 1946, o início da "guerra fria" e a queda da "cortina de ferro" entre as partes ocidental e oriental da Europa - sancionando, assim, a divisão do continente.

Por quase cinco décadas, a divisão da Europa criou uma situação esquizofrênica para a maioria dos poloneses: fomos vistos como inimigos e não europeus na Europa Ocidental e na América do Norte, enquanto que, de fato, nossa orientação política e cultural era quase totalmente pró-ocidente.[5]

Os primeiros dois a três anos de nossa história pós-guerra foram, de qualquer forma, cheios de esperança e entusiasmo. O triunfo totalitário ocorreu em 1948-1949, quando uma ditadura stalinista absoluta, de estilo soviético, foi imposta sobre o Parlamento, o governo, o sistema judicial, os meios de comunicação de massa, a administração local e as instituições culturais. Deixe-me lembrar-lhes, no entanto, de que antes dessa ocasião, uma instituição oficial de censura, sob o nome de Agência Central de Controle de Imprensa, Publicações e Espetáculos, foi estabelecida em 5 de julho de 1946. Antes disso, durante os 14 meses do governo provisório no pós-guerra, a censura era diretamente subordinada ao ministro de Assuntos Internos (o chefe do Ministério do Interior).

---

5. Eu me lembro bem do encontro de representantes do teatro estudantil polonês, do qual fazia parte, com oficiais culturais da região francesa de Picardia, em maio de 1980. Depois de nossa declaração de que o movimento de teatro estudantil polonês era politicamente orientado, fizeram alguns comentários sobre nossa orientação *agitprop* comunista. Eles simplesmente não conseguiam imaginar outra coisa, apesar de estarmos nos referindo à nossa forte orientação anticomunista.

Censura

"Censura é uma distorção consciente, feita por meio da seleção de informação de massa que dá credibilidade ao tema manipulado." A definição concisa foi dada pelo antigo censor Tomasz Strzyżewski (2006, p. 17).[6]

O uso da definição de Strzyżewski é universal, simples e claro: a censura manipula os estoques de informação a fim de fazê-los agir de forma que sustente essa desinformação e é, portanto, um instrumento de poder e agressão, independentemente do sistema político. A diferença entre censura e mentira é apenas uma diferença de escala: a mentira pertence ao mundo da comunicação privada entre indivíduos, enquanto a censura está conectada com a comunicação de massa, disseminada por grandes instituições e organizações.

A agência oficial da censura na Polônia comunista era algo conspícuo, encravado na estrutura do poder e requisitado pelos operadores do sistema. Deixe-me adicionar, no entanto, que o papel principal na criação e manutenção da mentira oficial, universal, total, foi desempenhado não pelos censores em si, mas pelas pessoas responsáveis pela difusão de informação trabalhando em várias grandes instituições: editoras, redações da mídia, teatros, estúdios de produção de filmes etc. Os esforços de várias centenas de censores trabalhando no gabinete central e nos ramais regionais da Agência Central de Controle de Imprensa, Publicações e Espetáculos era apenas o estágio final no tratamento de informação. Isso se torna óbvio se levarmos em conta um fato básico: toda instituição no país, especialmente aque-

6. Strzyżewski trabalhou no ramal regional da Agência Central de Controle de Imprensa, Publicações e Espetáculos, na cidade da Cracóvia, entre agosto de 1975 e março de 1977. Durante seus turnos da noite, ele copiou as instruções dadas aos censores pelo Comitê Central do Partido Operário Unificado da Polônia (o nome oficial do Partido Comunista Polonês). Quando foi autorizado a ir para o exterior, em março de 1977, transportou ilegalmente dezenas de cadernos anotados para a Suécia. Sua obra, *Livro Negro da Censura*, publicada pela editora imigrante polonesa Aneks, em Londres, no outono de 1977, e logo depois pela editora clandestina Nowa, na Polônia, foi uma "dinamite política" que enfraqueceu a posição do regime praticado pelo Partido Comunista. O livro revelou quão detalhado, meticuloso e eficiente o sistema de censura polonês era em sua estratégia de manipular a mente das pessoas. O *Livro Negro* foi algo novo e chocante, mesmo para alguns altos funcionários do Partido Comunista. O ministro da Cultura, Józef Tejchma, logo depois de renunciar a seu posto em 1977, chamou as instruções da censura de "uma vergonha e uma desgraça".

las voltadas para a difusão de informação de massa, era controlada pelo aparato do Partido-Estado totalitário. A censura oficial era necessária apenas para coordenar o processo de formatação final da informação e a eliminação de possíveis erros.

Stefan Kisielewski, o brilhante colunista do maior periódico independente católico polonês *Tygodnik Powszechny* [Semanário Universal] escreveu, na *Zapis*, em 1977:

> [...] a censura rebentou [...] a minha vida, falsificou [...] e distorceu 90% do que eu publiquei, aleijou meus textos e enganou meus leitores, sugerindo a eles falsas intenções da minha parte. Não pude retificar isso [...] porque a censura age em total segredo e remove qualquer referência à sua existência e atividade. [...] Portanto, não podemos nem mesmo chamá-la de censura no sentido tradicional do termo. É algo totalmente diferente: uma secreta e ilegal "fábrica" de textos falsificados, que falsifica para o público as intenções dos autores e compulsoriamente comunica a estes a forma de pensar e escrever imposta sobre eles pelo poder do estado. [...] É, assim como foi, um tipo de "atividade educacional" dirigida tanto àqueles que estão escrevendo os textos quanto aqueles que os estão lendo.[7]

A censura foi uma excelente ferramenta para lavagem cerebral das pessoas e para fazê-las considerar a realidade conforme a maneira imposta sobre elas pelo aparato de poder do Partido-Estado – a *nomenklatura*. Como isso foi possível? De 1946 a 1981, as seções apagadas dos textos censurados e outras publicações como, por exemplo, filmes banidos pelos censores, não eram anotadas ou arquivadas – elas simplesmente cessavam de existir publicamente. Portanto, qualquer autor, editor, produtor de rádio, TV ou filme sabia muito bem que era sem sentido gravar, escrever ou publicar algo proibido ou inaceitável para o poder

7. *Zapis* era uma publicação mensal clandestina, publicada pela editora Nowa, e assim escapou da censura oficial comunista. O artigo de Kisielewski foi sua reação direta à publicação do *Livro Negro da Censura*.

comunista, pois: 1) Seria certamente eliminado pelos censores; 2) Ninguém entre o público em geral saberia que tinha sido eliminado; 3) O fato da eliminação seria anotado no relatório semanal enviado pelos censores ao Comitê Central do Partido, e o autor, editor e editor-chefe seriam desfavorecidos.

No entanto, nos anos 1970, a ferramenta tornou-se excessivamente usada: o número de instruções detalhadas emitidas estava crescendo constantemente, e o documento oficialmente conhecido como *O Livro de Registros e Recomendações* ficou cada vez maior.[8]

De 1949 até 1956, no período mais duro do terror stalinista, havia no teatro polonês pelo menos nove sistemas de controle estatal sobre um diretor teatral e sua equipe:

1. Cada teatro era subordinado ao ministro de Cultura e Arte, que controlava o repertório, os orçamentos e a política empregatícia. O ministro fixava uma proporção oficial no repertório dos teatros, entre peças soviéticas, russas, polonês clássico, polonês moderno, "países socialistas" e "peças ocidentais progressivas".
2. O Partido Comunista (PZPR – Partido Operário Unificado da Polônia) tinha uma seção em cada instituição. As células do partido nos teatros monitoravam cuidadosamente as decisões dos diretores teatrais. Se o primeiro secretário de uma seção do partido discordasse do diretor, o partido apoiava o primeiro em 90% dos casos.
3. Havia pré-censura em dois níveis. Primeiro, os censores tinham de dar uma aprovação para o início de uma obra ou espetáculo, e então dar aprovação para sua realização. Nenhuma audição de qualquer espetáculo podia começar antes que o roteiro tivesse recebido o selo de aprovação da Agência Central de Controle de Imprensa, Publicações e Espetáculos ou de um de seus ramais regionais. Além disso, censores costumavam frequentar as audições. Em muitos

8. Depois que o *Livro Negro da Censura* foi publicado, o editor-chefe do semanário *Polityka* e o membro do Comitê Central do Partido, Mieczysław Rakowski (surpreso, chocado e enojado por seu conteúdo), persuadiram um membro do *politburo* do partido (a parte limitada, a liderança do Partido Comunista), Mieczysław Babiuch, a reduzir o número de instruções para censura – o que foi feito no fim de 1977.

casos, vinham acompanhados por oficiais do partido e da administração, além de agentes da polícia secreta. Suas decisões eram impossíveis de serem refutadas. Depois de tais inspeções, havia algumas vezes a recusa para abertura ao público. Tais casos eram, no entanto, raros, já que os mecanismos de controle primário eram numerosos e eficientes.

Todo espetáculo ou turnê também precisava de uma permissão oficial e específica para ser apresentada em qualquer região (*voivodia*) do país além de sua região original. A permissão era dada pelo ramal regional de censura na região onde a turnê deveria ocorrer. O número de *voivodias* foi de 17 (até 1975) e, subsequentemente até o fim do sistema comunista na Polônia (1989), 49.

Lembro bem que no fim dos anos 1970, quando era líder de um grupo de teatro estudantil, tive de enviar pelo correio os roteiros de meus espetáculos a vários ramais regionais de censura, para poder atuar em turnês fora da cidade de Poznań. Foi, no entanto, bastante fácil conseguir essas permissões, já que os censores estavam ocupados demais (ou talvez com muita preguiça) de ler cuidadosamente roteiros que já tinham sido checados. As exceções eram regiões onde os assim chamados "eventos antissocialistas" (tumultos, greves, protestos, greves de fome etc.) tinham ocorrido não muito antes da turnê planejada. Nesses casos, o controle era meticuloso e detalhado. Devo enfatizar, no entanto, que a situação dos artistas poloneses no início dos anos 1950, na época da ordem stalinista, era incomparavelmente mais severa do que no fim dos anos 1970.

4. Os sindicatos comunistas e as associações de artistas não tomavam conta dos interesses dos trabalhadores, mas simplesmente transmitiam as ordens do partido e do ministério, diretivas e "sugestões" para o meio teatral.
5. Havia "conselhos teatrais" em cada teatro, que eram oficialmente a expressão do "governo da sociedade". Geralmente, com poucas exceções, transmitiam as diretivas do partido e controlavam todas as decisões importantes.
6. A rede da polícia secreta (até 1956 chamada de Agência de Segurança, depois de 1956, Serviço de Segurança) e denunciantes a serviço do exército de contra-

espionagem eram presentes e muito ativos em cada instituição e local público do país, seguindo uma das mais importantes regras da ordem stalinista, que pode ser expressada pela sentença "se em algum lugar houver dois de vocês, Papai Stalin está convosco" (ou pelo *slogan* de *1984*, de Orwell: "O Grande Irmão está observando você").

7. Havia inspeções e controle periódicos por parte do ministério.
8. A crítica teatral era alimentada e governada pelo partido. Muitas das resenhas eram, na verdade, denúncias contra os artistas.
9. Havia "sistemas" de premiações e reconhecimento, um oficial e um não oficial. Esse último era ainda mais frequente e efetivo, já que aqueles que aceitavam o prêmio estavam expressando sua subordinação ao poder do Estado. O total controle exercido pelo Estado deu ao partido e oficiais estatais a oportunidade de distribuir muitos e diversos privilégios dentre aqueles que obedeciam a suas ordens. Os sistemas eram como uma máfia: você "nos" faz um favor e "nós" não esqueceremos; ou: "nós" lhe fazemos um favor, então esteja pronto para retribuí-lo quando a hora chegar. Tais "favores" eram muitos fáceis de prestar em um país em que tudo estava em falta, devastado primeiro pela guerra e então pelo mais ineficiente sistema econômico na história do mundo moderno. O "favor" poderia ser, por exemplo, férias luxuosas em residências estatais, um *voucher* para um carro mais barato de distribuição estatal, um apartamento barato numa "cooperativa habitacional" controlada pelo Estado, permissão para tratamento em um dos hospitais de alta qualidade reservados para os oficiais do Partido e do Estado, permissão para um filho ou filha estudar numa universidade particular, permissão para almoçar numa cantina especial do comitê do Partido, onde a comida era muito melhor do que nas cantinas normais, e assim por diante.[9]

9. Essas nove maneiras de total controle do teatro polonês foram retiradas do livro de Kazimierz Braun. *Teatr polski 1939-1989. Obszary wolności - obszary zniewolenia* [Teatro Polonês 1939-1989. Áreas de Liberdade - Áreas de cativeiro], p. 66-9.

Teatro Estudantil Polonês: o fruto da "primavera" e a fonte da revolta

A virada para o fim da era stalinista veio depois do 20º Congresso do Partido Comunista da URSS (fevereiro de 1956) e o famoso relatório feito por seu líder, Nikita Kruschev. Em março, o primeiro secretário do Partido Operário Unificado da Polônia e o presidente da Polônia, Bolesław Bierut, morreram em Moscou (há suspeitas bem fundamentadas de que foram envenenados), e, em maio, Jakub Berman, o membro do *politburo* responsável pela polícia e cultura, foi demitido.

No dia 28 de junho de 1956, operários de indústrias da cidade de Poznań encenaram uma greve geral e exigiram cerca de 100 mil pães, liberdade, eleições livres e a saída do Exército Vermelho e dos oficiais soviéticos fixados em muitas instituições polonesas. O evento destruiu a ilusão de apoio popular para o Partido. A demonstração foi seguida de tumultos, ataques à polícia secreta, linchamento de vários de seus agentes e (o que é muito significativo) destruição de equipamentos responsáveis pela interferência na transmissão de rádios ocidentais em polonês, que proviam informação política não censurada.

No verão, os acontecimentos aceleraram. Władysław Gomułka, o líder do partido no fim dos anos 1940 que estava então na prisão, foi libertado e restabelecido como membro do Partido. Estava claro que ele era o único que poderia restaurar a unidade e autoridade deste. No dia 19 de outubro, quando o comitê central do Partido estava realizando sua assembleia geral para eleger um novo *politburo*, um grupo de oficiais soviéticos de alto escalão (entre eles Kruschev, Molotov e Mikoyan) chegou à Varsóvia. Simultaneamente, o Exército Vermelho começou "manobras" inesperadas no território polonês. A situação foi resolvida no dia seguinte, quando Gamulka foi bem-sucedido ao convencer os "camaradas soviéticos" que seu retorno ao poder não significaria uma piora das relações entre soviéticos e poloneses e do *status quo* da guerra fria europeia. A paz foi assegurada, ao contrário do que ocorreu na Hungria vários dias depois,[10] mas a Polônia ainda permanecia sendo um "acampamento socialista".

Apesar das mudanças, o regime totalitário, reforçado e apoiado pela União Soviética, ainda estava no poder, e logo a *nomenklatura* do Partido Comunista começou a recuperar o território perdido. A liberdade de imprensa e das artes performáticas ainda estava distante (sobretudo porque a censura nunca foi suspensa). No início dos anos 1960, tornou-se óbvio que o estrito controle do Partido sobre a política, economia, filosofia, política social, meios de comunicação de massa e as artes levaria a uma série de crises violentas.

No período da "primavera", os artistas do teatro institucional do Estado, de repertório dramático, revoltaram-se ao seu próprio modo.[11] Eles não conseguiram, no entanto, transgredir os limites de uma administração burocrática, do teatro como instituição ou do espaço teatral. A revolta teve de ser conduzida por artistas independentes, profissionais e (muitas vezes) não profissionais, que eram livres o bastante para fazer suas próprias (ainda que limitadas) escolhas criativas. "Artistas independentes" eram encontrados na maioria das vezes fora do ambiente dos líderes do teatro profissional polonês. Quatro dos mais importantes fenômenos do teatro experimental foram: Teatro Cricot 2, de Tadeuz Kantor, na Cracóvia (fundado em 1955); o Laboratório de Teatro Polonês, de Jerzy Grotowski, em Opole, e, posteriormente, em Wroclaw (fundado em 1959); Teatr na Tarczyńskiej, em Varsóvia (um teatro doméstico, liderado por três poetas: Miron Białoszewski, Bogusław Choiński e Lech Emfazy Stefański, fundado em 1955) e o movimento do teatro estudantil, ativo na maior parte dos centros acadêmicos (os primeiros e mais famosos dos grupos: STS, de Varsóvia, e Bim-Bom, de Gdańsk, iniciaram suas atividades em 1954).

---

10. O Levante Húngaro (revolução), que eclodiu no dia 23 de outubro de 1956 e que culminou com a agressão militar soviética contra a Hungria (4 a 10 de novembro de 1956), causou a morte de cerca de 2.500 húngaros, a prisão de cerca de 20 mil e a fuga de aproximadamente 200 mil para o Ocidente.

11. Havia mais de 60 teatros dramáticos estatais, de propriedade e patrocinados pelo Ministério de Cultura e Arte, que subsidiava cerca de 90% de seus orçamentos. Ainda existem hoje, na Polônia, 45 teatros dramáticos quase totalmente patrocinados pelo Ministério da Cultura e do Patrimônio Nacional, ou pelos municípios.

O teatro estudantil polonês (1954-1989) foi um fenômeno artístico e político único dentro dos países do bloco soviético. Seus criadores, jovens estudantes e universitários, junto com o público - pessoas da mesma geração - foram uma importante parte da vanguarda artística e uma fonte potencial de oposição política. Durante os períodos de avanços políticos (1955-56, 1968-71, 1976-81) eles foram os primeiros a se unir à revolta contra o totalitarismo. O teatro estudantil era protegido pela relativamente independente União dos Estudantes Poloneses (ZSP) e, a partir de 1973, a União Socialista dos Estudantes Poloneses (SZSP) - menos independente que sua predecessora. Os censores não examinavam os roteiros e as representações dos teatros estudantis de forma muito rigorosa, já que sua circulação era limitada. Espetáculos que aconteciam fora dos centros culturais estudantis, clubes e pátios universitários tinham de ter permissão especial. O número de grupos ativos era de cerca de 100 a 150 em todo o país.

Durante os primeiros 20 anos de sua existência, o movimento desenvolveu uma grande variedade de modos experimentais de criação teatral, sua própria base institucional e material e uma rede de festivais. O ambiente social do teatro estudantil (e de toda a assim chamada "cultura estudantil") era muito ativa para os jovens integrantes e para todo o universo da academia polonesa. O movimento pertencia ao mundo da pré-contracultura e da contracultura em si, trazendo à vida uma rede de grupos artísticos que pode ser entendida, em termos sociológicos, como "contragrupos". Sua agenda básica era o rompimento da hierarquização, funcionalismo e a rigidez das relações sociais. Também mostravam uma tendência característica para a "comunicação horizontal" dentro de "comunidades horizontais". Qualquer coisa que tivesse seu lugar bem estabelecido em hierarquias aceitas e estruturas sociais estratificadas fora do contragrupo era considerada hostil.

O movimento estudantil como um todo, com padrões culturais radicalmente diferentes de seus equivalentes comunistas, estava distanciado da vida cotidiana do "real socialismo" e da visão de futuro expressa na propaganda comunista. O movimento dispersou os "quatro poderes" do Partido, cujo aparato controlava firmemente o Legislativo, Executivo, Judiciário e a mídia.

Depois das greves operárias e dos ataques em junho de 1976 e a repressão pesada sobre seus participantes, vários dos teatros estudantis se tornaram abertamente dissidentes, e todos radicalizaram sua ação política. Vou descrever e analisar alguns exemplos selecionados de estratégias da censura comunista polonesa no campo da informação impressa sobre o teatro estudantil no período de 1976-1980. Este terminou em 31 de agosto de 1980, com o nascimento da organização dissidente de massa Solidariedade, com seus 10 milhões de membros.

O trabalho da censura foi difícil, já que o teatro estudantil era, de um lado, o aspecto fascinante e de vanguarda da vida cultural polonesa e, por outro, as mensagens da maioria de seus espetáculos eram de caráter subversivo.

O Teatr Ósmego Dnia e o Teatr Provisorium

O grupo líder de todo o movimento na segunda metade dos anos 1970 foi o Teatr Ósmego Dnia [Teatro do Oitavo Dia], de Poznań. Foi fundado em 1964 como um "teatro estudantil de poesia" por um grupo de estudantes de filologia polonesa da Universidade Adam Mickiewicz. Uma importante data na sua história foi março de 1968. Vários membros do teatro tomaram parte em demonstrações de estudantes contra a censura e o sistema político totalitário. Protestos estudantis nas mais importantes instituições de ensino superior da Polônia em todas as grandes cidades e sua subsequente supressão violenta pela política e a administração comunista foram para os adeptos do jovem teatro uma lição significativa sobre a condição da sociedade e sua própria situação num estado totalitário. Março de 1968 tornou-se para eles uma fonte de experiência, que queriam retratar em suas performances.

O corpo de participantes do Teatr Ósmego Dnia mudou no início dos anos 1970. Durante esse período, o grupo, cujo líder continuava a ser Lech Raczak, tornou-se por escolha um coletivo criativo que compreendeu de forma consistente as ideias do conjunto. A companhia era única na Polônia, transformando-se mesmo num exemplo de comunidade criativa no mundo – ao criar uma relação de referência cultural que se ergueu em oposição às correntes tradicionais do cenário cultural da época.

Enquanto uma curta estabilização ocorreu na República Popular da Polônia durante o início dos anos 1970, as visões políticas do grupo, que tinha crescido a partir da inquietação jovem dos anos 1960 e do protesto de março de 1968, ficaram mais radicais. Membros do grupo, na articulação de sua profunda convicção de que tais visões tinham de se refletir em ações, assumiram grandes atos de oposição. Entre outras ações, assinaram uma carta de protesto contra as mudanças pró-soviéticas na Constituição da República (1975); também se uniram às atividades do dissidente Comitê pela Defesa dos Operários (1976), levando a um inevitável conflito entre o Teatro do Oitavo Dia e a estrutura do governo na República Popular da Polônia. No curso de poucos anos, a companhia virou objeto de perseguições regulares: exclusões pelos censores; negação de permissão para atuar; buscas e confisco de livros e cadernos de anotações; julgamentos falsos; prisões de 48 horas; a recusa da permissão de viajar ao exterior para (além de outros) o mais importante festival do mundo na época - o Teatro das Nações, em Amsterdã, 1980; restrições sobre representações dentro do país; banimento de qualquer nota positiva sobre o Teatro e, por dois anos, até mesmo a menção de seu nome; o encorajamento de falsos comentários sobre performances, criticando a criatividade do grupo.

Apesar dos obstáculos, o Teatro do Oitavo Dia continuou uma intensiva atividade artística, desenvolvendo sua própria metodologia criativa baseada em improvisações coletivas, que resultou em um método de autoria coletiva na criação de representações. Esse método alcançou, dentro da estrutura de comunidade criativa do Teatr Ósmego Dnia, uma completude e coesão não encontrada em outros grupos. Isto resultou numa estreita integração da experiência de vida dos atores com seus meios cênicos de existência nas performances, que datavam da segunda metade dos anos 1970. Um pleno compromisso com a prontidão por um "existir total no mundo" e a transformação disso em uma presença cênica igualmente "total" tornou-se a principal norma ética para os membros do grupo Poznań.

A virada decisiva na criatividade do Teatr Ósmego Dnia foi, sem dúvida, a peça dramática *Przecena dla wszystkich* (*Sale for Everyone*,[12] 1977) [*Desconto para todos*].[13] Aqui, membros da companhia assumiram uma clara posição crítica em relação aos exacerbados conflitos sociais e políticos na Polônia; em relação ao aparato que rapidamente se degenerava, oferecido pelo governo comunista; e, finalmente, em relação à decadência de toda a cultura contemporânea ocidental. A peça não foi meramente, como estabelecido antes, um "grito de protesto" contra o sistema comunista, que outra vez expressava sua natureza totalitária contra os protestos operários em Radom e Ursus (junho de 1976); foi também uma expressão de oposição apaixonada à vitória universal da mediocridade e ao controle da realidade pelo estado de poder – não só na Polônia.

Continuamente cercado por seus perseguidores, o Teatr Ósmego Dnia entrou num período estranhamente intenso de sua existência durante essa época. Tornou-se a companhia líder do teatro experimental polonês e também um dos símbolos e lendas da oposição democrática.

O desenvolvimento de conceitos de natureza multicamadas e a "teatralidade" da existência humana tiveram uma influência muito forte na criatividade subsequente do Grupo Poznań. Em sua próxima performance, *Ach, jakże godnie żyliśmy* (*Oh, Have We Lived in Dignity*, 1979) [*Oh, como vivemos nobremente*],[14] o Teatr Ósmego Dnia bombardeou seus espectadores com questões amargas sobre a existência de Deus e de todos os valores pelos quais viviam. Na opinião dos artistas de Poznań, a pessoa que se deixa seduzir numa dimensão puramente material da existência adquire o *status* de uma planta, perdendo não só a dignidade,

12. Na *Censorship: a world Encyclopedia*, essa peça é também referenciada como *Discounts for All*. [N.T.]

13. Teatr Ósmego Dnia de Poznań; *Przecena dla wszystkich* (*Sale for Everyone*) [*Desconto para todos*]; um fragmento do poema de T.S. Eliot, "East cooker", na tradução de Michał Sprusiński, foi usada na performance. Criação coletiva; textos, roteiro e cenografia: o grupo; direção: Lech Raczak; música: Grzegorz Banaszak, Jan A.P. Kaczmarek; música para as canções: Waldemar Modestowicz, Marian Przybył; estreia: 23 de março 1977.

14. Teatr Ósmego Dnia, *Ach, jakże godnie żyliśmy* (*Oh, Have We Lived in Dignity*) [*Oh, como vivemos nobremente*]; criação coletiva; textos, roteiro e cenografia: o grupo; colaboração plástica: Wojciech Wołyński; direção: Lech Raczak; música: fragmentos do *Requiem* de Wolfgang Amadeus Mozart; estreia: 5 de maio de 1979.

mas também a dimensão humana da vida. A clara influência do pensamento de Albert Camus em *O homem revoltado*, e igualmente de muitos outros críticos do totalitarismo do século XX, é evidente aqui. Revoluções sucessivas, simbolizando o esvaziamento da existência humana de qualquer qualidade transcendente, eram mostradas nas performances, não só como estágios no processo de dessacralização do mundo, mas também de sua desumanização.

A forma fascinante da representação, uma incomum "orquestração" bastante precisa do conjunto e a atuação magistral mostraram que o Teatro do Oitavo Dia tinha adquirido maturidade artística no desenvolvimento de seu próprio sistema original de treinamento de atores e no trabalho de representação teatral.

Outro representante do movimento de teatro estudantil que foi uma pedra no sapato dos censores poloneses foi o Teatr Provisorium, da cidade de Lublin. O grupo foi fundado em 1976 e se rebelou não apenas contra o sistema político na Polônia, mas também contra os resultados artísticos de seus antecessores no teatro estudantil. Junto com o Teatro do Oitavo Dia, o Provisorium foi líder da vanguarda intelectual e política desse tipo de teatro.

Sua primeira performance, *W połowie drogi* (*In Mid-way*, 1976) [*No meio do caminho*] foi baseada na obra-prima da literatura polonesa do século XX, *Ferdydurke*, de Witold Gombrowicz. Este, um escritor no exílio (1939-63 na Argentina, então na Berlim Ocidental e na França, até sua morte, em 1969), que colaborou com a editora anticomunista polonesa Kultura, em Paris, e com o mais importante periódico mensal imigrante, de mesmo título, foi quase totalmente aniquilado pelo censor de publicações da República Popular da Polônia. Os poucos trabalhos que podiam ser mencionados foram as publicações pré-guerra *Ferdydurke* e suas novelas. Toda sua obra pós-guerra foi banida.

O espetáculo seguinte do Provisorium, *Nasza niedziela* (*Our Sunday*, 1978)[15] [*Nosso domingo*], baseado nos textos e nas ideias criativas de Gombrowicz, Anatol

15. Teatr Provisorium, *Nasza niedziela* (*Our Sunday*) [*Nosso domingo*], baseado nos temas dos textos de Czesław Miłosz, Marek Hłasko, Witold Gombrowicz e Anatol Stern; criação coletiva; roteiro e cenografia: o grupo; direção: Janusz Opryński; estreia: 28 de abril de 1978.

Stern, Czesław Miłosz e Marek Hłasko, abordou os medos comuns e as esperanças das pessoas num país oprimido. Um de seus elementos mais discutidos e negociados com os censores de Lublin foram as citações extraídas da Declaração Universal dos Direitos Humanos, assinada pela Polônia, em 1948, juntamente com outros membros das Nações Unidas. Os outros elementos "suspeitos" do cenário eram os poemas de Czesław Miłosz, um dos maiores poetas contemporâneos poloneses, que estava vivendo nos Estados Unidos como imigrante político depois de sua fuga em 1951. Ele publicou muitos livros anticomunistas em editoras de imigrantes poloneses, incluindo o famoso *Zniewolony umysł* (*The Captive Mind*, 1953) [*A mente cativa*] e artigos em periódicos imigrantes. A censura polonesa ignorou sua existência: era proibido até mencionar seu nome e qualquer título de seus livros ou poemas. Lê-lo era possível apenas em livros e artigos especializados disponíveis para o círculo fechado dos historiadores poloneses de literatura, sendo a ênfase, nesse caso, sobre sua poesia pré-guerra.[16] Marek Hłasko, cria terrível da "primavera" polonesa, que durante os últimos anos de sua vida (1958-69) também imigrou e morreu na Alemanha Ocidental, não era um dos escritores favoritos dos censores comunistas. Algumas de suas últimas novelas e romances foram banidos na Polônia.

A performance seguinte do Teatr Provisorium, *Nie nam lecieć na wyspy szczęśliwe* (*It Is Not Our Destiny to Fly to the Happy Islands*, 1979)[17] [*Não é nosso destino voar para as ilhas felizes*] foi uma descoberta madura de grande valor

16. Estive presente no encontro de ativistas do movimento artístico estudantil com o vice-diretor da Agência Central de Controle de Imprensa, Publicações e Espetáculos, na cidade de Cieszyn (setembro de 1978). Pessoas do Teatro do Oitavo Dia e do Provisorium perguntaram a ele por que Czesław Miłosz tinha sido banido de qualquer publicação oficial na República Popular da Polônia. A resposta foi: "Miłosz não é uma parte importante da produção literária polonesa". Nossa reação à afirmação foi deixar a sala, já que chegamos à conclusão de que uma reunião com um mentiroso como esse não valia a pena e não podia continuar.
Em outubro de 1980, Miłosz foi agraciado com o Prêmio Nobel de Literatura, e os governantes comunistas tiveram de explicar a um público desorientado por que um grande e importante poeta polonês foi ignorado não só por qualquer crítica literária oficial, mas também pelos autores de livros escolares.

17. Teatr Provisorium, *Nie nam lecieć na wyspy szczęśliwe* (*It Is Not Our Destiny to Fly to the Happy Islands*) [*Não é nosso destino voar para as ilhas felizes*], baseado nos temas dos textos de Stanisław Brzozowski, Fyodor Dostoyevsky e Osip Mandelstam; criação coletiva; roteiro e cenografia: o grupo, direção: Janusz Opryński; estreia: 11 de maio de 1979.

artístico. Referia-se, de forma poética e metafórica, ao destino daquelas pessoas mais oprimidas pelo sistema comunista: presos ou deportados para a Sibéria. Alguns de seus elementos focavam abertamente a vida de Osip Mandelstam, o grande poeta russo, deportado por Stalin para a Sibéria, lá morrendo em 1938.

Por um longo período, tanto *Nosso domingo* quanto *Não é nosso destino voar para as ilhas felizes* foram autorizadas para encenação somente em festivais de teatro estudantil, para um público selecionado, assim como em "apresentações fechadas" - que era um tipo de repressão direcionada tanto ao teatro quanto aos espectadores: antes de tais apresentações, o teatro tinha de preparar uma lista de nomes de todos os espectadores, assim como suas assinaturas, e submetê-las ao ramal local do Serviço de Segurança. O mesmo método de repressão foi usado no caso de *Desconto para todos*, do Teatro do Oitavo Dia, entre março e setembro de 1977, quando - depois de uma abertura noturna "fechada" - a estrutura final foi negociada entre os diretores do espetáculo, o administrador do teatro, Lech Raczak e os censores de Poznań.[18]

Materiais da imprensa de 1978 e 1979: a censura em ação

Vamos agora focar nossa atenção nos fragmentos selecionados de resenhas e informes do mais importante festival de teatro estudantil da época: o Theatre Confrontations, na cidade de Lublin. Vamos nos concentrar no que os críticos teatrais eram autorizados a escrever sobre as produções do Teatr Ósmego Dnia e o Teatr Provisorium. Vamos sugerir também que uma leitura cuidadosa desses textos pode revelar sobre as relações entre o autor, o editor e o censor.

Em 1978, Janusz Płoński, em seu artigo sobre o Theatre Confrontations, em Lublin (de 27 a 30 de abril), publicado no semanário de Varsóvia *Itd* [Etc.],[19] de-

18. Em 2006, como historiador de teatro, consegui acesso aos arquivos do Instituto Nacional de Memória - a instituição que cuida dos arquivos da antiga Agência de Segurança comunista e do Serviço de Segurança. Tive uma sensação interessante quando achei as listas de espectadores de *Desconto para todos* da primavera de 1977, com meu próprio nome e assinatura em uma delas.
19. Editora: Conselho Principal da União Socialista de Estudantes Poloneses.

votou um fragmento curto à performance do Teatro do Oitavo Dia, escrevendo que o grupo de Poznań "falava em *Desconto para todos* sobre aspectos cuidadosamente selecionados de nossas vidas e passava o julgamento final sobre estes para o público" (1978, p. 22).

O pronunciamento curto e enigmático representou um grande sucesso para seu autor e também para o editor do *Itd*, já que em 1978, o censor baniu até o nome Teatr Ósmego Dnia, que poderia ser mencionado apenas quando alguém escrevesse criticamente sobre a companhia de Poznań.[20] O que também foi importante e significativo foi que o *Itd* era um semanário ilustrado muito popular, lido não só por estudantes, mas também por uma ampla parcela do público em geral, por isso os censores eram meticulosos ao examinar seus artigos. Janusz Płoński, o autor do artigo, foi considerado entre nós – os artistas e ativistas do teatro estudantil –, como um dos "nossos críticos", descrevendo, comentando e avaliando nossas produções e as opiniões que expressavam.

Escrevendo no mesmo artigo sobre *Nosso domingo*, do Teatr Provisorium, Płoński foi muito crítico:

> [...] o Provisorium, de Lublin, foi muito considerado pelo público do Confrontations e por seu conselho artístico. Posso concordar com esse veredito apenas se considerarmos o trabalho do Provisorium como um "teatro em progresso", que nos dá esperança pela sua maturidade final. A performance de *Nosso domingo* foi intelectualmente distorcida e insatisfatória, como são muitos outros

20. Em abril de 1979, eu estava dando uma entrevista como líder de um novo grupo estudantil a uma pequena rádio local da Academia Politécnica de Varsóvia. Um jovem jornalista me perguntou sobre meus grupos estudantis favoritos. Quando mencionei o Teatro do Oitavo Dia, ele desligou o gravador e me disse: "Não posso transmitir o nome do grupo, mas você pode dizer 'o teatro de Lech Raczak' e vai ficar tudo bem. Qualquer um interessado em teatro estudantil saberá o que você quer dizer". O que também é importante no contexto do Theatre Confrontations, em 1978, é que vários membros do Teatr Ósmego Dnia foram presos em Varsóvia, a caminho do festival, e libertados apenas depois da intervenção de oficiais de alto escalão da União Socialista de Estudantes Poloneses, que recebeu o aviso de que outros grupos iriam desistir de participar do festival se o Teatro do Oitavo Dia fosse excluído do evento. A atmosfera era muito tensa e a fúria dos oficiais do Partido Comunista, agentes do Serviço de Segurança e dos censores contra o grupo de Poznań foi enorme.

debates que usam apenas fatos como seu material. Não se discute com fatos (simples assim!), e nessa performance não havia discussões envolvendo ideias ou pontos de vista, apenas fatos. Claro, o grupo é jovem, mas precisa-se de um mínimo de intelecto para fazer bom teatro, e, no caso, não há desculpas (op. cit., p. 23).

Janusz Płoński, que se arriscou sob o fogo do partido e dos oficiais da união estudantil, dos agentes do Serviço de Segurança e, finalmente, dos censores, estava numa posição muito esquisita. Seu sucesso foi mencionar o nome do grupo, o título da peça e o fato de que eles foram altamente considerados pelo público e pelo conselho artístico, mas não tinha autorização para fazer nenhum comentário positivo sobre o grupo. Não importava se ele tinha gostado da performance ou não, ele tinha de ser crítico. Pode-se imaginar sua tensão enquanto escrevia a resenha: poderia ter gostado de *Nosso domingo*, mas era obrigado a falar mal da peça. O resultado positivo da situação tensa foi que o nome do grupo, o título da performance e a opinião do público e do conselho artístico do festival de Lublin fizeram-se conhecidos para alguns poucos milhares de leitores do *Itd*. E a nota "didática" do autor sobre discussões que usam somente fatos chamaria a atenção de leitores bem treinados em descobrir alusões subversivas, para o conteúdo politicamente "suspeito" da performance do Provisorium.

Zbigniew Gluza também foi "nosso crítico" e estava escrevendo para a revista semanal *Politechnik*,[21] que não era tão importante e conhecida como a *Itd*, então a "margem de liberdade" de seus autores era muito maior do que no caso de Płoński.[22] No artigo de Gluza sobre o Theatre Confrontations de Lublin, em

21. Editora: Conselho Diretor da União Socialista de Estudantes Poloneses da Academia Politécnica de Varsóvia. O semanário estava disponível em quase todas as bancas do país, mas não era tão popular quando a *Itd*.

22. Depois da reconquista da independência polonesa, Gluza tem sido, desde 1990, o chefe do centro de história Karta, e editor da publicação mensal *Karta*. Seu centro e periódico focam na documentação da repressão nazista e comunista contra poloneses e membros de minorias étnicas vivendo na Polônia pré e pós-guerra.

maio de 1978, a diferença de tom (comparada com Płoński) era claramente visível desde o início até a seção que descrevia e comentava a performance do Teatro do Oitavo Dia:

> Confrontations tem o seu vencedor: [...] Teatr Ósmego Dnia com *Desconto para todos*, que – com sua maturidade e importância do que é dito – pôs todos os outros teatros na sombra.
>
> Assistir a essa peça não é como ver teatro comum, [...] trata-se uma participação interna plena por parte do espectador. Não é acidental que se queira gritar, cantar e dançar junto com os atores, participar de sua dança aterrorizante e grotesca. O conteúdo da representação é familiar a cada um de nós e nos toca como o ataque de uma dor interna dilacerante. *Desconto para todos*, construído através da criação coletiva, é uma performance de grande profundidade e sabedoria, mas é simultaneamente muito difícil, exigindo muita concentração e uma maturidade intelectual que nos protegerá do espanto impotente depois que a peça termina.
>
> Com sua atuação perfeita e música fabulosa,[23] a performance é pulsante, sombria, cheia de amargura, e é um trabalho artístico do mais alto nível (1978, p. 7).

Zbigniew Gluza elogiou positivamente o Teatr Ósmego Dnia e ele, assim como o editor da *Politechnik*, estavam arriscando muito ao publicar comentários tão bons sobre o grupo em uma época de grande tensão, quando a companhia de Poznań era oficialmente chamada de "um bando de vândalos", que, quando a caminho do festival de Lublin, atacaram motoristas de ônibus e funcionários da milícia estatal em Varsóvia. Por outro lado, não se pode descartar o fato de

23. Um dos dois coautores da música para a peça foi o fundador e líder da Orquestra do Oitavo Dia, Jan A. P. Kaczmarek, que, desde 1989, vive e trabalha nos Estados Unidos. Ele musicou mais de 50 filmes e documentários, incluindo *Em busca da Terra do Nunca* (2005, dirigido por Marc Forster, com Johnny Depp interpretando o papel do dramaturgo J. M. Barrie), pelo qual recebeu um Oscar e um prêmio do National Board of Review.

que Gluza não podia escrever a completa verdade sobre *Desconto para todos*. A performance foi, em algum nível, uma crítica muito poderosa e clara sobre toda a história do regime comunista na Polônia, demonstrando sua completa falta de planejamento para o futuro.

O que Gluza pôde fazer foi focar em sua própria percepção da peça e direcionar sua amargura, grandeza intelectual e influência emocional sobre seus espectadores. A descrição do conteúdo teve de ser reduzida a um comentário muito geral como "familiar para todos nós". O leitor bem treinado tinha de imaginar o resto. E, devo dizer, o grupo de leitores muito bem treinado em imaginar o que poderia estar escrito ali se a censura não fosse tão ativa, levando em conta um contexto real e complicado, era surpreendentemente enorme. Quase todos listados nas transmissões não censuradas em polonês da Rádio Livre da Europa e companhias nacionais de rádio ocidentais como a BBC, Radio France Internationale ou a Deutsche Welle. Além disso, havia uma circulação bastante intensa de periódicos *samizdat*[24] e livros não censurados.[25]

Mais uma coisa importante: Gluza não escreveu nada sobre *Nosso domingo*, do Teatr Provisorium. Talvez ele não tenha ficado impressionado com a performance, ou talvez ele e seu editor tivessem chegado à conclusão de que o fragmento muito positivo sobre o Teatr Ósmego Dnia seria provocação suficiente para os censores, (e mais importante) considerando as repressões contra o grupo de Poznań?

Em seu maior artigo sobre o Theatre Confrontations, de Lublin, em 1978, publicado na revista quinzenal *Student*, Jerzy Ossowski, o terceiro dos "nossos críticos", escreveu:

---

24. *Samizdat* são autopublicações que circulavam no submundo cultural dos países do Bloco Soviético. [N. E.]

25. Em julho de 1980, durante o festival de arte estudantil interdisciplinar FAKT, na cidade de Bolesławiec, dois ativistas de teatro estudantil de Varsóvia, Gwido Zlatkes e Jacek Chmaj, organizaram uma *flying library* de livros não censurados. Os membros de muitas companhias de teatro estudantil puderam se familiarizar com a obra de dissidentes intelectuais e ativistas. Lembro-me de que li então livros de dissidentes imigrantes poloneses: Aleksander Wat, Juliusz Mieroszewski e Czesław Miłosz.

> A performance mais interessante do festival de Lublin foi *Desconto para todos*, do Teatr Ósmego Dnia, [...] que mostrou o alto nível de sensibilidade para o estilo e método teatrais [...]. Graças à grande e intensa presença dos atores, a peça é verdadeiramente impressionante. É difícil falar aqui neste espaço sobre seu conteúdo. Falando no geral, a peça mostra de forma breve e comprimida nossa realidade atual, que é apresentada de maneira dupla – tanto diretamente quanto metaforicamente. [...] A metáfora é, graças à ironia onipresente, a guardiã da precisão semântica da mensagem. Os meios artísticos usados servem aqui para expressar conclusões sociais e políticas importantes, destacando e estigmatizando a euforia fácil e barata, revelando os mecanismos de mudança de vida (1978, p. 9).

Foi muito corajoso da parte de Ossowski não só mencionar o nome do Teatr Ósmego Dnia num contexto positivo, mas também usar palavras como "realidade atual", "conclusões políticas", "euforia barata" e, finalmente, "mudança de vida". Para um leitor habilidoso eram os sinais reveladores que diziam: "Você DEVE ver esta peça!".

A publicação quinzenal da Cracóvia *Student* tinha uma longa tradição de colaboração na história tempestuosa do movimento artístico estudantil. Não era tão popular entre o público geral quanto a *Itd*, e, portanto, os censores eram mais indulgentes para com seu conteúdo. Além do mais, os censores da Cracóvia eram conhecidos como alguns dos mais liberais da Polônia, então era muito mais fácil publicar um artigo positivo sobre o Teatro do Oitavo Dia lá do que em Varsóvia. Apesar de tudo isso, Ossowski foi forçado a limitar sua descrição do conteúdo da peça a comentários muito gerais, deixando a imaginação dos leitores trabalhar por conta própria.

O quarto e último dos "nossos críticos" escrevendo para periódicos bem conhecidos, Grzegorz Kostrzewa-Zorbas, em seu artigo comentando a cultura estudantil em 1978, publicado no semanário *Kultura*,[26] foi limitado de forma

26. Esse semanário de Varsóvia (1963-1981), controlado pelos poderes comunistas, tinha o mesmo título da mais importante publicação mensal imigrante polonesa da França (1947-2000). O ato de dar o mesmo título à publicação foi feito de propósito pelos propagandistas do partido, a fim de demonstrar que o nome universal de *Kultura* podia ser parte da vida oficial em nosso país.

muito mais rigorosa pelos censores de Varsóvia. Ao escrever "*Desconto para todos* no teatro de Lech Raczak", ele pôde apenas admitir que "é extremamente difícil escrever sobre esta peça, que é enormemente densa em sua semântica, cheia de conteúdo e de ideias. Muito complicada, difícil para o espectador" (1978, p. 12).

Kostrzewa-Zorbas fez tudo o que podia, escrevendo por uma das mais populares revistas semanais do país. Os censores de Varsóvia o proibiram até de mencionar o nome do grupo, e tudo o que eles aceitariam seria uma descrição neutra, curta e enigmática da performance.

Vista hoje, mais de 30 anos depois, *Desconto para todos* é uma das mais valiosas e importantes performances teatrais na história pós-guerra do teatro polonês, juntamente com as melhores criações de Grotowski e Kantor. Infelizmente, graças aos censores comunistas, os historiadores teatrais não conseguem encontrar nem uma descrição completa e bem-feita, nem uma avaliação crítica nos artigos de críticos de teatro polonês daquela época.

A liberdade concedida aos jornais estudantis locais, circulando apenas entre os estudantes, era muito maior do que no caso dos semanários populares de Varsóvia, como *Itd* ou *Kultura*. Um exemplo é o caso da publicação mensal de Lublin *Magazyn Studencki* [Revista Estudantil], em que o jovem crítico Sławomir Sikora foi autorizado a escrever de uma forma surpreendentemente aberta sobre a performance do Teatr Provisorium:

> Em *Nosso domingo* [...] vemos imagens mutantes da nossa realidade contemporânea, que se referem aos direitos humanos básicos. Essas imagens são opostas ao passado, à época em que nossa geração bélica estava no início. A performance como um todo resume a realidade da vida social e não apenas isso... Com a devida atenção ao passado, eles mostram o hoje de uma forma crítica (1978, p. 4).[27]

27. Em outubro de 1978, Poznań foi o local para o VI Festival de Cultura Estudantil, um acontecimento enorme, trazendo uma ampla gama de eventos culturais, de *shows* de grandes conjuntos *folk* de estudantes, passando por recitais feitos pelos mais populares cantores estudantis, exposições de representantes das belas-artes, exibições de filmes, grupos de música clássica, concertos, até as melhores performances do teatro de estudantes. Os festivais de cultura estudantil, ocorrendo a cada cinco anos em grandes eventos culturais, eram um tipo de resumo dos esforços criativos dos estudantes a cada meia década.

Sławomir Sikora foi muito bem-sucedido em sua batalha com a censura: os censores de Lublin não cortaram as palavras "direitos humanos básicos" de seu artigo! Além do mais, eles o deixaram se referir à era stalinista no pós-guerra polonês ("a época em que a geração bélica estava no início") e caracterizar abertamente a atitude do Provisorium ("eles mostram o hoje de uma forma crítica"). Os estudantes de Lublin, após lerem este artigo, foram informados precisamente sobre o caráter crítico e subversivo da performance do Teatr Provisorium. É uma pena que eles pudessem vê-la muito raramente: durante o Theatre Confrontations, ou em apresentações "fechadas", com uma lista de espectadores submetida ao Serviço de Segurança.

Por fim, deixe-me apontar que até mesmo no fim dos anos 1970 a antiga tradição stalinista da "denúncia pela crítica" ainda estava viva. Na primavera de 1979, depois do triunfo do Teatr Ósmego Dnia no Theatre Confrontations, de Lublin (10 a 13 de maio), onde sua peça *Oh, como vivemos nobremente* foi aclamada como a melhor tanto pelo Conselho Artístico quanto pelo público, Paweł Lewandowski escreveu seu artigo para o diário *Sztandar Młodych* [Estandarte da juventude]. O editor do jornal era o Conselho Central da União da Juventude Polonesa, a mais poderosa e importante organização jovem comunista.[28]

> Os adereços, os símbolos e as criações de palco tornam possível somente uma interpretação: os autores da peça querem falar sobre a história recente. De acordo com sua peculiar interpretação, aquela parece ser uma série de eventos obscuros. Instintos primitivos governam um indivíduo, o indivíduo manipula as massas... Vemos uma mistura composta de alguns elementos extraídos de psicanalistas freudianos, fragmentos da eterna discussão sobre o papel do indivíduo na história mundial, várias cenas de cabaré focando nossa situação econômica atual. Tudo é colorido com uma ideologia que parece nos lembrar

28. Também havia a União da Juventude Rural e a (muito mais liberal) União Socialista dos Estudantes Poloneses.

das transmissões de algumas rádios ocidentais, cujos autores não escondem sua hostilidade ao nosso aqui e agora (1979, p. 5).

O fragmento do artigo de Lewandowski sobre o Theatre Confrontations de 1979 mostra que os altos oficiais do Partido Comunista decidiram desistir de sua atitude bastante tolerante anteriormente adotada para com o Teatro do Oitavo Dia e outros grupos teatrais estudantis maduros, assustados pelo sucesso destes, pela influência sobre jovens dramaturgos e sobre todo o meio da jovem *intelligentsia*.

Os censores terão ficado felizes por não terem sido forçados a ler o artigo com grande atenção – tudo indo de encontro a eles.

Em 1981, durante a "Primavera do Solidariedade" (outro nome: "Carnaval do Solidariedade", de setembro de 1980 a 13 de dezembro de 1981), uma nova lei sobre as publicações foi introduzida. Os censores foram forçados a anotar suas modificações dos textos publicados, com referência ao ponto da lei que o autor estava violando. Essa lei sobreviveu aos tempos difíceis da lei marcial na Polônia (1981-89), embora fosse plenamente respeitada somente pelos editores dos periódicos que não eram editados (e assim controlados) pela imprensa estatal central *Ruch* [Movimento].

No dia primeiro de janeiro de 1990, a instituição da antiga censura oficial do Estado foi eliminada da vida pública na Polônia com uma nova lei sobre as publicações, votada pelo parlamento polonês na véspera de ano-novo.

Os exemplos de resenhas teatrais e artigos dados acima mostram o quão tóxica e falsa era a censura e, acima de tudo, a autocensura, pela linguagem do discurso público oficial na Polônia comunista. A "fábrica de textos falsificados" funcionou de forma relativamente eficiente por mais de três décadas. Nossos cérebros não foram totalmente lavados, no entanto, graças à Igreja católica (a única instituição de massa independente e poderosa na República Popular da Polônia), transmissões de rádio estrangeiras, livros imigrantes e periódicos contrabandeados do Ocidente e as publicações *samizdat* do assim chamado "segundo circuito" dentro do nosso país.

Referências bibliográficas

BRAUN, KAZIMIERZ. *Teatr polski 1939-1989. Obszary wolności - obszary zniewolenia* [Teatro Polonês 1939-1989. Áreas de liberdade - Áreas de cativeiro]. Varsóvia: 1994.

GLUZA, ZBIGNIEW. *Sedno kontrkultury* [O núcleo da contracultura]. *Politechnik*, n. 22, 28 maio 1978.

KISIELEWSKI, STEFAN. *Przeciw cenzurze: legalnie. Garść wspomnień.* [Contra a censura: legalmente. Um punhado de lembranças]. *Zapis*, n. 4, 1977.

KOSTRZEWA-ZORBAS, GRZEGORZ. *Kultura studencka* [Cultura estudantil]. *Kultura*, Varsóvia, n. 48, 26 nov. 1978.

LEWANDOWSKI, PAWEŁ. *Festiwal bez precedensu* [O festival sem precedentes]. *Sztandar Młodych* [Estandarte da juventude], n. 140, 1979.

OSSOWSKI, JERZY. *Klaskaniem mając obrzękłe prawice* [Com nossas palmas inchadas pelo aplauso]. *Student*, n. 12-3, jun. 1978.

PŁOŃSKI, JANUSZ. "In statu nascendi". *Itd*, n. 22, 28 maio 1978.

SIKORA, SŁAWOMIR. *Teatralny Lublin w drodze do Poznania* [Lublin teatral a caminho de Poznań]. *Magazyn Studencki* [Revista Estudantil], ago. 1978.

STRZYŻEWSKI, TOMASZ. *Matrix, czyli prawda selektywna* [Matrix, ou verdade seletiva]. Wrocław: Wydawnictwo Wektory, 2006.

Censura, ditadura e "utopia autoritária"[1]

Carlos Fico

Faço muitas palestras sobre a ditadura militar brasileira, a guerra fria e as ditaduras militares latino-americanas. Há sempre uma grande expectativa em relação a esses temas, de maneira que costumo começar com um anticlímax. Quando se fala em ditadura, repressão, trata-se já de um discurso pré-figurado de condenação. A primeira atitude das pessoas em relação à ditadura e aos seus sistemas de repressão é a condenatória. Então, uma das coisas que tenho feito nos últimos 20 anos com meus livros e minhas pesquisas de acervos sigilosos, de documentos secretos da ditadura militar do Brasil, da Argentina e do Chile, com a participação dos Estados Unidos, é tentar enfrentar certos mitos e estereótipos que acompanham esses temas. A condenação de natureza moral e política é um passo que todos podemos dar com facilidade: é um ato de cidadão. Mas a tarefa do historiador é, às vezes, mais delicada, e diz respeito ao enfrentamento de certos mitos, certos estereótipos, certas atitudes simplistas.

Em relação à censura, criou-se durante a ditadura militar brasileira uma série de leituras que envolvem atitudes heroicas como, por exemplo, a publicação de receitas no lugar das reportagens censuradas, ou a atitude de alguns artistas que conseguiam driblar a censura. Tudo isso faz parte da história, mas compõe

1. Seminário interno realizado em 16 de outubro de 2009.

um discurso que se refere a uma memória estereotipada e não completa em relação ao assunto. Uma das tarefas delicadas da historiografia mais recente é o enfrentamento de memórias consolidadas que tendem a heroificar a atitude que as sociedades tiveram em relação ao passado, em geral, reduzindo os períodos traumáticos a uma visão dicotômica: há uma sociedade que é boazinha e um regime que é malvado e autoritário. As coisas não são assim.

Jamais vamos entender a censura no Brasil no regime militar se não entendermos, por exemplo, que a censura contou com o apoio de boa parcela da sociedade. Qual é o discurso do intelectual, do jornalista, do pesquisador universitário em relação à censura? Condenatório, como deve ser mesmo. Mas não podemos nos descolar da sociedade. Desconhecer, por exemplo, que, inclusive, durante o período de ditadura, boa parte da sociedade demandou mais censura. Então, as coisas são, em geral, complexas. Quando falei em anticlímax, foi em relação à necessidade que nós, pesquisadores, temos de enfrentar com vigor certas questões. No que se refere ao campo da História, muitas vezes essas questões são acordadas pela memória e contextualizadas a partir de uma chave de interpretação dicotômica que as reduz à ideia da repressão e do reprimido.

Então, quando me voltei ao estudo específico da censura durante o regime militar, vi que havia nos diversos discursos acadêmicos, historiográficos, políticos etc., e até do senso comum, uma certa imprecisão em relação ao que se falava sobre a censura. É preciso distinguir a censura que, a partir de 1968, se abateu com mais gravidade sobre a imprensa, sobretudo a escrita – os jornais, as revistas semanais – daquela outra que já havia desde os anos 1930 e 1940, sobre aquilo que o governo chamava de "diversões públicas".

Em certo momento, classifiquei a censura sobre a imprensa de política, e a censura das diversões públicas de moral. Logo as pessoas diziam: "Mas então você acha que a censura do cinema, do teatro, da música etc., não é uma censura política?". Não é isso. Claro que todo ato é sempre um ato político, mas é preciso distinguir as duas coisas. A censura praticada durante o regime militar pelo órgão conhecido como DCDP (Divisão de Censura de Diversões

Públicas) tem peculiaridades que não podem ser desconhecidas sob a pena de mesclarmos tudo num passado amorfo em que havia um ato malvado da ditadura militar, a censura, contra nós, a sociedade boazinha que sofria e driblava heroicamente a censura.

Para entender o complexo processo e desmontar os discursos estereotipados, sobretudo os discursos fundamentados pela memória da esquerda, que em grande medida heroificou e idealizou o próprio passado em relação à ditadura militar, é preciso analisar e classificar, não para ignorar as implicações, não para ignorar as articulações, mas para, num primeiro momento, entender do que estamos falando.

No Brasil, a chamada censura de diversões públicas é longeva. Ela vem de muitos e muitos anos. A fase mais moderna se configurou nos anos 1940 e permaneceu ativa até os anos 1980 e tem base legal - estava amparada na lei aprovada pelo Congresso Nacional brasileiro. É esse o aspecto que, às vezes, para nós, analistas, acadêmicos e jornalistas, é um pouco difícil de admitir, o de que a censura contou com o apoio social, com o apoio popular.

Um dos trabalhos que escrevi foi baseado no acervo de cartas enviadas pelas pessoas à censura, ao DCDP. Uma dessas pessoas, que escrevia costumeiramente, se dirigia à censura chamando-a de "Prezada Censura". As cartas, que estão no acervo da censura em Brasília, são muitas, e pelo que podemos analisar, mostram muito claramente a demanda social por mais censura, sobretudo de natureza moral.

Os censores, que vinham atuando desde os anos 1940, até o final dos anos 1980, se respaldavam muito nesse tipo de demanda, nesse tipo de apoio social, das pessoas comuns, das instituições, das associações públicas, enfim, das diversas instâncias que se dirigiam àquele órgão demandando mais censura, cobrando, por exemplo, que determinado programa de televisão, determinado cartaz de um filme, ou a peça teatral vista no dia anterior com a esposa, fossem censurados.

Tenho tentado classificar a censura praticada pelo longevo órgão da DCDP como tendo um viés predominantemente ético, moral. Não para dizer que essa censura não era política, mas para entender que há uma motivação específica naquele aparato censório, que tinha, inclusive, não só apoio social como base legal. Nota-se que esse tipo de determinação, esse tipo de motivação censória, existe até hoje e é a base das demandas por códigos de regulação por faixa etária.

O que aconteceu durante a ditadura militar? Os militares e os civis que deram o golpe de 1964 e montaram o regime ditatorial que prevaleceu até 1985 tinham uma espécie de "utopia autoritária". Acontece que a ditadura não era algo homogêneo. Havia grupos variados, alguns mais radicais, mais direitistas, mais reacionários, outros mais moderados que a compunham e o que os unificava era isso que tenho chamado de "utopia autoritária", uma expressão que talvez não seja a melhor – utopia, em geral, remete a uma coisa mais produtiva. Militares e civis amalgamaram-se, embora sua diversidade, pela perspectiva de que o Brasil poderia ser uma grande potência mundial desde que eliminados certos obstáculos. Estes eram aquilo que consideravam subversão, corrupção – viam na política praticada pelos civis um espaço de venalidade, de corrupção –, e então assumiram o papel de salvadores da pátria, que precisavam implementar uma série de ações para promover a utopia reacionária, conservadora, enfim, autoritária, imbuída de certo propósito. A partir de 1964, começaram a tentar implementar esse propósito. A primeira esfera de ação que se instaurou a partir de 1964 no que diz respeito a essa pretensão de organizar a sociedade foi de natureza punitiva. Eles pretenderam afastar o que chamavam de "subversivo e corrupto" a partir de uma legislação bastante conhecida: os atos institucionais. O primeiro ato institucional permitia que as pessoas fossem cassadas e tivessem seus direitos políticos suspensos. Ele tinha um prazo para funcionar, cerca de quatro meses. Os grupos militares mais exaltados começaram a demandar: "Não, não deu tempo, queremos prosseguir com a operação limpeza. Tem muito corrupto ainda para prender, tem muito subversivo para cassar o mandato".

Tenho interpretado a história da ditadura militar brasileira como sendo a escalada desse grupo que ficou insatisfeito com as primeiras punições de 1964. Outro mito: Castelo Branco era moderado. Então, chegou o fim do prazo do

AI-1, as punições foram interrompidas, e esse grupo de pressão, que logo se tornaria muito famoso e conhecido como "linha dura", passou a demandar mais punição. Assim, conseguiram que em outubro de 1965 fosse reaberta a temporada de punições sob o pretexto de que haviam sido eleitos governadores de oposição em Minas Gerais e no Rio de Janeiro. Com isso conseguiram extrair mais um ato, o AI-2, também com prazo - até o final do mandato do marechal Castelo Branco - e que previa outras punições, outras prisões, outras suspensões de mandato. Findo o prazo de validade do AI-2, a linha dura se levantou novamente: "Queremos mais, queremos mais".

O governo do marechal seguinte, Costa e Silva, iniciou-se em 1966 sem nenhuma possibilidade de cassação de mandato - eles chamavam isso de punições revolucionárias -, pois o AI-2 perdeu a validade justamente no dia da posse. Então, ao longo dos primeiros meses do governo Costa e Silva esse grupo de pressão, que, aliás, era liderado pelo próprio Costa e Silva, persistiu demandando mais e mais punições. Eles conseguiram isso com o famoso AI-5, baixado em dezembro de 1968, sem prazo de validade. Foi a vitória definitiva da linha dura que, então, pôde implementar seus projetos de reforma da sociedade brasileira conforme o que estou chamando de "utopia autoritária".

É a partir do AI-5 que esses militares e civis passaram a ter a faca e o queijo na mão. A partir daquele momento, os diversos grupos montaram sistemas específicos para atender às suas próprias demandas repressivas. Os grupos mais radicais estavam interessados em prender subversivos, eliminá-los, mesmo matá-los. Assim, montaram uma polícia política, um sistema de espionagem. O SNI (Serviço Nacional de Informação) torna-se um órgão efetivamente de espionagem para culpar as pessoas, persegui-las politicamente. Esses grupos militares também montam um sistema de segurança, conhecido como DOI-Codi, que praticou a repressão mais emblemática do regime, que aprendeu a torturar. Mas não acaba aí.

A "utopia autoritária" amalgamava grupos muito diferenciados. Entrevistei centenas de militares e vários deles falavam: "Eu tinha uma decisão íntima de que se fosse obrigado por um companheiro militar a participar da tortura, eu pediria para ir para a reserva". Então, eu perguntava: "Por que você não denunciava?". E a resposta: "Ah, eu tinha meu emprego, tinha que trabalhar, minha família...". Portanto, havia diferenças. Não se pode supor que todos os militares eram torturadores e mataram pessoas. Havia uma série de grupos. Alguns montaram, a partir de 1968, outras instâncias repressivas, como o julgamento sumário de corruptos. Ninguém conhece esse assunto sobre a ditadura militar, mas houve um tribunal de exceção, montado por generais, e a preocupação era com o discurso moral em relação à corrupção. Grupos militares ligados a Carlos Lacerda conseguiram criar a famosa CGI (Comissão Geral de Investigações) para julgar corruptos. Esse é outro sistema repressivo.

Outro sistema, que muitas vezes não é reconhecido como repressivo – mas evidentemente o é –, foi o de propaganda política. A ditadura militar brasileira deu um grande passo nesse campo que chamavam de Relações Públicas, com a criação da Assessoria Especial de Relações Públicas, que não foi obra dos militares torturadores, nem dos militares da espionagem. Aliás, nem eram militares. Eram outros grupos interessados naquela utopia de "não, vamos fazer uma propaganda para irmanar os brasileiros, ensiná-los a não jogar lixo no chão", ou "vamos ensiná-los a dirigir direitinho o carro, porque a sociedade é despreparada, porque o brasileiro não sabe votar, o brasileiro não sabe isso". Era dessa forma que nos viam. E a propaganda política que vendeu a imagem de um Brasil otimista, de um Brasil grandioso e de um Brasil habitado por uma população deseducada, suja, burra, que não sabia votar, era um sistema repressivo também.

No caso da censura, que foi uma espécie de outro lado da moeda da propaganda política, foi mantida a estrutura da DCDP, que vinha desde os anos 1940. Os funcionários de carreira, censores, que inclusive eram familiares dos produtores de teatro, que tinham grande familiaridade com o tema por terem passado décadas convivendo e negociando, foram mantidos.

Os militares e civis que estavam no poder durante a ditadura militar, quando se voltaram para a DCDP, procuraram modernizá-la, mantendo a mesma estrutura. E esta começou a sofrer também uma grande politização. As peças, as músicas, os filmes, os programas de televisão eram censurados conforme a tradicional clivagem, de perfil ético e moral - que inspira a censura brasileira desde sempre até hoje -, mas passou a servir aos interesses políticos do poderoso do momento.

Os milhares de processos da DCDP, do período da ditadura militar a partir de 1968, comprovam amplamente que os censores acabaram sendo usados para exercer uma censura estritamente política. Quando falo em estritamente política, é claro que é uma censura moral, de costumes, mas também política. Então, a partir desse momento, a atividade começou a ser praticada não só segundo uma clivagem, uma chave ético-moral, mas também política.

Caracteristicamente, a atividade nunca deixou de obedecer a um parâmetro ético-moral muito forte. Se quantificarmos os processos de censura de música, de teatro, de cinema, de novelas, de programa de rádio, veremos que prevalece, numa porcentagem próxima dos 85%, os cortes inspirados em temáticas sexuais e comportamentais. Já sobre a DCDP, é possível afirmar que foi centralmente uma agência que praticou a censura comportamental, moral, mas, a partir do AI-5, foi utilizada para a perseguição dos autores e diretores politicamente emblemáticos. Porém, não se pode analisar a censura daquela época, apenas tomando como base os casos emblemáticos. É possível pegar o Plínio Marcos, o Guarnieri, mas será uma análise restrita. Há uma massa enorme de processos de autores desconhecidos que passavam também por essa censura e que devem ser considerados.

É preciso perceber que havia uma dinâmica de longa duração em termos de formação de pessoal, de especialistas em fazer censura. É um grande erro ridicularizar essas pessoas. A leitura de que os censores só faziam besteira e cometiam erros é uma visão folclorizante que não nos ajuda a compreender o quanto essas pessoas são representativas na sociedade brasileira. A censura é sempre a expressão de uma demanda social.

A partir de 1968, outra censura foi montada com mais vigor e até mais sistematicidade. Costumo dizer que não houve uma censura, mas duas. Muitos criticam, afirmando que estou equivocado e tudo é censura política. Creio que são distintas: a censura à imprensa, que se intensifica em relação à censura ao cinema e ao teatro. Como foi que isso aconteceu? Havia, desde 1964, a censura dos jornais. Mas, a partir do AI-5, a "utopia autoritária" da vitoriosa linha dura apontava à centralização, ao controle centralizado de tudo, inclusive da censura política. Foi montado no gabinete do ministro da Justiça um órgão chamado Sigab (Serviço de Informação do Gabinete). Esse órgão tinha a tarefa de receber todas as demandas de todas as altas autoridades que se sentiam ofendidas ou que percebiam assuntos polêmicos. Por exemplo, em São Paulo, o DOI-Codi prendia uma pessoa na rua após baleá-la. Então mandava um bilhete para o Sigab, reportando: "Aconteceu isso e o assunto tem que ser censurado". Assim, todo o Brasil mandava bilhetes para o Sigab, esse órgão do gabinete do ministro da Justiça, que reagia de duas maneiras: telefonava para as redações de jornais e listava os assuntos proibidos, ou mandava por escrito um comunicado informal para as redações. Era uma censura muito específica, havia uma pauta de termos proibidos cuja publicação nos jornais era proibida, e esses temas eram informados dessa forma. O chefe de redação avisava aos jornalistas e os assuntos não saíam.

O que a ditadura falava sobre isso? Nada, não admitia. Até que ocorreu um episódio. O jornal *Opinião* conseguiu provar a custo essa censura no Supremo Tribunal Federal. O presidente Médici, na época, teve que admitir que a censura da imprensa era feita em "termos revolucionários", e, portanto, "não poderia ser contestada na Justiça, conforme o AI-5". Tiveram de admitir que era um ato revolucionário imposto à força. Se um militar de alta patente fosse questionado sobre a censura à imprensa, a resposta seria que estavam fazendo apenas um "controle". Porém, sobre a censura ao cinema, ao teatro, à televisão, respondia: "Sim, fazemos, claro, para proteger a sociedade brasileira dos ataques à moral, aos bons costumes, e disso nos orgulhamos". A censura política da imprensa foi admitida a custo, pois envergonhava os militares, mas a censura que chamo de moral, a censura da diversão pública, esta faziam com orgulho. Então são coisas completamente diferentes. A nossa memória, inclusive a minha, a memória do senso comum, tende a misturar as duas coisas. Por isso não podemos fazer uma leitura romantizada do passado ou heroificante, não podemos criar mitos e estereótipos que reduzem fenômenos extremamente complexos a uma leitura binária, do tipo bem *versus* mal.

No caso da censura praticada pela DCDP, ela era legal, aprovada em lei pelo Congresso Nacional. Quando a censura da DCDP acabou, aqueles censores ficaram perambulando pelo Ministério da Justiça feito fantasmas, até se aposentarem.

Mas quem é que fazia a censura à imprensa? Até hoje é difícil saber. Por exemplo, a descoberta de que a censura dos jornais era feita por um órgão chamado Sigab é recentíssima. Soube-se há pouco que um funcionário do Gabinete do Ministro, a partir da AI-5, centralizou as solicitações para evitar a dispersão de ações. Mas quem é que telefonava para os jornais? Quem é que levava os bilhetinhos? Tudo isso era secreto. A censura aos jornais era praticada em termos que os militares, donos dos poderes, na época, chamavam de revolucionários. Chamamos de legislação de exceção, legislação repressiva. Então, existem essas duas dimensões da ditadura militar.

Não vamos entender o que está acontecendo atualmente com as demandas que a sociedade faz para a regulamentação da faixa etária, se não entendermos a historicidade desse fenômeno. Ninguém hoje vai pedir a censura da *Folha de S.Paulo*. Mas muita gente pede a censura em tal horário do nu, do beijo de língua. Na época da ditadura, havia uma norma que permitia mostrar só um seio, não os dois. A revista *Ele & Ela* era muito perseguida por isso.

Não conseguiremos entender bem as coisas se não fizermos distinção dos processos históricos. Por exemplo, a Rede Globo, o grande demônio das esquerdas. Ela não recebia os telefonemas nem os bilhetinhos da censura da imprensa. Por quê? Porque apoiava a ditadura militar. O telejornalismo da Rede Globo era inteiramente colaboracionista, apoiava integralmente o regime militar. Então não tinha nem o que ser censurado. E as telenovelas, os programas de auditório? Eram tremendamente censurados. Na documentação da DCDP, a Rede Globo é uma das maiores vítimas da censura militar. Uma massa de reclamações, de documentos, cartas da produção de novela, do programa de auditório, do pessoal da Rede

Globo para a censura mostram os enormes prejuízos causados pelos cortes. Isso comprova que não podemos ter leituras simplificadoras do processo histórico. A mesma Rede Globo, que foi uns dos baluartes de sustentação do regime militar, com seu telejornalismo, é a mesma empresa que abrigou uma instância de produção de programas televisivos que sofreu enorme prejuízo por conta da censura.

O que gera um período traumático, como o do regime militar brasileiro? Gera memórias que em geral são enaltecedoras, simplificadoras. Quando se sai de um período traumático, em geral, a tendência é reconstruir a realidade. "Imagine se algum francês colaborou com o nazismo! Isso não existe, todos participaram da resistência!" É verdade? Não, é mentira. A tarefa do historiador é compreender como as memórias se constituem. A partir da anistia, surgiu o discurso de que todos fomos vítimas e que ninguém apoiou a ditadura. As razões para isso são moderadamente fáceis de compreender. O meu propósito não é negar a memória, mesmo quando ela constrói mitos e estereótipos, mas o de contar os fatos e mostrar que os processos são mais complexos.

Temos vários aspectos que apontam para essas contradições, essas complexidades. Um dos principais é o da negociação. Rita Lee, por exemplo, manda uma música para a censura. O censor fala: "Ah, não, essa palavra está muito esquisita, muda isso aí". A música volta para ela, que faz a mudança. O que é isso? Ela está introjetando a censura. Alguns mais radicais, falam logo em autocensura, condenam a Rita Lee ou qualquer outro compositor. Quer alguém mais alternativo do que o Raul Seixas? Fez a mesma coisa. Nelson Rodrigues também: mudou o final de uma peça. E qual o significado disso? Se ficarmos na ótica condenatória, na ótica binária de que a ditadura é o mal e a sociedade boazinha, então essas pessoas serão condenadas. Mas existe todo um processo histórico, inclusive de constituição desses espaços. No caso da música, a necessidade de produzir um disco a cada ano para suprir as demandas pessoais...

Anne Mary Smith estuda a censura da imprensa e defende a ideia de que o jornalista, durante a ditadura militar, por não romper com o bilhetinho, com o telefonema, estava praticando a autocensura. Se sou jornalista, estou na redação do *Jornal do Brasil*, do *Globo*, da *Folha* durante o ano de 1969 e vem uma ordem, o chefe de redação afixa as proibições que a ditadura mandou hoje, o que tenho que fazer? Vou escrever uma matéria para afrontar a ditadura e ser preso? As coisas são complicadas, a vida é um processo muito complicado. Não sei se autocensura é a expressão ou o conceito mais adequado para qualificar as pessoas que atuaram nas redações naquele momento.

Um de meus alunos de Doutorado fez uma tese muito interessante sobre a censura ao cinema. Ele não estudou só os processos, mas também o apoio da Embrafilme. O mesmo filme que era censurado pela DCDP recebia recursos da Embrafilme, outra agência do governo. Na hora de censurar, o censor questionava: "Será que temos de censurar mesmo? Afinal, a Embrafilme financiou. Vou propor um corte aqui, volta para o chefe...". Isso expressa a contradição da ditadura militar. E é a expressão também da complexidade dos processos. A ditadura militar não foi apenas uma estância repreensiva, foi também um espaço de tentativa que alguns analistas chamam de "modernização conservadora". Ela investiu na Embrafilme, investiu na implantação de um sistema de telecomunicações moderno. É claro, a censura é um dos pilares da repressão durante a ditadura militar, mas a censura voltada para o cinema, para a música, para a televisão, para o teatro. Eles censuravam até cantores de churrascaria. O cidadão era contratado para cantar numa churrascaria e tinha de mandar a relação das músicas para a DCDP. Uma obsessão, uma compulsão controladora. Enfim, essa censura não acabou com o fim da ditadura militar. Quando Fernando Henrique Cardoso fez aquele ato acabando com a censura, ele estava se referindo à desmontagem da DCDP e ao nosso anseio de que não houvesse mais a censura estritamente política, censura a jornais, a censura prévia.

Seria muito mais fácil fazer um discurso condenatório da censura. Mas a sociedade brasileira apoiou a censura; mas muitos artistas negociaram com a censura; mas o mesmo governo militar ditatorial, que censurava, apoiava com recursos; mas os jornalistas admitiram os bilhetinhos e os telefonemas. Enfim, existem muitos "mas" que precisam ser colocados diante das leituras às vezes laudatórias do nosso passado glorificado.

1968: tensões internas e externas no processo de enrijecimento da censura teatral

Walter de Sousa Junior

O ano de 1968 é emblemático quando se trata do tema da censura teatral. Isso porque remete automaticamente aos confrontos ocorridos durante a encenação da peça *Roda viva*, de Chico Buarque, montagem do Teatro Oficina. O espetáculo, vítima de dois ataques de grupos paramilitares - entre eles o famigerado Comando de Caça aos Comunistas (CCC), um em São Paulo, no Teatro Galpão (em 18 de julho), e outro em Porto Alegre (em 3 de outubro) -, acabou vetado pela censura logo depois do segundo ataque.

Tragicamente, o ano também é lembrado pelo golpe dentro do golpe desferido a 13 de dezembro pelo general Artur da Costa e Silva: o Ato Institucional n. 5 (AI-5), que fechou o Congresso Nacional, cassou deputados e funcionários públicos sem a necessidade do rito judicial, deu ao Executivo poderes para legislar e eliminou as garantias civis. Com isso, a censura, que havia se tornado federal após intenso debate conduzido por ministros, censores e a classe teatral durante todo aquele ano, e que já demonstrava ser implacável, institucionalizou a vigilância em nome da defesa da segurança nacional. Dentro da lógica militar, foi o caminho natural após os incidentes políticos daquele ano, que provocaram intensa movimentação popular contra o governo militar: a morte do estudante secundarista Edison Luís de Lima Souto no restaurante Calabouço, no Rio de Janeiro, em confronto com a polícia e que intensificou a mobilização estudantil;

a Passeata dos Cem Mil, também na capital carioca, com intenso apoio da classe artística; a dissolução do 30º Congresso da União Nacional dos Estudantes (UNE) em Ibiúna (SP), com a prisão de todos os estudantes; e o discurso do deputado Márcio Moreira Alves, em que exortou a população a evitar os desfiles militares daquele ano. A justificativa de Costa e Silva para o ato, no final de dezembro de 1968, num banquete oferecido pelas Forças Armadas, foi a do declarado recrudescimento dentro do golpe: "O governo tentou o caminho de tolerância. Quando tentou ser magnânimo, passou por fraco. Quando procurou apoio político, viu-se traído pela falta de patriotismo de grande número de pessoas" (apud Silva, 1998, p. 89).

O ano é também o do desmonte da Divisão de Diversões Públicas do Estado de São Paulo (DDP) – encarregada da censura prévia desde o período de Getúlio Vargas, foi subordinada ao famigerado Departamento de Imprensa e Propaganda (DIP), durante o Estado Novo (1937-1945), para controlar a produção artística e a cobertura jornalística no período pré e durante a Segunda Guerra Mundial. Isso porque, com a aprovação da Constituição em 24 de janeiro de 1967, a censura deixou de ser prerrogativa dos estados, passando à esfera federal. Desde o golpe de 1964, que instalou o regime militar, era a primeira vez que os controles estatais da cultura passavam a ser exercidos de forma centralizada, ou seja, a partir de Brasília. Com isso, desarticulou-se o DDP, deixando um contingente de censores e funcionários sem função, embora o órgão continuasse a atuar até 1970, zeloso por não conflitar com os interesses dos militares. Mesmo assim, o período registra diversas interferências isoladas de militares que, ao assistirem às peças de teatro, se sentiam no dever de salvaguardar a produção artística com base nos cânones morais, políticos e religiosos apoiados pelo regime, o que lhes dava autonomia para encaminhar pedidos de censura diretamente a Brasília.

Outra grande mudança nesse processo de federalização da censura foi o distanciamento dos mecanismos censórios dos centros onde se apresentavam as peças teatrais, o que dificultava à classe artística a articulação de apelações e pedidos de revisão dos cortes impostos às obras teatrais. Havia ainda uma grande expectativa em relação à criação do Conselho Nacional de Censura, a partir do anteprojeto apresentado à presidência da República pelo ministro da Justiça Luís Antonio da Gama e Silva,[1] e que abriria formalmente uma instância de apelação para reavaliar os atos dos censores. Mas nada disso aplacou a tesoura censória. "Tratava-se, portanto, de mera estratégia política que encobria uma censura cada vez mais policialesca e assumidamente política. Os militares defendiam a ideia de que o controle da produção artística era atividade do Estado e responsabilidade de órgão que, muitas vezes, agiam de forma secreta" (Costa, 2006, p. 194).

Dentro da Divisão de Diversões Públicas do Estado de São Paulo (DDP/SP), as mudanças geraram entre censores e funcionários imediata insegurança e perda de poder. Disso são exemplo os dois últimos processos do Arquivo Miroel Silveira, que contêm os prontuários da DDP, conforme assinala Cristina Costa no livro *A censura em cena*. Os prontuários contêm os processos de censura de duas comédias de revista: *A virgem psicodélica*, de Leslie Stevens, encenada por Dercy Gonçalves; e *O mundo está fervendo*, de Alberto Vilmar. Os cortes feitos pelos censores referem-se a expressões chulas, de duplo sentido ou palavrões, portanto, são interferências de cunho moral.

> A censura que se imporia a serviço da Segurança Nacional baseava-se em critérios menos burocráticos e pueris. Datados de 1968, há no Arquivo Miroel Silveira 48 processos, dos quais apenas onze foram liberados para qualquer idade. Dois foram proibidos para menores de 16 anos, dezessete para menores de 18 anos, e dezoito tiveram algum tipo de corte no texto apresentado, ou seja, quase 40% dos textos foram de alguma forma alterados para encenação. (idem, op. cit., p. 200).

1. Ex-reitor da Universidade de São Paulo, o jurista Gama e Silva, considerado até então um liberal, foi o redator do AI-5. Consequência do ato foi a cassação de professores da USP, cuja lista de nomes entregue ao governo teria sido redigida pelo mesmo Gama e Silva. Os professores, entre eles Florestan Fernandes, Octávio Ianni e Mário Schenberg, foram aposentados e proibidos de lecionar.

A estrutura do DDP, construída na década de 1940 a partir dos desígnios do Estado Novo e consolidada em quase 30 anos de atividades – inclusive no período democrático, entre as ditaduras de Vargas e militar, quando se tornou até mais atuante, conforme o testemunho de um censor (idem, op. cit., p. 123-4) –, viu-se simplesmente abandonada, desarticulada, embora tivesse grande importância para o Estado, como testemunha o censor Hamleto Capriglione Filho: "Com a 'Revolução' a censura passou a ser o terceiro maior arrecadador do Estado. Os delegados viam naquilo um maná [...]. Na época, eu conhecia o ministro Jarbas Passarinho e disse aos meus colegas: 'Vamos fazer uma comitiva e ir a Brasília. Pediremos para que todos os censores passem para a censura federal'. Aí um não quis, outro deu uma desculpa" (Costa, 2008, p. 139-40).

No entanto, a organização da censura federal começou em São Paulo, por iniciativa da Polícia Federal (PF), como lembra o homem de teatro amador e censor Coelho Neto:

> Recebi em casa um telefonema do general responsável pela instalação da Polícia Federal em São Paulo. Convidava-me para uma reunião na rua Piauí. [...] Cerca de dois meses depois, fui convocado novamente pelo mesmo general, que comunicou a instalação da censura federal e me pediu para indicar cinco colegas para comigo constituir o quadro de censores no estado. Fiz umas indicações, e, na saída, ele recomendou-me sigilo absoluto sobre o que conversamos, pois a notícia oficial sairia somente dali a uma semana. Dois dias depois, ao chegar ao DDP, o diretor estava iniciando uma reunião de emergência com todos os censores para comunicar o boato da extinção da censura estadual. [...] Imediatamente comuniquei a conversa que tive com o general. Ele agradeceu a informação, elogiou-me por ter sido imediata a minha comunicação, e anunciou que iria procurar o governador para uma reunião. No dia seguinte, comunicou que realmente a censura estadual fora extinta, e que alguns de nós seriamos aproveitados como empréstimo na federal. Três dias depois nos apresentamos na rua Piauí, com a equipe constituída por mim e pelos colegas que havia indicado [...] (Costa, 2008, p. 31).

Apesar dessa constituição um tanto informal do grupo, sempre regida pela ameaça velada do poder militar, ele não conseguiu emprestar sua experiência ao órgão federal. O mesmo Coelho Neto relembra que "acataram os critérios estaduais, porém passamos a receber intromissões", com os militares "colaborando" com a censura. "Militares mais graduados e suas esposas (essas especialmente) quase todas as semanas telefonavam reclamando sobre alguma 'irregularidade' ou 'imoralidade'. Os novos diretores passaram a ser nomeados por Brasília, e, na grande maioria, prestigiavam os censores paulistas" (idem, op. cit., p. 131-2).

Vê-se, então, que se as tensões externas levavam os militares a ajustar os mecanismos de censura centralizando-os para uma ação mais efetiva dentro dos cânones do golpe militar; internamente, havia certo jogo de forças envolvendo a experiência censória e a intervenção pura e simples da observação moralista daqueles ligados ao círculo militar. Um processo que será detalhado a seguir a partir da leitura do que foi publicado pela imprensa na época. Antes, porém, é importante ter uma visão geral do saldo de atuação da censura federal, listando as peças vetadas no decorrer de 1968, conforme levantamento realizado pelo *Jornal do Brasil* em 8 de abril de 1979, sob o título "Os espetáculos que o brasileiro não viu porque a censura não deixou":

Mês	Peças vetadas e outros incidentes de 1968
Janeiro	A colagem *O homem, a mulher e os poetas.*
Fevereiro	*Um bonde chamado desejo*, de Tennessee Williams.
Março	A canção "Peixe Vivo" é cortada do espetáculo, *Oh Minas Gerais*, em Belo Horizonte, que será proibido em seguida. *Santidade*, de José Vicente; *Barrela*, de Plínio Marcos; *Cordélia Brasil*, de Antonio Bivar; *João da Silva*, de Emanuel de Morais.
Abril	*Maria Minhoca*, peça infantil de Maria Clara Machado, proibida em Recife, acusada de ter "intenções subliminares".

Mês	Peças vetadas e outros incidentes de 1968
Maio	*Jeremias, Jeremias*, de Aghy Camargo; *Um santo homem*, de Oto Prado; *Toda nudez será castigada*, de Nelson Rodrigues; *As relações naturais*, de Qorpo Santo.
Junho	Flávio Rangel é preso e tem a cabeça raspada. Arena conta *Tiradentes*, de Gianfrancesco Guarnieri.
Julho	*O rei da vela*, de Oswald de Andrade; e *Café*, de Mário de Andrade. O CCC espanca os atores de *Roda viva*, de Chico Buarque, em São Paulo.
Agosto	*Prostituição de Temis*, de Francisco César Palma de Araújo; *Banana, opus 69*, de Laís Costa Velho; *O Clube da Fossa*, de Abílio Pereira de Almeida. O Teatro Gil Vicente é bombardeado por terroristas. O elenco de *Navalha na carne* é ameaçado de espancamento.
Setembro	*Um dia na vida de Brasilino*, de J. G. de Araújo Jorge; *Xadrez especial*, de Alfredo Gerhardt; *Qual foi a última vez que você andou com a minha mãe?*, de Christopher Hampton; *Na onda perereca*, de Luiz Felipe Guimarães; *Senhoritas*, de Alcyr Ribeiro Costa; *O vermelho e o branco*, de Waldemar José Solha. Cacilda Becker é demitida da TV Bandeirantes.
Outubro	*Papa Highirte*, de Oduvaldo Vianna Filho, após ganhar o concurso de dramaturgia do SNT. Por conta disso, o concurso, que era anual, deixa de acontecer até 1974, quando é retomado. Elenco de *Roda viva* é agredido em Porto Alegre. A peça é interditada. *O quarto*, de Marcos Granato; *Prova de fogo*, de Consuelo de Castro; *O misterioso roubo da fórmula do sabão Limpa-Limpa*, de Mauro Braga, que teve outras três peças proibidas: *Branca de Neve e os sete anões, Vamos chegá prá frente que o meio do carro tá vazio*, e *Ídolos do país do barro*.

Mês	Peças vetadas e outros incidentes de 1968
Novembro	*A mãe*, de Máximo Gorki; *Análise do homem*, de Carlos Eduardo Ferri; *Não há vagas*, de Joaquim Franco Ribeiro Filho; *Quando as máquinas param*, de Plínio Marcos.

Destacam-se ainda alguns casos notáveis, como os vetos às peças *I Feira Paulista de Opinião*, de vários autores; *A invasão*, de Dias Gomes; *Jornada de um imbecil até o entendimento* e *Chapéu sobre paralelepípedo para alguém chutar*, ambas de Plínio Marcos; *Liberdade, Liberdade*, de Millôr Fernandes; e *As mãos de Eurídice*, de Pedro Bloch.

Antecedentes

A proibição do livro *O casamento*, de Nelson Rodrigues por meio de portaria assinada pelo ministro da Justiça Carlos Medeiros Silva, em outubro de 1966, abriu uma discussão política sobre a quem caberia exercer o controle da produção intelectual brasileira. Enquanto o ministro acusava o livro pela "torpeza das cenas descritas e linguagem indecorosa" que atentam "contra a organização da família", Nelson Rodrigues reagia afirmando sentir "uma profunda e definitiva vergonha de ser brasileiro, porque o livro é moralista para quem sabe ler e para quem não é analfabeto nato ou hereditário". O escritor Hélio Pellegrino, em *O Globo* de 15 de outubro, tocou na ferida: "Imoral é o ato do Sr. Ministro da Justiça. Imoral e farisaico. Define bem o clima de ditadura em que o País está mergulhado".[2]

Meses antes, o deputado Anísio Rocha (MDB-GO) havia apresentado projeto solicitando a transferência da censura do Ministério da Justiça para o Ministério da Educação. Mas, em 21 de junho de 1966, o ministro da Justiça se posicionou contra a mudança. Mesmo assim a Câmara acatou a proposta e gerou o substitutivo do deputado Djalma Passos (MDB-AM), que criava uma Comissão Nacional

2. *O Globo*, 15 out. 1966.

de Censura, com dez integrantes (sociólogos, educadores, representantes do Ministério Público e Juizado de Menores). Mas o então ministro Mem de Azambuja Sá, antecessor de Medeiros Silva, qualificou o substitutivo como inaceitável por ferir a "tradição" de a censura ser atribuição da polícia.

Em 1967, foi a vez de o diretor da Divisão de Diversões Públicas de São Paulo, J. Pereira, defender a criação de um Código Brasileiro de Diversões Públicas, pois até então, mesmo com a aprovação da nova Constituição, a censura era regida por "uma legislação profundamente falha, quase toda ela constante de decretos e portarias inspirados, em geral, em atos e regulamentos baixados durante a ditadura getulista, quando não copiados *ipsis literis*".[3]

A discussão parecia ser o detonador de um debate que iria ocupar o Ministério da Justiça pelos próximos meses e todo o ano de 1968: o ajuste burocrático para o exercício da censura depois que o artigo 150 da Constituição, parágrafo 8, tornou-a atribuição federal. A reação de J. Pereira apoiava-se numa firula conceitual: "É preciso não confundir censura com pré-censura ou censura prévia, não especificada na lei".[4] Assim, os órgãos estaduais de censura continuariam exercendo a atribuição da censura prévia, pois o exercício dessa função pela União seria inconstitucional. Daí a necessidade de se criar um Código Nacional, o qual J. Pereira já contava com o esboço de um anteprojeto, que pretendia submeter à apreciação do novo governo militar.

O Ministério da Justiça precisava mostrar-se ativo na discussão, pois as Divisões estaduais, por estarem em atividade há muito tempo, tinham a capacidade de se articular rapidamente. A preocupação, dali para frente, passou a ser a uniformização do rito de censura, sem que uma esfera avançasse nas atribuições de outra, embora, naquela altura, não houvesse ainda sequer diretrizes para cada uma das divisões. No Rio de Janeiro, por exemplo, a chefia do Serviço de Censura do Departamento Federal de Segurança Pública se reuniu com os diretores das companhias teatrais para explicar o novo rito de censura. Além disso, ministrou

3. *O Estado de S. Paulo*, 15 mar. 1967.

4. Ibidem.

um curso de especialização teatral a 30 censores, sob o patrocínio da Academia Nacional de Polícia e sob a orientação do Serviço Nacional de Teatro.[5]

Um mês depois, em 26 de abril de 1967, *O Estado de S. Paulo* noticia que, a partir de primeiro de maio, os menores de 18 anos seriam proibidos de entrar nas casas de espetáculos quando a programação fosse considerada imprópria pela censura federal. Romero Lago, chefe do Serviço de Censura do Departamento de Polícia Federal, salientou que seu órgão estabeleceria os graus de impropriedade para os menores de 18 anos que deveriam ser obedecidos pelos juízes de Menores. Lago, aliás, chegou a São Paulo com o propósito de enquadrar J. Pereira, com quem se reuniu, juntamente com a chefe da Seção de Censura Estadual, Judith Castro Lima, para ajustar o descompasso que poderia demonstrar falta de uniformidade entre os dois serviços.

> Segundo os entendimentos, haverá total colaboração das autoridades estaduais, tendo sido postos 14 censores à disposição da Polícia Federal e havido acerto quanto a algumas divergências anteriores. Assim, de acordo com a Constituição Federal, a censura caberá exclusivamente às autoridades federais, e procurará uma ação uniforme em todo o País, ressalvadas algumas características locais. Contudo, a aprovação da autoridade federal a uma programação somente será dada com a ressalva de que sejam primeiramente cumpridas as exigências legais do DDP. Essas exigências das autoridades estaduais referir-se-ão à segurança do público, como saídas de emergência, distância entre as filas de poltronas e outras.[6]

O enquadramento da DDP não acontece, pois, sem a devida reafirmação do papel superior da esfera federal, de modo a ficar claro que o órgão estadual se atentará somente a questões operacionais, esvaziada do controle intelectual

5. *Jornal do Brasil*, 14 mar. 1967.
6. *O Estado de S. Paulo*, 26 abr. 1967.

da produção artística paulista, atribuição exercida desde sua criação, na década de 1940.

O assoberbado ministro

Gama e Silva assumiu o Ministério da Justiça em 15 de março de 1967 e, portanto, todo o esboço de insubordinação da DDP e o envio de Romero Lago a São Paulo para debelar o foco articulado por ele. Sua atuação marcaria 1968 de maneira profunda, especialmente a forma como conduziu a transição da censura dos estados para a União e o fato de ter desempenhado papel central na concepção do AI-5. Sua proposta de trocar a censura prévia pela de impropriedade etária constava do anteprojeto que encaminhou em 22 de fevereiro de 1968 ao presidente Costa e Silva. Oliveira Belo, assessor jurídico do Ministério da Justiça, preparou a minuta do decreto submetido à presidência da República, que já tratava da criação do Conselho Federal de Censura, para avaliar as peças proibidas até 21 anos.

Dias antes, o ministro havia acabado com as representações regionais da censura, o que inviabilizou a contra-argumentação da classe artística aos atos censórios. Ao encaminhar o anteprojeto, voltou atrás, determinando ao coronel Florimar Campelo, diretor geral da Polícia Federal, a "preparação de uma portaria revogando medidas centralizadoras que liquidaram com as representações regionais de censura federal e tornaram impossível o diálogo com os artistas".[7] O verdadeiro motivo da capitulação foi a mobilização da classe artística, que ameaçava entrar em greve. Organizados desde o início do ano de 1968, os artistas estavam preparados para paralisarem os espetáculos a qualquer momento, como atesta a reportagem da *Folha de S.Paulo* de 14 de janeiro:

> Autores e atores teatrais brasileiros, do Rio e de São Paulo, decidiram, ontem à noite, após uma assembleia geral, realizada no Teatro Nacional de Comédia,

7. *Folha de S.Paulo*, 22 fev. 1968.

formar uma comissão com poderes para convocar a classe a qualquer momento e resolveu acompanhar as providências prometidas pelas autoridades, voltando aos teatros, já na noite de hoje.

O estopim da reação contra a decisão do ministro foi a proibição da peça *Um bonde chamado desejo*, de Tennessee Wiliams, encenada pela atriz Maria Fernanda. Um grupo de artistas chegou a se reunir com Gama e Silva, que afirmou ser contra o tipo de censura que estava se fazendo no país. No dia 17 de fevereiro, reunidos no Teatro Glaucio Gil, os artistas da Guanabara também articulavam ação contra a censura. "Só ficaremos satisfeitos quando a cultura vencer a censura", disse, na ocasião, a atriz Tônia Carrero.[8]

Alguns dias antes, em 14 de fevereiro, a *Folha de S.Paulo* anunciava em manchete: "Censura perto do fim". As movimentações do ministro, como suas declarações à imprensa, assim davam a entender. A regulamentação da censura federal, proposta a partir daquele primeiro anteprojeto, defendia a apreciação do espetáculo teatral após suas primeiras encenações e a pedido de alguém ou de alguma entidade. Ao passo que eliminava a censura prévia, tornava a própria sociedade executora dos atos de censura, pois cabia a ela acusar para que a censura federal deliberasse pela proibição ou não. As articulações de Gama e Silva visavam também angariar o apoio da classe teatral. Prova disso foi o patrocínio ao V Festival de Teatro dos Estudantes, que aconteceu no primeiro mês do mesmo ano no Rio de Janeiro, por iniciativa de Paschoal Carlos Magno, que fez questão de assinalar: "Com exceção de um determinado personagem da censura, extremamente desagradável que não entende nada da inteligência criadora e sua comunicação com a sociedade – encontrei apoio da parte do ministro Gama e Silva e de seu melhor auxiliar, Hélio Scarabotolo. Ambos compreenderam a importância da apresentação de todas as peças durante o Festival."[9]

8. *Folha de S.Paulo*, 17 jan. 1968.
9. *Correio da Manhã*, 2 jan. 1968.

O ministro, além de receber a comissão de artistas, prometeu - e cumpriu - incluir representantes das entidades que tratavam das atividades artísticas em comissão criada para estudar a regulamentação da censura e a criação do Conselho Superior de Censura. Isso a poucos dias de enviar seu anteprojeto ao presidente. O jogo de forças entre a classe artística e o Ministério da Justiça prosseguiu em 15 de março, quando o Teatro do Autor Brasileiro, por meio da atriz Norma Bengell, solicitou a liberação da peça *Cordélia Brasil*, de Antonio Bivar, para maiores de 21 anos, com apresentação após as 22 horas. Aproveitava-se um precedente: o ministro Gama e Silva havia liberado um dia antes a peça *Volta ao lar*, de Harold Pinter, sem cortes, para maiores de 21 anos, após recurso da Companhia Torres e Brito. O deputado Gastone Righi, da tribuna da Câmara Federal, lamentava a censura às peças *Barrela*, de Plínio Marcos, e *Cordélia Brasil*, afirmando que o fato apontava o "desprestígio do Ministro da Justiça e desvenda, mais uma vez, publicamente, o diáfano manto que encobre os desígnios reacionários e totalitários do Governo".[10]

Outra reação do Legislativo com relação à censura federal partiu do deputado Milton Reis (MDB-MG), ao propor a criação de uma comissão federal de censura para atuar junto ao Serviço de Censura de Diversões Públicas (SCDP) do Departamento de Polícia Federal, com a função de estabelecer normas e regras de censura dos espetáculos e com poder de rever material já censurado. O projeto também criava subcomissões estaduais.

Com a participação da classe artística no Grupo de Trabalho liderado por Clóvis Ramalhete, conselheiro da Ordem dos Advogados do Brasil, o anteprojeto de Gama e Silva foi deixado de lado para a elaboração de uma proposta referendada pela comissão. Assim, o presidente do Sindicato dos Artistas e Técnicos em Espetáculos de Diversões, Osvaldo Loureiro, antecipou à *Folha de S.Paulo*, em 25 de março, a intenção de concluir-se a elaboração do anteprojeto de lei até 20 de abril, para que fosse submetido ao Congresso.

10. *Jornal do Brasil*, 15 mar. 1968.

Os primeiros resultados do Grupo de Trabalho só apareceriam na imprensa em 18 de abril, quando se divulgaram seis proposições aprovadas para compor o anteprojeto:

1. O Serviço de Censura de Diversões Públicas (SCDP) irá reorganizar e manter as seções de censura nas delegacias regionais (Guanabara e São Paulo);
2. A censura será realizada exclusivamente pelas turmas do SCDP;
3. As turmas analisarão a obra em seu contexto geral, considerando o valor artístico, cultural e educativo, sem isolar cenas, trechos ou frases;
4. Os censores não emitirão publicamente recomendações críticas sobre as obras;
5. Os responsáveis pelas obras receberão cópia do laudo de censura;
6. O SCDP emitirá certificado para apresentação em circuito comercial e em cineclubes e cinematecas.

O Grupo de Trabalho também aprovou, diz o *Correio da Manhã* de 18 de abril, a idade de 10 anos como limite para a liberação de peças pelo SCDP. O grupo se reúne pela última vez em 6 de maio, indo além do prazo estabelecido inicialmente para apresentar o anteprojeto. Na mesma ocasião, Romero Lago, chefe do Serviço de Censura Federal e destacado para ajustar as "diferenças" na DDP paulista, é exonerado e substituído interinamente por Manoel Felipe de Souza Leão, que tem como primeira missão receber o autor teatral Joracy Camargo, figura de peso na cena brasileira, liderando novo grupo de atores que pede a formalização do Serviço de Censura Federal.

Três dias após ter encerrado suas atividades, o Grupo de Trabalho entrega a Gama e Silva os 40 princípios elaborados para regulamentar a censura, além de três anteprojetos de lei: para o teatro, o cinema e os direitos autorais. O desmembramento foi solicitado por Osvaldo Loureiro (teatro) e Luís Carlos Barreto (cinema). Loureiro justifica o pedido "como uma forma de facilitar e apressar o andamento da nova regulamentação da Censura quando esta estiver na esfera governamental".[11]

11. *Folha de S.Paulo*, 9 maio 1968.

Um dos anteprojetos, como prometido pelo ministro, cria o Conselho Superior de Censura, subordinado ao Ministério da Justiça, que receberia recursos sobre as decisões do Departamento de Polícia Federal e os julgaria.

Os embates políticos envolvendo a censura e o teatro continuaram, apesar da conclusão dos trabalhos que redundaram nas novas propostas. Em São Paulo, por exemplo, o deputado da Arena, Wadih Helu, obteve aprovação de uma moção de sua autoria em que pedia maior rigor na censura de espetáculos teatrais. A reação da oposição foi imediata. O deputado Fernando Perrone, do MDB, membro da Comissão de Educação e Cultura da Assembleia Legislativa, convoca o crítico teatral Décio de Almeida Prado e Maria José Garcia Werebe, da Escola de Aplicação da Universidade de São Paulo, para dar seus testemunhos sobre a censura que se vinha exercendo e se queria exercer. Werebe atacou:

> No Brasil, a censura tem sido rigorosa e baseada, erroneamente, em apenas dois pontos considerados básicos: sexo e subversão. A censura usa de excesso moralista com o pretexto de proteger a juventude. [...] A censura não se deve basear no critério moral para censurar ou liberar um espetáculo, porque, mais cedo ou mais tarde, os jovens vão tomar contato com o problema ventilado. O ideal seria a fixação de limites etários.[12]

Décio responsabilizou o mau funcionamento da censura por estar centralizada em Brasília, fator que vinha aviltando os prazos de análise e de apelação estabelecidos por lei.

O substituto de farda

Depois de curto período cobrindo interinamente a saída de Romero Lago, Manoel Felipe de Souza Leão cede a vaga de diretor-geral do Departamento de

12. Idem, 17 jun. 1968.

Polícia Federal (DPF) ao general Bretas Cupertino. Este, em 12 de julho, dá sua primeira entrevista, escolhendo o *Jornal do Brasil* como canal para o discurso. Afirma que a PF estuda novos critérios para a censura, mas que só serão adotadas após aprovação pelo Conselho Superior de Polícia e por ele próprio. Por ora, cumpre-se a lei em vigor, então o artigo 41 do decreto n. 20.493, de 24 de janeiro de 1946:

> Será negada a autorização sempre que a representação, exibição ou transmissão radiotelefônica: a) Contiver qualquer ofensa ao decoro público; b) contiver cenas de ferocidade ou for capaz de sugerir a prática de crimes; c) divulgar ou induzir aos maus costumes; d) for capaz de provocar incitamento contra o regime vigente, a ordem pública, as autoridades e seus agentes; e) poder prejudicar a cordialidade das relações com outros povos; f) for ofensivo às coletividades ou religiões; g) ferir, por qualquer forma, a dignidade ou o interesse nacional; h) induzir ao desprestígio das Forças Armadas.[13]

Os critérios, passíveis de interpretação subjetiva, permaneceriam orientando a tesoura dos censores, mesmo no anteprojeto apresentado ao Congresso. Talvez fosse esse o recado dado pelo diretor geral do DPF, que tratou também de defender a capacidade intelectual de seu time de censores. É enfático ao apontar que todo censor tem "cabedal de conhecimentos necessários ao exame de qualquer espetáculo de diversão pública".[14] Compara o ato de censura a uma perícia, que exige vasto conhecimento e excelente nível intelectual, e finaliza afirmando que todo censor tem curso de especialização na Academia Nacional de Polícia.

Reafirmando o propósito de uniformidade defendida por seu antecessor, diz contar com a colaboração das polícias estaduais, prometendo gerar um en-

13. *Jornal do Brasil*, 12 jul. 1968.
14. Ibidem.

contro de secretários de segurança estaduais para promover maior integração. Contraditoriamente, apresenta, como alternativa ao encontro, caso não seja possível, intensificar o número de "visitas de inspeções nas delegacias estaduais".[15]

No mês em que Bretas assumiu o Departamento de Polícia Federal, o peça *Toda nudez será castigada*, de Nelson Rodrigues, com remontagem marcada, foi submetida a novas vistas da censura e, enfim, interditada. Sobre o incidente, o general responde:

> A interdição de uma peça após a sua liberação não representa, a meu ver, falta de critério. [...] As peças que já tenham sido retiradas do cartaz e a ele voltarem depois de um intervalo de 20 dias, contados da data da última representação, para serem novamente representadas poderão ser submetidas a uma revisão da Censura se o SCDP julgar conveniente.[16]

O mês de julho abrigou dois duros golpes na criação teatral, sentidos diretamente pela classe artística, que buscava até então o diálogo com as autoridades da censura: o espancamento dos atores da peça *Roda viva*, de Chico Buarque, no Teatro Galpão e a proibição de *O rei da vela*, primorosa montagem do Teatro Oficina, com direção de José Celso Martinez Corrêa, ambos em São Paulo. No Rio de Janeiro, no dia 15 de julho, cerca de 500 artistas se juntaram diante do Teatro Municipal para protestar contra "o terrorismo organizado do qual a classe está sendo vítima".[17] Foram colocadas faixas na escadaria do teatro, com palavras de ordem como "Contra a censura, a ditadura e a opressão". A manifestação se iniciou às onze da manhã; duas horas depois chegaram três veículos de choque da Polícia Militar, caminhonetes do Departamento da Ordem Política e Social (Dops) e um "Brucutu", o temível blindado geralmente empregado contra as manifestações estudantis de rua. A ordem para a mani-

15. Ibidem.
16. Ibidem.
17. *Jornal do Brasil*, 15 jul. 1968.

festação se dispersar foi dada por meio de megafone. O ator Carlos Vereza, por fim, comunicou a decisão dos artistas: dispersar o movimento para evitar o confronto.

Chico Buarque, ainda um sambista tímido, dá entrevista dizendo-se aborrecido por ter ouvido do ministro da Justiça, quando o visitou com uma comissão de artistas, a promessa de que a censura não incomodaria mais os artistas de teatro. A proibição de *O rei da vela* havia sido, assim, o descumprimento da promessa.

Já a reação da classe teatral à violência empreendida pelo Comando de Caças aos Comunistas (CCC), no episódio do ataque ao Teatro Galpão, seguiu o mesmo ânimo: decidiu-se estabelecer um sistema de defesa independentemente do da polícia, contando com voluntários. "Os artistas estão dispostos a aceitar o desafio dos terroristas e defender os espetáculos com seus próprios elementos, orientados por um comando de segurança."[18]

Dentro do clima exaltado, Gama e Silva respondeu no mesmo tom. Contrariamente a seus depoimentos anteriores, critica o projeto do deputado Dias Menezes (MDB-SP), que aguardava pronunciamento da Comissão de Justiça da Câmara Federal, com parecer favorável do ex-ministro da Justiça, Pedroso Horta (MDB-SP), e que propunha o fim da censura prévia. E fundamenta sua posição, apontando que tal procedimento fere a legislação. Se o artigo 171 da Constituição aponta que as artes são livres,

> [...] atenta para o fato de que, apesar de livres, se sujeitam à censura quando constituem diversões públicas. [...] Pretender excluir da censura à obra de arte, mesmo quando diversão pública, não me parece possível, porque a lei maior, sem qualquer exceção, submete à censura as diversões públicas, e ao intérprete cabe harmonizar os dois preceitos da Constituição, em vez de adotar interpretação que importe revogação de um em benefício de outro.[19]

18. *O Estado de S. Paulo*, 25 jul. 1968.
19. *Folha de S.Paulo*, 24 jul. 1968.

Sobre o anteprojeto encaminhado pelo Grupo de Trabalho dois meses antes, prefere demonstrar indiferença, justificando o não encaminhamento à presidência da República devido a uma intensa agenda ministerial. "Por estar muito assoberbado, o ministro da Justiça Sr. Gama e Silva ainda não examinou o anteprojeto que reformula a censura e não o fará logo, pois tem que ir a Brasília, Bauru e Amazônia. Desculpando-se, explicou o ministro que recebeu o anteprojeto no dia 16 de maio, no dia seguinte viajou, depois, houve os movimentos estudantis e a greve de Osasco. 'Tanta coisa que ainda não pude estudar a matéria', frisou."[20]

O general Bretas Cupertino, do DPF, volta a falar com a imprensa para explicar o porquê de o momento registrar tantos desentendimentos entre artistas e censura, afirmando que eles tinham

> [...] origem no fato de certos profissionais de teatro desvirtuarem esse gênero de espetáculo, fazendo dele um instrumento de doutrinação política de inspiração alienígena, visando a subversão da ordem pública, a desmoralização das instituições e o descrédito das autoridades constituídas. Ou então, inescrupulosamente, lançam mão da obscenidade, atentando contra os princípios da moralidade que norteiam a conduta da família brasileira, com o objetivo de satisfazer a própria cupidez financeira. A solução (para os desentendimentos) seria devolver ao teatro seu verdadeiro objetivo, que é o de divertir, sendo, ao mesmo tempo, um veículo de aprimoramento intelectual, moral e cívico da coletividade.[21]

Ainda no início de agosto, nova comissão de artistas recorre ao ministro da Educação, Jarbas Passarinho – pasta em que tiveram início as discussões sobre a reforma da censura, mas que acabaram sendo monopolizadas pelo Ministério da Justiça. Os artistas saíram com a promessa de que o ministro intercederia junto a Gama e Silva para que o anteprojeto fosse aprovado. No entanto, teriam

20. *O Estado de S. Paulo*, 25 jul. 1968.
21. *Folha de S.Paulo*, 28 jul. 1968.

ainda de esperar por mais dois meses, período suficiente para que mais de uma dezena de peças fossem proibidas.

O anúncio da nova legislação

Finalmente, a 2 de outubro, o ministro Gama e Silva convoca a imprensa para comunicar a aprovação pelo presidente Costa e Silva, do anteprojeto elaborado pelo Grupo de Trabalho coordenado por Clóvis Ramalhete, integrando as propostas sobre a censura teatral, sobre o cinema e sobre os direitos autorais. Ao apresentar a nova censura, Gama e Silva destacou: "Não será possível transformar um meio de comunicação tão importante, como o teatro, em instrumento para desrespeitar a ordem jurídica, o regime democrático e a convivência internacional".[22]

Os dois primeiros artigos, e respectivos parágrafos da nova lei, tratam diretamente da censura teatral:

> Art. 1º - A censura de peças teatrais será classificatória, tendo em vista a idade do público admissível ao espetáculo, o gênero deste e a linguagem do texto.
> Parágrafo 1º - Os espetáculos teatrais serão classificados como livres ou, sendo o caso, com a proibição para menores de 14, 16, 18 ou 21 anos.
> Parágrafo 2º - A classificação deverá constar do certificado de censura de qualquer publicidade pertinente ao espetáculo, e será afixada em lugar visível ao público, junto à bilheteria.
> Parágrafo 3º - A classificação cabível quanto ao gênero do espetáculo, à linguagem do texto e ao público admissível obedecerá a critérios a serem especificados em regulamento, dando ao público, tanto quanto possível, a ideia geral do mesmo.
> Art. 2º - Não se aplica o disposto no artigo anterior, salvo quanto, a seus parágrafos 1º e 2º, às peças teatrais que, de qualquer modo, possam: atentar contra a segurança nacional; ofender as coletividades ou as religiões; ou incentivar

22. *O Estado de S. Paulo*, 3 out. 1968.

> preconceitos de raça ou luta de classes e prejudicar a cordialidade das relações com outros povos.
>
> Parágrafo único – A censura às peças teatrais, que incidam em quaisquer das restrições referidas neste artigo, continua a ser regulada pela legislação em vigor, quanto à sua reprovação, parcial ou total, não podendo a autoridade fazer substituições que importem em aditamento ou colaboração.

Ela cria também a obrigatoriedade de apresentação do Certificado de Censura na bilheteria do teatro, expedido no prazo máximo de 30 dias após a aprovação da obra teatral para encenação (Art. 8º); a possibilidade de apresentação de recurso ao Departamento de Polícia Federal a partir da decisão do Serviço de Censura de Diversões Públicas (SCDP), com prazo de 15 dias para decisão (Art. 9º); e nova apresentação de recurso no Conselho Superior de Censura, criado também naquele ato (Art. 15º). Este seria composto por representantes do Ministério da Justiça, do Conselho Federal de Cultura, do Conselho Federal de Educação do Serviço Nacional de Teatro, do Instituto Nacional de Cinema, da Fundação Nacional do Bem-estar do Menor, da Academia Brasileira de Letras, da Associação Brasileira de Imprensa, dos Autores Teatrais, dos Autores de Filmes, dos Produtores Cinematográficos, dos Artistas e Técnicos em Espetáculos de Diversões Públicas e dos Autores de Radiodifusão, todos designados pelo ministro da Justiça.

Como a lei dependeria ainda de aprovação pelo Congresso e ser sancionada por Costa e Silva, o que de fato aconteceu em 21 de novembro, quando se tornou decreto-lei, um outro artifício atropelou-a em meio ao acirramento ainda maior dos ânimos políticos do período, constituindo um dos golpes mais autoritários do período militar: o AI-5, assinado em 13 de dezembro. O grande objeto da expectativa da classe teatral, que era o advento do Conselho Nacional de Censura, não encontrou clima político para ser levado adiante, a não ser somente uma década depois, quando o governo decidiu distender. O decreto-lei n. 5.536, de 21 de novembro de 1968, só foi regulamentado em 1979 pelo ministro da Justiça Petrônio Portella.[23] Tamanho atraso ainda serviu ao propósito de ser uma demonstração do desgastado governo militar de que a abertura democrática prometida era, naquela altura, para valer.

Destinos

Boa parte dos censores da DDP se aposentou ou pediu transferência a outros órgãos ligados à polícia. O arquivo de processos permaneceu de posse da DDP até sua desarticulação, em 1970, e no Arquivo do Estado de São Paulo até o final oficial da censura no Brasil, que aconteceu com a Constituição de 1988. O professor Miroel Silveira, da ECA/USP, que havia consultado os processos da DDP para a elaboração de sua Tese de Doutorado, ao saber que eles deveriam ser incinerados, levou-os para a sua sala no Departamento de Artes Cênicas. Somente em 2002, eles tornam-se objeto de pesquisa por meio de projeto desenvolvido pela Prof. Dra. Maria Cristina Castilho Costa.

Sem espaço para encenar e expressar suas ideias, muitos dos artistas, atores, atrizes, diretores, encenadores, buscaram espaço em países da língua portuguesa, em especial Portugal. A perseguição implacável da polícia política levou muitos ao exílio, alguns após serem presos, interrogados ou torturados. Afinal, o AI-5 inaugurou a ascensão do aparato repressivo, guardado desde o golpe militar. "Desde 1964, a máquina de repressão exigia liberdade de ação. Com o AI-5, ela a teve e foi à caça" (Gaspari, 2002, p. 345). A resposta da resistência política foi no mesmo tom, o que tornou o ambiente cultural, que se politizava, impraticável.

Uma das vítimas iniciais do AI-5 foi a atriz e diretora Ruth Escobar. Quatro dias depois de baixado o ato, o chefe do SCDP, então Aloysio Muhlethaler de Souza, solicitou ao general Bretas Cupertino que enquadrasse Ruth Escobar no AI-5, anexando ao processo, no dia 18 de dezembro, a ficha da atriz fornecida

23. Os ânimos exaltados pelo AI-5 levaram à edição do decreto n. 1.077, em 26 de janeiro de 1970, que, na interpretação de Beatriz Kushnir (2004) legalizou a censura prévia, de modo que a Lei Gama e Silva, mais liberal, foi sendo adiada até ser usada como tábua de salvação pelo ministro Portella quando o regime se preparava para a transição "lenta, segura e gradual".

pelo Dops, como prova de sua periculosidade. O processo foi encaminhado ao Serviço Nacional de Informações (SNI) (Garcia, 2008). Desde dezembro de 1967, o serviço de censura havia sido comunicado confidencialmente pelo III Exército, que havia, de fato, infiltração comunista no teatro brasileiro. Com instrumentos à mão e cenário de repressão propício, era o momento de começar a agir. Aliás, a censura das peças em 1968 se baseou em grande parte nessa crença disseminada a partir do comunicado de 1967.[24]

O AI-5 vigiu por dez anos, período em que cerca de 400 peças foram proibidas de ser encenadas no país.[25] No balanço do ano de 1968, foram cerca de 50. Alheios às pressões internas e externas, os censores e militares continuaram proibindo, já em nome da defesa da Segurança Nacional.

Referências bibliográficas

Costa, Cristina. *Censura em cena: teatro e censura no Brasil – Arquivo Miroel Silveira.* São Paulo: Edusp/ Fapesp/ Imprensa Oficial, 2006.

__________ (org.). *Censura, repressão e resistência no teatro brasileiro.* São Paulo: AnnaBlume, 2008.

Garcia, Miliandre. *"Ou vocês mudam ou acabam": teatro e censura na ditadura militar (1964-1985).* Tese de Doutorado em História Social. Rio de Janeiro, Instituto de Filosofia e Ciências Sociais da Universidade Federal do Rio de Janeiro, 2008.

Gaspari, Elio. *A ditadura envergonhada.* São Paulo: Companhia das Letras, 2002.

Kushnir, Beatriz. *Cães de guarda: jornalista e censores, do AI-5 à Constituição de 1988.* São Paulo: Boitempo, 2004.

---

24. A pesquisadora Miliandre Garcia consultou a correspondência sigilosa trocada entre o Ministério da Justiça e o III Exército. A conclusão baseou-se na infiltração de um agente entre os atores que montaram a peça *Festival de besteira que assola o país*, baseada nas crônicas de Stanislaw Ponte Preta, quando apresentada na região Sul do país.

25. Entre elas, casos notáveis: *O Cristo nu*, de Carlos Alberto Sofredini; *Dura Lex Sed Lex no cabelo só Gumex*, e *Rasga coração*, de Oduvaldo Vianna Filho; *Tio Patinhas e a pílula*, de Augusto Boal; *Abajur lilás*, e *Oração para um pé de chinelo*, de Plínio Marcos; *A urna*, de Walter George Durst; *Calabar – O elogio da traição*, de Chico Buarque e Ruy Guerra; *Enquanto se vai morrer*, de Renata Palottini.

SILVA, HÉLIO. *Os governos militares*. São Paulo: Editora Três, 1998. (História da República Brasileira, 20).

JORNAIS

Correio da Manhã, 2 jan. 1968.
Correio da Manhã, 18 abr. 1968.
Folha de S.Paulo, 14 jan. 1968.
Folha de S.Paulo, 17 jan. 1968.
Folha de S.Paulo, 14 fev. 1968.
Folha de S.Paulo, 22 fev. 1968.
Folha de S.Paulo, 25 mar. 1968.
Folha de S.Paulo, 9 maio 1968.
Folha de S.Paulo, 17 jun. 1968.
Folha de S.Paulo, 24 jul. 1968.
Folha de S.Paulo, 28 jul. 1968.
Jornal do Brasil, 14 mar. 1967.
Jornal do Brasil, 15 mar. 1968.
Jornal do Brasil, 8 abr. 1979.
Jornal do Brasil, 12 jul. 1968.
Jornal do Brasil, 15 jul. 1968.
O Estado de S. Paulo, 15 mar. 1967.
O Estado de S. Paulo, 26 abr. 1967.
O Estado de S. Paulo, 25 jul. 1968.
O Estado de S. Paulo, 3 out. 1968.
O Globo, 15 out. 1966.

O jornalismo brasileiro continua sob censura[1]

Sérgio Mattos

Introdução

Partindo da premissa de que a liberdade de expressão e a liberdade de imprensa são imprescindíveis, não só para os jornalistas, como também para todas as camadas da população, assumimos que, apesar da garantia da Constituição de 1988, o jornalismo brasileiro não pode ainda comemorar ou declarar que vive em clima de completa liberdade devido às inúmeras iniciativas que visam impor a censura aos veículos e profissionais de comunicação.

Assumimos também o fato de que censura é censura em qualquer parte do mundo. Não há diferenças no conceito do ato de censurar. O que muda de um país para o outro é a aplicação dos instrumentos de controle. O ato de censurar é tão antigo quanto a divulgação de ideias. O controle dos meios de difusão de ideias sempre existiu, e a história registra, ao longo dos séculos, sob a tutela de regimes totalitários ou democráticos, como os governantes têm tentado sufocar, por meio da censura, o esforço da comunicação. Até os rascunhos da Constituição norte-americana, escritos por Thomas Jefferson, sofreram cortes. No Brasil, a censura foi um legado da colonização e desde então temos vividos períodos de censura e alguns poucos momentos de liberdade plena.

---

1. Texto preparado para o Seminário Internacional Comunicação e Censura e apresentado em 18 de agosto de 2010, na mesa-redonda "Jornalismo, Censura e Política".

A censura pode mudar de intensidade e alterar seus instrumentos, mas continua sendo censura. Podemos afirmar que as pressões políticas e econômicas, em conjunto com a censura, exerceram, e continuam exercendo, grande influência no desenvolvimento da mídia, inclusive na Internet. O que não podemos perder é a noção de que a censura também pode ser motivada indiretamente. Pode induzir a autocensura, estimulando um sentimento de compromisso político, por exemplo, que gera o medo de contar a verdade. A censura é um instrumento por meio do qual se pode manipular a realidade. Além de todas as formas de censura conhecidas, estamos testemunhando o surgimento de uma nova forma de censura, de aspecto hipócrita, que, sem contar com a repressão policial, envolve todos os tipos de pressões e constrangimentos possíveis, além de condenações e prisões de jornalistas em todo o mundo. As formas de censura e pressão são tantas que se torna quase impossível enumerá-las. Assim sendo, entendemos que a censura praticada aqui não é diferente da dos Estados Unidos nem de qualquer outro país do mundo.

No Brasil, a Constituição assegura no seu artigo 5º, inciso XIV, o acesso à informação, resguardando-se o sigilo da fonte quando necessário ao exercício profissional, entre outros dispositivos que também tratam da atividade da imprensa. Com relação à censura, a Carta de 1988 apresenta texto específico sobre comunicação social (capítulo V), em seu artigo 220, no qual afirma que a manifestação do pensamento não sofrerá nenhuma restrição e, nos parágrafos 1º e 2º, veda totalmente a censura, impedindo até mesmo a existência de dispositivo legal "que possa constituir embaraço à plena liberdade de informação jornalística, em qualquer veículo de comunicação social".

Apesar das garantias, a nossa Constituição é de absoluta obscuridade no que se refere a conflitos entre direitos individuais e direito à informação, o que, na interpretação de juristas, torna difícil lidar com a questão no âmbito da lei quando esses direitos estiverem lado a lado em um mesmo processo. Diante disso surgem perguntas, tais como: A liberdade de expressão sobrepõe-se aos direitos individuais? É possível compatibilizar os dois? Se não, algum se sobrepõe ao outro? Essas perguntas ainda estão sem respostas diretas, necessitando de uma ampla discussão nacional para resolver essa incompatibilidade ou uma hierarquização entre esses direitos. Enquanto o debate nacional não esclarecer o conflito, ficaremos à mercê de interpretações. A Constituição diz que "são invioláveis a intimidade, a vida privada, a honra e a imagem das pessoas, assegurado o direito à indenização pelo dano material ou moral decorrente da sua violação". O Código Civil, no artigo 20, diz que "salvo se autorizadas, ou se necessárias à administração da justiça ou à manutenção da ordem pública, a divulgação de escritos, a transmissão da palavra, ou a publicação, a exposição ou a utilização de imagem de uma pessoa poderão ser proibidas, a seu requerimento e sem prejuízo da indenização que couber, se lhe atingirem a honra, a boa fama ou a respeitabilidade, ou se destinarem a fins comerciais".

Além de todas essas particularidades, deve-se destacar uma outra, tão danosa quanto a censura policial ou judicial, que é a concentração da mídia nas mãos de uns poucos grupos. Em prefácio ao livro *Liberdade de Expressão vs. liberdade de imprensa: direito à comunicação e democracia*, de Vinício A. de Lima, Fábio Konder Comparato apresenta alguns dados sobre a concentração da mídia:

> É preciso lembrar que a globalização capitalista do final do século passado engendrou uma enorme concentração do controle privado das empresas de comunicação de massa. Nos Estados Unidos havia, em 1983, cinquenta empresas dominantes no mercado de imprensa, rádio e televisão; hoje, há apenas cinco (cf. Bem H. Bagdikian, op. cit., p. 16). Atualmente no Brasil, apenas quatro megaempresas dominam o setor de televisão: a Globo controla 342 veículos; a SBT, 195; a Bandeirantes, 166; a Record, 142; sendo que cada uma dessas "redes" representa um segmento de um grupo, que explora também o rádio, jornais e revistas.

A concentração de propriedade tem crescido mais ainda diante da convergência tecnológica, favorecendo aos conglomerados exercerem o poder de seleção, para não dizermos de censura, sobre o que deve ou não ser divulgado. A mídia tem denunciado ameaças à liberdade de expressão, ao mesmo tempo em que defende conceitos de liberdade de expressão e liberdade de imprensa. Numa análise mais apurada, podemos constatar que o que estão defendendo mesmo é a liberdade de empresa. Como diz Vinício A. de Lima, a liberdade de expressão comercial "apropriou-se, sem mais, da ideia de liberdade de expressão como se a mídia, anunciantes e agências de publicidade fossem os legítimos representantes do direito individual e coletivo contra a 'censura' e a 'sanha regulatória' exercida pelo Estado" (op. cit.).

Este trabalho, de caráter inconclusivo, está dividido em duas partes, além desta introdução. Na primeira, apresentamos uma breve história da censura no Brasil. Na segunda, enumeramos alguns dos mecanismos de controle utilizados aqui e em outros países.

A censura no Brasil

Historicamente, no Brasil, a censura foi um legado da colonização. Já em 1547, o cardeal dom Henrique baixava o Index português que proibia, entre outros, sete autos de Gil Vicente. Por meio daquele documento, o religioso se constituía na autoridade máxima, pois os livros só poderiam circular com o "*nihil obstat*" eclesiástico, a autorização do Desembargo do Paço e da Inquisição. Essas três formas de censura foram fundidas numa única pelo marquês de Pombal, em 1768, por meio de uma junta, denominada Real Mesa Censória. Isso porque, com a autorização do papa, a rainha d. Maria I estendeu os poderes dessa junta ao Brasil. Apesar disso, a questão da liberdade de imprensa sempre foi discutida no país, pois já aparecia nos projetos autonomistas investigados pelas autoridades em Minas Gerais (1789), no Rio de Janeiro (1794), na Bahia (1798) e em Pernambuco (1801).

Data de 1706 a adoção de uma política sistemática do governo português para restringir a liberdade de imprensa no Brasil, começando pelo confisco de uma tipografia que funcionava em Recife. Alguns anos depois, em 1746, Antonio

Isidoro da Fonseca inaugurou no Rio de Janeiro uma tipografia, que foi fechada no ano seguinte pela Carta Régia de 10 de maio, que proibia a impressão de livros ou de papéis avulsos na Colônia. Uma das mais graves consequências dessa censura, que tinha o objetivo de manter incontestado o absolutismo dos reis portugueses, foi a total inexistência de órgãos de imprensa no Brasil Colônia. Só com a chegada de d. João VI foi iniciada a imprensa, mas, mesmo assim, oficial – a Imprensa Régia – e, com ela, o primeiro ato oficial sobre a censura no Brasil. Ao estabelecê-la, em 27 de setembro de 1808, d. João VI nomeou também os primeiros censores régios com o objetivo de impedir qualquer publicação contra a religião, o governo e os bons costumes. A partir de 14 de outubro de 1808, a alfândega também já não permitia a entrada de livros sem autorização do Desembargo do Paço. A censura era tão violenta que o primeiro número da *Gazeta do Rio de Janeiro*, do dia 10 de setembro de 1808, praticamente só divulgou notícias da Europa. No mesmo ano, o jornalista Hipólito da Costa fundou e dirigiu, de Londres, onde era impresso para fugir da censura, o *Correio Brasiliense*.[2]

Desde o início, a imprensa brasileira sempre teve duas opções: fazer o jogo dos poderosos e prosperar sob a proteção dos governos autoritários ou se expor, quando independente, e tentar sobreviver a todos os perigos e ameaças. Foi assim no período colonial, durante o Império e na República. Todos os períodos governamentais da história brasileira têm sido marcados por atentados contra a liberdade de expressão e tentativas de se controlar a distribuição da informação e influenciar na produção dos conteúdos. Durante o Estado Novo (1937-1945), como no regime militar de 1964 a 1985, o controle da informação foi exercido com força, e muitos políticos, intelectuais e jornalistas foram presos, e jornais, empastelados.

Apesar de a censura oficial, formal e regimental ter acabado com a promulgação da Constituição de 1988, continuam a existir variadas e novas formas que visam ao controle do fluxo da informação e/ou de seu conteúdo por meio da

2. Cf. Mattos, 2008, p. 215-40; 2007, p. 51-70. Idem; 2005; 1996.

manipulação sutil da informação, quando a imprensa perde a capacidade de estabelecer diferenças e passa a trabalhar os fatos baseando-se em generalizações, por meio do constrangimento, da omissão (autocensura) e da indiferença. Atualmente, um dos principais problemas de censura enfrentados pela imprensa brasileira se refere às decisões e interpretações da Justiça.

Um caso de censura recente que merece ser destacado é o que acorre com o jornal *O Estado de S. Paulo* que foi proibido pelo Tribunal de Justiça do Distrito Federal em 31 de julho de 2009 de noticiar fatos relativos à Operação Boi Barrica, conduzida pela Polícia Federal, a pedido do empresário Fernando Sarney, filho do presidente do Senado, José Sarney. Desde o dia 29 de janeiro de 2010, o Estadão ainda aguarda (agosto de 2010)[3] uma definição judicial sobre o processo que o impede de divulgar informações a respeito da Operação Boi Barrica. Isso porque, no dia 18 de dezembro de 2009, Fernando Sarney entrou com pedido de desistência da ação contra o jornal, que, por sua vez, não aceitou o simples arquivamento do caso e deu entrada no Tribunal de Justiça do Distrito Federal em uma manifestação sustentando a preferência pelo prosseguimento da ação, para que o mérito seja julgado (*O Estado de S. Paulo*, 11 maio 2010).

Todos os períodos governamentais da história brasileira têm sido marcados por atentados contra a liberdade de expressão e tentativas de se controlar a distribuição da informação e influenciar na produção dos conteúdos.

O exercício da censura no período pós-1964 caracterizou-se como um dos mais fortes elementos de controle do Estado sobre os veículos de comunicação de massa. Entre dezembro de 1968 e junho de 1978, os meios de comunicação estiveram sob censura. Durante esse tempo, vários escritores e artistas foram enquadrados de acordo com os termos da Lei de Segurança Nacional. No período do regime militar, foram proibidos no país mais de 500 livros de autores brasileiros e estrangeiros. No governo Médici (1969-1974), inúmeras pressões foram exercidas

3. Em 26 de abril de 2012, o jornal publicou nota afirmando ainda estar sob censura. Disponível em: <www.estadao.com.br/noticias/impresso,estado-esta-sob-censura--ha-1000-dias-,865528,0.htm>. Acesso em: 28 ago. 2012. [N.E.]

sobre as emissoras de televisão mediante punições com multas e até a suspensão de alguns programas, como medida corretiva. Isso visava diminuir o que, oficialmente, foi justificado como uma "linha de agressão à sensibilidade e de grosseria". A censura, nessa época, era efetuada mediante lacônicos e secos bilhetes dirigidos às redações dos veículos de comunicação ou por meio de telefonemas aos editores.

Até a promulgação da Constituição de 1988, o Serviço de Censura da Polícia Federal chegou a ter 250 censores responsáveis pelos cortes em jornais, revistas, livros, canções, filmes e programas de televisão. Segundo estatísticas da época, os censores da Polícia Federal examinavam, por dia, no mínimo, dois filmes de 35 milímetros e quatro de 16 milímetros. Censuravam também cerca de 2 mil letras de música e mais de 100 seriados de televisão por mês. Em qualquer situação, quando a censura passa a ser exercida, na prática, quem sai perdendo com as restrições à liberdade não são apenas a imprensa e o jornalista, mas, principalmente, o leitor, o telespectador e o radiouvinte, e, em última análise, a opinião pública, pois a visão crítica que os meios de comunicação passam a transmitir sofre distorções, algumas das quais irrecuperáveis.

Mecanismos de controle

Com a Constituição de 1988, o brasileiro pôde assistir não só ao fim da prática da censura policial como também à extinção do antigo Serviço de Censura da Polícia Federal. Entretanto, a atuação do Estado, por meio de agências reguladoras e de legislação específica, tem influenciado, direta e indiretamente, nos fluxos informativos e na difusão cultural de conteúdos na sociedade.

Apesar de não estarmos vivendo em regime de exceção, com atitudes e posições definidas, o Estado tem demonstrado que pode decidir o futuro no que diz respeito aos meios de comunicação e à produção de conteúdos culturais, adaptando-se às novas regras do mercado e articulando politicamente a limitação da participação do capital estrangeiro no setor. Com isso, apesar da atuação das forças do processo de globalização, o Estado ainda exerce papel fundamental na escolha do caminho a seguir.

Entre os principais mecanismos de controle da informação e da cultura destacam-se: legislação, ações judiciais, ameaças oficiais, pressões políticas e econômicas, subsídios e patrocínios direcionados para a produção de conteúdos privilegiados, bem como a censura policial e judicial.

A influência e o controle do Estado sobre a indústria cultural brasileira tem sido crescente devido à dependência desse setor nos subsídios e isenções oficiais, pois a concessão de licenças para a importação de materiais e equipamentos e o provimento por parte do governo de subsídios para essas importações têm levado muitos veículos de comunicação de massa a adotar uma posição de sustentação às medidas governamentais.

Exemplos sobre como o governo pode controlar, política e economicamente, os meios de comunicação de massa podem ser encontrados tanto na mídia impressa como na eletrônica. Elas têm recebido ajuda oficial para a importação de materiais necessários à impressão de jornais e revistas, subsídios especiais para a aquisição de equipamentos e tarifas postais, isenção de impostos e empréstimos obtidos dos bancos oficiais com taxas de juros abaixo dos praticados no mercado, além de prazos especiais. A indústria cultural brasileira também é dependente de importação de *software* e *hardware*, de suporte publicitário e de outras formas de subsídios que acabam induzindo à produção de conteúdos que atendam aos pré-requisitos para a liberação de verbas para suas respectivas produções.

Apesar das garantias dadas pela Constituição de 1988 e das afirmações do então presidente Luiz Inácio Lula da Silva de que a censura não voltará ao país, os membros da Associação Nacional dos Jornais (ANJ) que participaram do V Congresso Brasileiro de Jornais, realizado em setembro de 2004 em São Paulo, denunciaram que as pressões, ameaças e violências contra jornais e jornalistas persistem. Críticas foram tecidas às medidas oficiais contrárias à liberdade de imprensa: o ressurgimento da Lei da Mordaça (vedação ao Ministério Público de proceder a investigações) e o decreto que impede todos os funcionários públicos, com exceção dos ministros e seus assessores de imprensa, de transmitir informações aos veículos de comunicação. Foram ainda criticados, durante o congresso, dois projetos que o governo Lula enviou ao Congresso Nacional: a criação do Conselho Federal de Jornalismo e a lei de regulação do setor audiovisual. Para Francisco Mesquita Neto, então presidente da ANJ, "ambos traduzem a perigosa tendência de adoção de ideias centralizadoras e dirigistas na produção intelectual do país".

O controle da informação e da cultura é um instrumento por meio do qual se pode manipular a realidade. Sendo assim, o comprometimento político e econômico pode levar também um veículo, ou profissional, a adotar certas práticas de manipulação da informação para tirar proveitos escusos delas. O sociólogo e jornalista Perseu Abramo analisou as distorções que a mídia pode promover na realidade (apresentando o irreal como se fosse real) por meio da manipulação das informações. Segundo ele, a manipulação ou distorção da realidade filtrada pelos veículos de comunicação pode ser detectada na cadeia de produção e transmissão da informação em pelo menos quatro itens: 1) ocultação ou omissão da informação; 2) fragmentação da realidade, quando os fatos são relatados fora de seu contexto histórico; 3) inversão dos valores dos aspectos da realidade selecionados, transmitindo-se opinião em lugar de informação; e 4) indução, quando se tenta impingir ao público uma significação diferente do contexto real.

É preocupante o ressurgimento da censura prévia no Brasil, incluídos aqui as tentativas de aprovação da Lei da Mordaça, e o uso de outras ferramentas econômicas, jurídicas, e policiais para intimidar a imprensa e os jornalistas. Observe-se que cresce a prática de uma nova forma de censura, de aspecto hipócrita, que, sem contar com a repressão policial, envolve todos os tipos de pressões e constrangimentos possíveis, além de condenações e prisões de jornalistas em todo o mundo. No Brasil, as hostilidades contra jornalistas continuam acontecendo, com a demissão de profissionais, como as ocorridas em julho de 2010 em São Paulo, simplesmente porque trataram de assuntos que não agradaram às autoridades. Estamos nos referindo especificamente às demissões dos jornalistas Gabriel Priolli, da TV Cultura, e de Heródoto Barbeiro, como apresentador do programa Roda Viva, porque estavam interessados em perguntar sobre os pedágios cobrados nas estradas paulistas. Os jornalistas e seus veículos foram censurados, mas a grande imprensa manteve um silêncio de cumplicidade com esse ato de censura e truculência contra esses jornalistas e muitos outros casos que ocorrem em todo o território nacional.

As tentativas de neutralizar a imprensa com atos de hostilidade, constrangendo inclusive jornalistas, não é um privilégio do Brasil. Na América do Sul, podemos citar exemplos de como a censura tem sido utilizada para calar as vozes críticas: na Venezuela, Hugo Chávez cassou concessões de emissoras de televisão; na Argentina, Cristina Kirchner autorizou uma devassa fiscal no jornal *Clarín*, com o objetivo de intimidar e silenciar sua linha crítica; e, na Bolívia, Evo Morales passou a constranger e hostilizar, publicamente, veículos e jornalistas, também com o intuito de neutralizar a imprensa (apud Nunes, 2010).

Em síntese, pode-se dizer que os velhos e brutais métodos de perseguição, intimidação, multas pecuniárias e prisões, baseadas em leis draconianas e imorais, ainda são praticados em todo o mundo para eliminar aqueles que importunam ou pensam de modo diferente. O fechar as portas de acesso aos financiamentos públicos para órgãos de imprensa, para artistas e escritores que assumem postura crítica e diferenciada da oficial, é um meio de censura muito em voga.

Como alternativa às ameaças de censura, um novo veículo, a Internet, parece resistir a todas as tentativas de controle, pois a cada barreira levantada à Web, com dinamismo diferente, acaba encontrando saídas e as informações continuam circulando. Acredita-se que nenhum outro veículo de comunicação permite um fluxo de informação tão livre, tão amplo, tão barato e tão democrático quanto a Internet. Assim, ela passou a ser, neste início de terceiro milênio, a esperança de liberdade total de opinião em todo o mundo, sem limitações de fronteiras e de valores culturais. A Internet conta ainda com a vantagem de ser um veículo que permite um alto grau de interatividade, que nenhum outro já permitiu, ou é capaz de permitir pelo menos até os dias de hoje.

Apesar de a Internet favorecer o fortalecimento do que poderíamos considerar como a era de liberdade de expressão quase absoluta e em escala global, muitos governos (autoritários e democráticos) estão lançando mão de todo tipo de tentativas para censurar *e-mails*, páginas e *blogs* na Web. Como exemplos recentes de censura à Internet, podemos citar o caso da China e do Irã.

Na China, empresas como Google, Cisco e Yahoo, mais preocupadas com seus lucros do que com a liberdade, criaram programas, a pedido do governo local, para bloquear o acesso a páginas que contenham críticas ao regime. Em abril de 2010, o governo chinês aprovou uma lei que obriga os serviços de telecomunicações e provedores de Internet a colaborarem com a polícia em investigações de casos de vazamento de segredos de Estado. As empresas de comunicação chinesas passam assim a ter a responsabilidade de interromper a transmissão de informações (leia-se: censurar as informações) que sejam interpretadas como possíveis ameaças ao Estado, além de imediatamente informar as autoridades.

No Irã, o governo, além de controlar a única empresa de telecomunicações local, já chegou a desconectar a Internet por mais de uma hora, com o objetivo de instalar mecanismos de censura, que permitem a filtragem de mensagens e bloqueio de sites e identificação dos computadores (por meio dos IPs) de onde se originam as mensagens.

Em junho de 2009, o Irã implantou um novo filtro, desenvolvido pela Nokia e pela Siemens, que permite a varredura em *e-mails* e mensagens postadas em *blogs* para localizar palavras-chaves consideradas como perigosas. Localizando-as, a transmissão é automaticamente interrompida. O novo sistema de censura é conhecido como *deep packet inspection* (inspeção profunda de pacotes), que intercepta até telefonemas feitos por meio do Skype. Esse mecanismo checa tudo o que circula pela rede (Pereira; Betti, 2009, p. 90-2).

Saliente-se que, desde o início deste século, a Justiça brasileira começou a descobrir a Internet e tem, também, tentado censurá-la, bloqueando o acesso a páginas e exigindo sua retirada da Web. Para se ter uma ideia da gravidade da situação, em abril de 2010, o Brasil já liderava os pedidos de informação e de remoção de conteúdo à empresa Google. De acordo com a página Government Requests, da Google, entre primeiro de julho e 31 de dezembro de 2009, a empresa recebeu 291 pedidos de remoção de dados feitos pelo Brasil, mais que a Alemanha (188) e a Índia (142). Os Estados Unidos aparecem em quarto lugar. A página informa também que, no que diz respeito à solicitação de informações, o Brasil também lidera o *ranking*, com 3.663 pedidos efetuados durante o segundo semestre de 2009, estando à frente dos Estados Unidos e do Reino Unido que apresentaram respectivamente 3.580 e 1.166 solicitações.

Isso pode estar ocorrendo devido à ausência de normatização específica no que diz respeito à Internet, que tem fragmentado o mercado e contribuído para o aparecimento de novos padrões de consumo de informações e de outros conteúdos. A censura à Internet no Brasil tem sido feita de maneira aleatória, baseada em interpretações das Leis (Constituição, Código Civil e Código Penal). Paralelamente a isso, várias empresas privadas brasileiras estão instalando em suas respectivas redes de informática uma ferramenta identificada pelo nome de "Websense", produzido pela empresa norte-americana Websense Inc., constituída por um sistema de monitoramento da Internet com o objetivo de bloquear as atividades de funcionários e usuários no sistema de rede. A ferramenta geralmente é instalada no *gateway* da empresa, passa a gerenciar e identificar os sítios acessados pelos usuários, podendo assim bloquear o acesso a determinados endereços da Web.

Em síntese, podemos concluir dizendo que o desenvolvimento tecnológico e o fortalecimento das estruturas burocráticas governamentais poderão contribuir para o surgimento de novos métodos de controle dos meios de comunicação de massa. Métodos muito mais eficazes, pois a tendência que se pode observar é que a censura está se tornando cada vez mais sutil e complexa. Mas também sabemos que tudo o que está acontecendo é fruto da inexistência de leis específicas previstas pela Constituição e até hoje não elaboradas e aprovadas pelo Congresso. A falta de um marco regulatório para a Internet acaba contribuindo para a geração de decisões contraditórias por parte do Poder Judiciário sobre a responsabilidade de provedores por conteúdos publicados por terceiros, ou seja, provedores de Internet e blogueiros estão sendo responsabilizados por conteúdos postados em seus *sites* por terceiros. A elaboração de um marco regulatório civil da Internet foi uma das principais propostas aprovadas e debatidas durante a I Conferência Nacional de Comunicação, realizada no país em 2009. A aprovação de um marco regulatório civil para a Internet será de fundamental importância para garantir a liberdade de expressão, enquanto direito fundamental, e o direito à intimidade, além de estabelecer as responsabilidades dos provedores de Internet e regulamentar o papel do Estado no que diz respeito à rede. Como está é que não pode ficar.

Referências bibliográficas

Lima, Vinício A. *Liberdade de expressão vs. liberdade de imprensa: direito à comunicação e democracia.* São Paulo: Publisher Brasil, 2010.

Mattos, Sérgio. "A censura no Brasil Republicano". In: Melo, José Marques de (org.). *Síndrome da mordaça: mídia e censura no Brasil (1706--2006).* São Bernardo do Campo: Universidade Metodista de São Paulo, 2007.

____________. *Mídia controlada: a história da censura no Brasil e no mundo.* São Paulo: Paulus, 2005.

____________. *O controle dos meios de comunicação.* Salvador: EDUFBA, 1996.

____________. "Um balanço sobre os mecanismos de censura no Brasil". In: Ramos, Murilo César; Del Bianco, Nélia R. (org.). *Estado e Comunicação.* Brasília: UNB/ Casa das Musas, 2008.

Nunes, Wálter. "Discutir para não calar". *Época*, São Paulo, 7 jun. 2010.

O Estado de S. Paulo. "'Estado' está sob censura há 284 dias", São Paulo, 11 maio 2010.

Pereira, Camila; Betti, Renata. "Os tiranos da Internet". *Veja*, São Paulo, 1º jul. 2009.

A mídia como terceiro elemento na relação de censura: o âmbito do subentendido, da polifonia e do segredo[1]

Andrea Limberto Leite

Introdução

Pretendemos, no presente artigo, estudar as relações entre a censura prévia realizada pelo Estado e a presença dos órgãos da mídia nesse processo. Para uma observação mais detalhada dessa dinâmica, faremos uma aproximação entre o que podemos conceituar como censura prévia e como interdição.

Se a relação de censura se dá entre o Estado, representado na figura do censor, e o artista ou representante da produção artística, podemos dizer que todo o conhecimento que vem a público sobre o resultado do processo de julgamento prévio da arte é de alguma forma mediatizado, por meio de declarações oficiais ou de anúncios efetivados pela mídia. O processo inclui um terceiro elemento na relação anteriormente dual, fazendo da mediação uma etapa integrante da publicização desses conteúdos. Existe, assim, uma cisão entre o que foi o julgamento censório, sua tomada pública e o devido espaço para processos de burla e desvios, que aqui nomeamos como: o subentendido, a polifonia e o segredo.

---

1. Este artigo é uma extensão a partir da pesquisa de Doutorado *Comunicação e Censura - análise do veto sobre figuras de linguagem nas obras teatrais do Arquivo Miroel Silveira* defendido em maio de 2011 no Programa de Pós-Graduação em Ciências da Comunicação da Escola de Comunicações e Artes da USP (PPGCOM/ECA/USP), contando com financiamento Fapesp.

O segredo corre à margem do que foi dito. É uma informação reservada, mas que dá forma ao que se fala. Em seus termos, podemos dizer que os trechos censurados são como segredos compartilhados entre os responsáveis pela obra teatral e o sistema burocrático de censura. Essa característica instaura-se na relação de um terceiro, que, nesse caso, é excluído. O segredo é omitido, mas sem implicar necessariamente numa posição passiva por parte do público. Na dinâmica do ocultamento e desvelamento de informações, muitas vezes o público persegue os indícios do segredo. Assim, ainda que não tenha acesso a seu conteúdo, participa dele manifestando por meio de cartas, abaixo-assinados e telegramas a aprovação ou desaprovação em relação ao texto que foi liberado (revelado) e encenado.

Passando a um outro nível, em que identificamos a sobreposição dos mecanismos que sustentam os atos de censura na dinâmica da formação de enunciados: dizemos respeito à presença da dinâmica do segredo na própria linguagem, em que o segredo melhor guardado tem sua chave encontrada no texto. Identificamos no subentendido a maneira de fazer o jogo de ocultamento e revelação de conteúdos. O subentendido é caracteristicamente dúbio, tem uma abrangência de possibilidades interpretativas na língua. Ele pode criar uma aura de mistério sobre o que se diz, quase de mistificação de um conteúdo tabu. E, ao mesmo tempo, se pensarmos com Foucault, quando se omite se reforça a atenção e a visibilidade do assunto ocultado.

O subentendido é um dado de abertura de sentidos na língua, ao mesmo tempo que tem sua abrangência restrita por ela. Sua amplitude é tanta quantas forem as vozes que podemos determinar numa dada frase. Podemos, assim, passar ao conceito de polifonia. Nesse nível, desafiamos a ideia do segredo como processo de guarda de uma essencialidade, profundamente escondido, distante da lógica superficial da língua. O segredo pode ser entendido na dinâmica de ocultamento e revelação em si.

Dessa maneira, pretendemos desenvolver que o segredo tem relação com a dinâmica da construção de saberes e com a censura destes. Ele é um saber guardado como privilégio de poucos, ou até mesmo por uma só pessoa. Podemos dizer ainda que a possibilidade do segredo está preservada na estrutura mesma da língua, em seu caráter polifônico. A não aderência do sentido à frase (exercício de conotação) indica que existe sempre uma abertura para que um outro conhecimento/saber se fixe à mesma frase. Temos, assim, mais de uma voz presente, mais de uma possibilidade, por exemplo, para a sequência dos diálogos teatrais. Estas, no entanto, não se abrem ao infinito, mas são dadas no espectro da própria cultura.

Da mesma forma, em relação à feitura da própria pesquisa, podemos dizer que há trabalhos que tentam costurar uma variedade de vozes que se acumulam sobre um tema específico; já outros têm de lidar com a elaboração de um primeiro parecer, que, posteriormente, com o efeito do tempo e de novas pesquisas, talvez se mostre incipiente. Até o momento, muito se tem falado sobre a ditadura militar no Brasil, mas pouco ainda se tem de dados de arquivo para recompor essa história nacional recente.

> Há muitas maneiras de se contar a história do regime militar, todas praticadas pela crescente historiografia sobre o período. A crônica política, os caminhos da resistência, a escalada da repressão, as transformações econômicas, todos são temas que vêm sendo abordados pela pesquisa histórica acadêmica, transformando aos poucos o padrão da literatura existente, outrora marcada pela memorialística e pela carência de acesso às fontes primárias – que agora vão sendo reveladas paulatinamente (Fico, 2003, p. 169).

O Arquivo Miroel Silveira oferece a oportunidade de trazer informações a público, mas, ao mesmo tempo, de forma surpreendente, destrói certas expectativas de expiação do mal, caso existam. Dizemos isso, pois ele revela a atuação da censura como mecanismo presente na dinâmica social em períodos totalitários ou democráticos e a necessidade de regulação como parte da convivência social.

Especificamente neste artigo pretendemos observar o papel (no sentido da posição) da imprensa na relação de censura. Propomos que ela ocupa o lugar de dissonância numa relação de segredo dual entre o autor da peça teatral e a Divisão de Diversões Públicas na figura do censor. Podemos pensar separadamente os casos em que o próprio jornal era censurado.

Um estudo sobre a lógica da censura e seu caráter de interdição

Pretendemos olhar para a censura como um mecanismo lógico, que não se resolve na determinação de regras para o que deve ser censurado ou na determinação individual de cada censor, mas na unidade possível na linguagem pelo relatar dos trechos censurados.

Procuramos aqui estabelecer uma passagem a partir do nível do que chamamos de interdição à censura propriamente dita. A interdição, como a colocamos, está subsumida na própria entrada do humano na linguagem. Já a censura diz respeito a conteúdos julgados interditos, mas que a despeito disso emergem e então há uma tentativa de rasura. A equação da censura que indicamos aqui se baseia, dessa forma, primeiramente no fato de que os conteúdos emergem: estamos lidando com materiais que vieram à tona. Isso é diferente do tempo da interdição, marcado como forma de origem de tais conteúdos. A censura está relegada a um segundo tempo do mesmo momento de enunciação.

Em segundo lugar, há uma crença de que os conteúdos em questão deveriam ser interditos, ou seja, alguém se coloca como responsável e, por que não dizer, autor, da ação de censurar. Há alguém que se coloca na posição de quem materializa tal crença à qual nos referimos. É nessa figura responsabilizada, que pode ser uma pessoa, uma instituição, um coletivo, que se condensam certos preceitos sobre o conteúdo a ser censurado.

Em terceiro lugar, a censura implica uma tentativa de rasura, de ocultamento e de segredo do conteúdo sobre o qual se quer fazer restrição. E, nesse caso, dizemos que é propriamente uma tentativa por uma impossibilidade de controle total sobre os efeitos de sentido dos enunciados e sobre a dinâmica de circulação dos sentidos, como acompanhamos voltando ao pensamento de Foucault.

Assim, podemos definir a interdição como um processo de formação dos conteúdos, enquanto a censura é uma ação reativa, ou ainda, uma reação sobre tais conteúdos.

Todavia podemos fazer uma amarração entre as esferas da interdição e da censura, que nos interessa aqui, reveladora de um nó: a ordem da instituição do humano se confunde com uma certa naturalização de restrições sociais, muito mais associadas a dinâmicas de poder. O que vivemos como interdição, como constrangimento para falar, está sempre encarnado em uma organização social, uma instituição e, muitas vezes, formalizado nela.

Devemos alertar que não é possível fazer um isolamento de um nível de interdição puro, que já nasceria vinculado a formas de organização social, como pode ser uma moral vigente, por exemplo. O que pretendemos com essa separação é poder fazer um movimento lógico entre as duas esferas e restituir as marcas da censura. É depois, então, que as associamos ao âmbito institucional e até à figura do censor como representativa desse âmbito.

Não podemos deixar de observar que todo conteúdo vetado germinava, antes disso, como uma possibilidade na sociedade, e que o autor inclui no texto dramatúrgico. Se há socialmente conhecimento da possibilidade aventada na peça teatral, então o que a censura procura é eliminar o reforço e a positivação de certas ideias e comportamentos. Apontamos, então, uma decorrência disso retomando o efeito comentado por Foucault em relação aos atos de punição e sua necessidade de repetir e insistir no que se quer corrigir.

> A punição disciplinar é, pelo menos por uma boa parte, isomorfa à própria obrigação; ela é menos a vingança da lei ultrajada que sua repetição, sua insistência redobrada. De modo que o efeito corretivo que dela se espera apenas de uma maneira acessória passa pela expiação e pelo arrependimento; é dire-

> tamente obtido pela mecânica de um castigo. Castigar é exercitar (Foucault, 1987, p. 150).

Então, a partir de um exercício burocrático, desenha-se ao mesmo tempo o oposto do que se quer interditar.

> Nesse ponto, confrontamos o cerne do mecanismo que preside qualquer tomada disciplinar e, portanto, qualquer ato de censura. Não há como mostrar uma qualificação sem mostrar a desqualificação, não há como mostrar o bom uso dos prazeres sem delinear sua contrapartida. Em outros termos, não há como fundar uma moral no corpo e na sexualidade sem que mostremos sua face inversa (Gomes; Martins, 2009).

Querendo especificar mais a noção de censura com a qual estamos trabalhando, esbarramos no fato de que a tentativa de classificação da censura por meio de sua esfera temática, identificando a censura moral, política, econômica, não dá conta de evidenciar a dinâmica dos processos de interdição. Tal dinâmica pode ser identificada independentemente da nomeação do conteúdo de que está sendo censurado. Ela responde a uma restrição que volta sempre aos campos do saber e do poder.

> Há pontos sobre os quais, por serem centrais à organização social, a censura incide. Foucault nos diria que, *grosso modo*, serão objetos de atenção o desejo e o saber. O saber porque descortina a cena que se quer vista, o desejo porque força o estofo da cena provocando sua dissolução (Gomes, 2007).

Os mecanismos de vigilância estão presentes na estruturação mesma da sociedade. Mais do que fazer a vigilância ou aplicar uma punição, estão à disposição de uma verve classificatória e taxativa de comportamentos sociais.

> Em suma, a arte de punir, no regime do poder disciplinar, não visa nem a expiação, nem mesmo exatamente a repressão. Põe em funcionamento cinco operações bem distintas: relacionar os atos, os desempenhos, os comportamentos singulares a um conjunto, que é ao mesmo tempo campo de comparação, espaço de diferenciação e princípio de uma regra a seguir. Diferenciar os indivíduos em relação uns aos outros e em função dessa regra de conjunto – que se deve fazer funcionar como base mínima, como média a respeitar ou como o ótimo de que se deve chegar perto. Medir em termos quantitativos e hierarquizar em termos de valor as capacidades, o nível, a "natureza" dos indivíduos (Foucault, 1987, p. 152).

Assim, o mecanismo de censura aproxima-se do de comunicação em geral, no reforço dado a pressupostos de sustentação de uma organização social. O interdito instala-se, dessa forma, duplamente: baseado numa restrição inaugural e num sistema de organização social despontando desse nó um processo de manutenção do interdito, que encadeia sua condição como tal.

> Mas é aí que é imaginada uma espécie de lógica em cadeia, que seria característica dos mecanismos de censura: liga o inexistente, o ilícito e o informulável de tal maneira que cada um seja, ao mesmo tempo, princípio e efeito de outro: do que é interdito não se deve falar até ser anulado no real; o que é inexistente não tem direito a manifestação nenhuma, mesmo na ordem da palavra que enuncia sua inexistência; e o que deve ser calado se encontra banido do real como o interdito por excelência (idem, 2006a, p. 94).

No avesso da tentativa de apagamento temos a exibição das regras e dos sistemas de restrição. A censura tem, assim, relação com a visibilidade, o que é mais visível é também mais acintoso, mais chamativo e mais propenso a ser cerceado exemplarmente. Sua visibilidade está na marca vermelha que deixa sobre o texto, nos carimbos atestando o trabalho burocrático.

> O exercício da disciplina supõe um dispositivo que obrigue pelo jogo do olhar; um aparelho onde as técnicas que permitem ver induzam a efeitos de poder, e onde, em troca, os meios de coerção tornem claramente visíveis aqueles sobre quem se aplicam (idem, 1987, p. 143).

Ao mesmo tempo, trata-se de uma visibilidade que tem relação direta com o que quer ocultar, tendo como efeito o segredo, os arquivos confidenciais.

No que se refere especificamente ao procedimento de censura prévia, entendemos que seja a concretização de um ritual de poder no qual acompanhamos claramente o cerceamento sobre informações. Podemos debater a partir da observação de seus mecanismos e de sua lógica de atuação: como os produtos artísticos e midiáticos tomam forma, seja em situação de censura prévia ou não, diante da atuação de forças díspares, políticas, econômicas, sociais, entre outras. A segunda questão que se apresenta é: caso uma informação não encontre espaço para emergir, seja interditada, por que caminhos alternativos a força que a impulsiona é deslocada ou transformada?

Percorreremos os três conceitos para entender a dinâmica do segredo na língua, ou a relação entre o dito e o não dito. Eles ajudam-nos a pensar relações que se estabelecem na forma do texto. Reforçamos que os fenômenos que descrevemos se processam na superfície do texto, na forma que ele se apresenta.

O subentendido (2)

O subentendido é a relação que depende do outro para se completar e o duplo sentido. Podemos marcá-lo com o número 2, para indicar a dualidade. Essa dualidade está relegada à decisão de um outro, é repassada ao "tu", segundo Ducrot.

Nos textos das peças teatrais censuradas, podemos considerar que essa seja uma estratégia de resistência porque se não dificulta a ação do censor, ao menos a torna mais polêmica. O implícito dilui o caso que o censor teria nas mãos e ao qual poderia se interpor veementemente. Não dizemos que, ainda assim, o censor deixa de vetar, por exemplo, o duplo sentido que acompanha um conteúdo subentendido. Mas agora terá de persegui-lo. Nossa concepção é de que o censor realmente persegue os subentendidos. "Um primeiro traço observável consiste no fato de que existe sempre para um enunciado com subentendidos, um 'sentido literal' do qual tais subentendidos são excluídos. Eles parecem ter sido acrescentados" (Ducrot, 1987, p. 19).

Consideramos que tanto o que não foi dito, mas está subentendido no enunciado, como o que não faz parte do espectro do enunciado em questão, o determinam. Portanto, é quando um conteúdo nos aparece na forma de subentendido que se atesta a existência de certo constrangimento sobre ele, pelo fato mesmo de surgir dessa forma.

Poderíamos nos questionar sobre a diferença entre um conteúdo que aparece explicitamente e outro que se quer subentendido nos termos da ação implicada no ato de fala que o envolve. O efeito não é o mesmo. A dubiedade reservada ao conteúdo subentendido não permite precisamente defini-lo de forma clara. "De acordo com uma expressão familiar, o subentendido permite acrescentar alguma coisa 'sem dizê-lo, ao mesmo tempo em que ela é dita'" (idem, op. cit., p. 19). Ele desenha um conjunto de possibilidades dentre as quais o locutor não se compromete com nenhuma.

> O problema geral do implícito, tal como foi apresentado nas primeiras páginas, é saber como se pode dizer alguma coisa, sem, contudo, aceitar a responsabilidade de tê-la dito, o que, com outras palavras, significa beneficiar-se da eficácia da fala e da inocência do silêncio (idem, 1977, p. 20).

A questão da forma em que se apresenta o subentendido nos interessa de duas maneiras, no que o censor pode perseguir como conteúdo dúbio, como veremos mais adiante, e o fato de tal conteúdo ter certo nível de interdição atestado pela evidência de ter sido apresentado como subentendido. É dessa maneira que entendemos que "o implícito não é encontrado, mas reconstituído" (idem, ibidem).

A polifonia (n)

Podemos entender a polifonia preliminarmente como a relação de inclusão de vozes ou sujeitos dentro do texto, assim do duplo passamos ao plural (n): "o que me motiva o plural é a existência, para certos enunciados, de uma pluralidade de responsáveis, dados como distintos e irredutíveis" (Ducrot, 1987, p. 182). Na teoria das implicitações, a polifonia se revela, entre outras formas, nos locutores representados no interior de um texto.

> [...] é possível que uma parte de um enunciado imputado globalmente a um primeiro locutor seja, entretanto, imputado a um segundo locutor (do mesmo modo que, num romance, o narrador principal pode inserir no seu relato o relato que lhe fez um segundo narrador) (idem, op. cit., p. 185).

Ela é possível "pelo fato de o locutor ser um ser de discurso, participando desta imagem da enunciação fornecida pelo enunciado" (idem, op. cit., p. 191). Reforçamos o fato de que um termo inserido no discurso realiza uma abertura do mesmo que, num só tempo, agrega sentidos – tanto o texto de partida quanto a palavra em si são afetados – e representa um dado de polifonia.

Tratar a polifonia nos parece essencial para entender os limites das possibilidades de controle sobre os discursos, a interdição feita por um lado e seu deslocamento apresentado numa janela polifônica por outro. Poderemos notar como e o quanto esses movimentos são sincronizados e interdependentes.

Podemos dizer que língua tem um caráter polifônico pela não colagem do sentido à frase. A abertura para o dialogismo e para o intertextual é entendida a partir dos lapsos abertos na língua. Consideramos que os conceitos de dialogia (diálogo entre discursos) e polifonia (multiplicidade de vozes) trabalhados nas ciências da linguagem utilizam-se da metáfora da interação na situação de diálogo, onde estaria um primeiro nível mais explícito de ligação entre textos diferentes (uma fala e outra). Passamos ao polifônico para dizer que o teatro especialmente encena o polifônico.

> Ao multiplicar as fontes da fala, ao fazer com que um cenário, uma gestualidade, uma mímica ou uma entonação "falem" tanto quanto o texto, a encenação instala todos os sujeitos do discurso e instaura um dialogismo entre todas essas fontes de fala (Bakthin, 1979).

O segredo (0)

Reforçamos, como dito em nossa introdução, que a possibilidade do segredo está preservada na estrutura mesma da língua, em seu caráter polifônico. Ele diz respeito à relação que tende à omissão de referências, o que seria sem registro (0). A não aderência do sentido à frase (exercício de conotação) indica que existe sempre uma abertura para que um outro conhecimento/saber se fixe à mesma frase. A ideia do segredo está associada ao ficar incógnito do processo de implicitação (na classe das manobras estilísticas):

> Esta exigência – vizinha da contradição (que aparece caricatural nos "incógnito" oficiais e anunciados) – não é seguramente uma manobra estilística, no sentido aqui dado à expressão, que poderá satisfazê-la (Ducrot, 1977, p. 24).

E, na continuidade, tratamos uma vez mais do segredo:

> Ao contrário, tais manobras fundam-se numa condição de segredo: só podem ser sucesso quando não são reconhecidas, quando o destinatário não se dá conta do ardil do qual é o objeto. Se podem permitir ao locutor negar ter dito é porque, de fato, ele não o disse (idem, ibidem).

Podemos dizer que o ardil de manter segredo para então jogar com ele é parte do próprio processo de comunicação. Os dados de informação não são dados e nem podem ser dados, ao mesmo tempo gerando um descompasso entre o tempo de falar e o tempo de ser informado, de saber.

Aquele que detém a informação, por um momento está colocado numa situação de poder, empoderado sobre o desejo do outro de saber. E, como vimos, o interesse alheio entra como um dado subentendido no enunciado dito - ou seja, tal instância de poder é sempre instável.

Tal instabilidade é gerada também pela própria condição de segredo. No limite quando tudo é sigilo, não há comunicação possível. Noutro limite extremo, se não há a possibilidade do próprio segredo, também não há comunicação possível pela falta de margem de manobra.

Um exemplo da possibilidade de existência do segredo na língua é a presença do duplo sentido. Com ele, temos a experiência da fala que não se resolve num sentido fechado, vacila em dubiedade.

Tratar das ações da censura retoma um ambiente de torturas, porões, segredos, sigilos. Entendemos que os processos da censura se davam num caráter reservado, no sentido de que algumas pessoas autorizadas tinham acesso a eles e podiam sobre eles determinar julgamentos. Nesse sentido, dizemos que o censor tinha um tipo de autorização e autoridade a ele conferida por seu cargo para exercer a função.

Por outro lado, nos encontramos, neste trabalho, com uma faceta vazada da censura, em que os processos fechados têm eco num certo ambiente de época, em que a postura de censores tem sua lógica nos pressupostos de conduta social. Podemos dizer que acessamos uma perspectiva mais iluminada, evidente e aberta e que se aproxima de como pensamos e, por isso mesmo, é desafiadora. Se acompanharmos, com Ducrot, a maneira imbricada, quase indissolúvel, com que os pressupostos estão presentes na cultura e em cada um que a compartilha, a linha que nos separa do carrasco ficará mais sutil.

Uma faceta não exclui a outra, pois há um âmbito no qual todos os segredos se comunicam, que é o código em que está feito. No caso, os processos de censura tinham certo nível de sigilo, pois estavam escritos em português, e nesse ponto do código não estariam preservados de qualquer falante da língua. Mas, ainda que o código fosse outro, não há segredo registrado que se queira totalmente impenetrável. Se retomarmos a ideia de que um segredo é uma relação dual que se quer ocultada, teremos que ele é feito sempre para outra pessoa. É sempre o outro a medida estrutural da linguagem em que está feito o segredo – mais uma vez, ainda que seja forjado no estilo diário para usufruto e direcionado ao próprio autor.

O segredo que envolve os processos de censura é duplo, o resguardo do próprio material e documentação e ao mesmo tempo a tentativa de segredar conteúdos inscritos nas peças por meio do corte, gerando um encobrimento dobrado sobre certos temas. Uma vez aberta a possibilidade de quebrarmos o primeiro nível de segredo, tendo acesso aos processos (dos quais certos documentos e peças nunca serão resgatados), abre-se a possibilidade de atravessar o segundo nível de segredo. E certamente, muito à maneira polifônica, podemos dizer que certos dados também nunca serão resgatados.

Não podemos deixar de fazer notar que esse processo ocorreria com um texto que tivesse a pretensão de total abertura, objetividade e clareza. Entendemos que toda interpretação tem teor de julgamento (e, nesse sentido, de censura a dados e análises) e arcamos com a opção de recorte.

O terceiro elemento: a mídia

Dizer que uma mensagem foi midiatizada, ou seja, que ganhou corpo em um determinado meio de comunicação implica reconhecer seu caráter público por princípio. Primeiramente, dizemos que uma mensagem se faz num meio muito mais do que dizemos que ela é veiculada por esse meio. Na concepção de linguagem que temos adotado, existe um primeiro nível de mediação (que extrapolando poderíamos entender como midiatização) na própria elaboração do enunciado na forma da língua, na linguagem.

Assim sendo, o caráter público dos enunciados revela-se desde sua formatação primeira. E, como temos defendido, emergem com isso também as primeiras possibilidades de interdição e censura. No momento em que os enunciados são publicados num meio de comunicação, seu caráter público é potencializado e também as possibilidades de restrição.

Vamos dizer então que no seio da linguagem, em que se publicizam conteúdos, residem as pulsões de não só divulgar, mas criar laço a partir dos enunciados, e também as formatações, as estratégias de burla e de controle.

A imprensa ou a mídia ocupam assim o papel do terceiro elemento de quem se omite o segredo: "não te aproximes, não toques, não consumas, não tenhas prazer, não fales, não apareças; em última instância não existirás, a não ser na sombra e no segredo" (Foucault, 2006a, p. 94).

Tal lugar, nesse ponto, é o mesmo que pode ser ocupado pelo próprio público ou por qualquer um que esteja num dado momento na posição de não saber sobre o que foi mantido segredo. O que naturalmente gera um campo obscuro e uma investigação de algum tipo, ou até mesmo elucubrações sobre o que se encontra nesse terreno.

Ele revela-se na prática na presença de um terceiro elemento na relação com o que não está dito. A peça ainda não foi apresentada, e já há um burburinho em torno dela. A peça foi apresentada, e reivindica-se a liberação do conteúdo completo, mesmo sem se saber qual. A peça foi liberada, mas parte da sociedade acha que certos conteúdos deveriam ter ficado não ditos, no âmbito do segredo.

Se entendêssemos então a relação de censura como um vínculo dual entre alguém que a exerce e outro que sofre sua ação não atribuiríamos grande importância ao papel da mídia nesse jogo. No entanto, entendemos a censura a partir de uma perspectiva comunicacional, em que os conteúdos midiatizados interferem na produção da obra de arte e do julgamento por parte de um censor.

Tal interferência se dá não de maneira direta e manipuladora, mas no reforço de valoração de certos conteúdos que circulam socialmente. Podemos dizer, de outro modo, que a faceta polifônica da linguagem ganha vulto. Entendendo que a diferenciação de vozes passa pelo valor que atribuem aos elementos do enunciado. Ou seja, pensar na multiplicidade de vozes implica o ambiente midiático em que elas realizam o valor dos enunciados.

É dessa maneira que nos fixamos na forma em que tais conteúdos emergem nos meios de comunicação para dizer que sua estrutura incita o corte, o veto, a perseguição. Não há um conteúdo censurável em si, mas sua apresentação nos desígnios da língua como um subentendido ou envolvido numa aura de segredo corroboram para que seja marcado.

Conclusão sobre a possibilidade de controle e jogos de interdição

As três dinâmicas que observamos, do subentendido, da polifonia, do segredo baseiam-se na posição de um terceiro para se constituir (discursivamente), papel que se sobrepõe ao da dinâmica da censura tentando fazer o papel de veto da linguagem. Mas nesse nível há escape, a possibilidade de controle é instável.

Existe um primeiro nível de interdição, que normalmente não denominamos como censura, presente na constituição da matéria humana. Para que todos e cada um de nós ingressemos no âmbito da linguagem, e com isso tenhamos a chance de fazer sentido do mundo e fazer sentido nele, é necessária uma recusa inicial. Devemos considerar que essa recusa não é em relação a algo que existe e tem de ser desprezado, mas uma recusa das possibilidades de ser que são interrompidas por uma realidade que é.

Assim, nesse processo, temos já também o primeiro nível de hierarquização e de assunção de valores. Não podemos dizer, ainda nesse nível, que tenha havido uma deliberada ação de veto sobre conteúdos, mas, sim, uma arbitrária delimitação significante. No entanto, devemos reconhecer que ela já está impregnada, como elemento local, das relações de poder e hierarquias presentes no desenho do nível mais amplo, o discursivo.

Depois poderemos ver como esse âmbito se relaciona com a dinâmica do corte efetuado pela própria censura. Talvez o que ele deixa é mais um mistério sobre o conteúdo vetado do que o dano pelo conteúdo vetado em si.

Então é que podemos estabelecer uma relação entre interditar e dar forma e existência a um discurso. Chamamos a esse um primeiro nível de interdição sobre o discurso, que está em consonância com a ideia de que a entrada na linguagem por si só significa ao mesmo tempo processos de substituição e deslocamento. Desse modo, há uma interdição de base que fundamenta a formação de todo discurso e que se manifesta no nível do sujeito.

> [...] somos levados a considerar sua condição de interdito: o sujeito entra abdicando de suas propensões individuais e mesmo de espécie biológica. Entra, portanto, numa situação de perda, por um lado, e de ganho, por outro: na ordem simbólica que o dimensiona e restringe há acesso ao mundo a ser vivido como apropriação (Gomes, 2003, p. 33).

Podemos identificar um tema específico que está na constituição da teoria mesma dos implícitos linguísticos e ao mesmo tempo diz respeito a processos sociais de interdição. Trata-se da existência de, nas palavras de Ducrot, "um conjunto não negligenciável de tabus linguísticos" (1997, p. 13). A preocupação com o que não é dito está na base do pensamento do autor. E devemos ressaltar que esse "não dizer" está sempre numa relação lógica com o que foi dito, compartilhando de alguma forma seu ambiente referencial.

Para tratar especialmente da relação dos implícitos com os processos de interdição, tem importância cabal estudar a dinâmica pela qual certos conteúdos se mantêm em estado de segredo, sempre não ditos (ainda que, como dissemos, perseguidos na sombra do que é dito), ou como conteúdos malditos.

> Isto não significa apenas a existência de palavras – no sentido léxico-gráfico do termo – que não devem ser pronunciadas, ou que, em certas circunstâncias bem definidas, não podem ser pronunciadas. O que principalmente nos interessa é a existência de temas inteiros proibidos e protegidos por uma espécie de lei do silêncio (há formas de atividade, sentimentos, acontecimentos, de que não se fala) (idem, ibidem).

O autor reconhece também que o estatuto daquilo que não pode ou não deve ser dito pode variar circunstancialmente, variando assim também o valor de que cada informação pode estar investida em cada caso. Seguindo ainda seu exemplo, em certos momentos dizer algo ao interlocutor pode significar feri-lo.

A interdição tem relação com o conteúdo que foi enunciado, ou seja, podemos sustentar que o dito está em relação direta com o não dito. O que não foi enunciado mantém um vínculo com o que está dito, fornece sua forma e ainda indica o que ficou de fora. Isso é possível, pois o que se organizou como possibilidade discursiva está dado antes de um enunciado atualizado num momento enunciativo específico. Foucault nos lembra, por meio do tema da sexualidade, algo específico da relação com o não dito:

> Não obstante, seria preciso interrogar justamente esse tema tão frequente de que o sexo está fora do discurso e que somente a suspensão de um obstáculo, a quebra de um segredo pode abrir o caminho que conduz até ele. Esse tema não seria parte da injunção que suscita o discurso? Não seria para incitar a falar, para sempre levar a recomeçar a falar nesse tema que, nas fronteiras de todo discurso atual, ele é exibido como o discurso que é indispensável desencavar – uma coisa abusivamente reduzida ao mutismo, ao mesmo tempo difícil e necessária, preciosa e perigosa de ser dita (2006a).

Existe outro patamar de interdição que se refere àquilo que não foi dito e nem poderia ser dito, pois é diferença total. São os temas que não fazem parte dos pressupostos de determinada época ou lugar. Estes têm relação com algo que não se acessa a partir da mesma lógica que engloba dito e não dito e, na medida em que consegue ser incluído na dinâmica do conhecido, deixa de fazer parte do imponderável.

Referências bibliográficas

Bakhtin, Mikhail. *Marxismo e Filosofia da Linguagem*. São Paulo: Hucitec, 1979.

Ducrot, Oswald. *Dizer e não dizer: princípios de semântica linguística*. São Paulo: Cultrix, 1977.

_________. *O dizer e o dito*. Campinas: Pontes, 1987.

_________. *Provar e dizer*. São Paulo: Global, 1981.

Fico, Carlos. "Espionagem, polícia, censura e propaganda: os pilares básicos da repressão". In: *O tempo da ditadura: regime militar e movimentos sociais em fins do século XX*. Rio de Janeiro: Civilização Brasileira, 2003.

Foucault, Michel. *A ordem do discurso*. São Paulo: Loyola, 1998.

_________. *História da sexualidade. Volume I: a vontade de saber*. Rio de Janeiro: Graal, 2006a.

_________. *História da sexualidade. Volume II: o uso dos prazeres*. Rio de Janeiro: Graal, 2006b.

_________. *Vigiar e punir: nascimento da prisão*. Petrópolis, Vozes, 1987.

Gomes, Mayra; Martins, Ferdinando. "Comunicação e interdição: a censura moral sobre o corpo e a palavra". *Rumores*, São Paulo, v. 4, n. 2, jan./ abr. 2009.

Gomes, Mayra Rodrigues. *Palavras proibidas: um estudo da censura no teatro brasileiro*. São José do Rio Preto: Bluecom/ Fapesp, 2005.

_________. *Poder no jornalismo: discorrer, disciplinar, controlar*. São Paulo: Edusp/ Hacker, 2003.

_________. "A escritura do censor: um estudo da interdição em peças teatrais". *Líbero*, ano X, n. 20, dez. 2007.

PARTE II

ESTUDOS DE CASO

Censura: arbitrariedade, apesar das justificativas[1]

Ferdinando Martins

O objetivo deste texto é pensar representações sociais no ano de 1968. Como sou pesquisador do Arquivo Miroel Silveira, fiz o caminho de investigar as peças de teatro do ano de 1968 no próprio arquivo da censura.

Ao denunciar qualquer tipo de censura, além da atuação acadêmica, temos também uma atuação política. Apesar das justificativas, o que observamos nas pesquisas é que todo o ato de censura é arbitrário. Ou seja, o que acaba acontecendo, na prática, é um exercício da vontade do censor ou de algum determinante da conjuntura política que não tem nada a ver com a justificativa apresentada.

Em 1968, 44 peças de teatro foram apresentadas à Divisão de Diversões Públicas do Estado de São Paulo (DDP/SP), além de outras quatro peças que solicitaram a censura em 1967, mas cujos certificados foram expedidos somente em 1968. Desse universo, apesar de todas terem sido liberadas, somente oito passaram sem a determinação de restrição de idade ou local. A grande exceção foi *Roda viva*, que foi proibida, mas pela censura federal.

Desse total, 17 são peças de teatro de revista (34%), o que mostra a força do gênero ainda nos anos 1960. Em análise não muito aprofundada, mas, ainda assim, não superficial, o teatro de revista – que mantinha força no período – era aquele que havia se tornado mais erotizado do que o encenado nos anos 1930 e

1. Apresentação realizada no dia 15 de outubro de 2008, durante o Seminário 1968 – Liberdade e Repressão.

1950. Esse tema merece uma investigação mais aprofundada. Vou apenas mencionar os títulos das peças que li: *Vai com jeito e mete os peitos*, *Tem boneca na folia*, *Pernas à beça* e *Vende-se "a quilo"*. Três delas foram apresentadas no Teatro Santana naquele ano.

Há também os clássicos, alguns já mencionados aqui, como *Roda viva*, *A vida de Galileu Galilei*, apresentada na noite em que foi assinado o AI-5, e *O filho do cão*, de Gianfrancesco Guarnieri. A peça trata da religiosidade como instrumento de exploração capitalista e tem o objetivo didático de desvendar os mecanismos de dominação operantes na sociedade brasileira.

Deixando de lado essas peças mais emblemáticas e analisando outras que constam do Arquivo Miroel Silveira, observamos que há uma preocupação da censura em atuar mais sobre temas políticos. Há, de fato, uma certa permissividade em relação aos conteúdos morais, sobretudo os relacionados à família e à sexualidade. Entretanto, os censores ainda seguem os padrões de cortes a palavrões, insinuações ou declarações sobre o ato sexual ou às partes do corpo relacionadas com o erotismo.

O sonho americano, de Edward Albee, foi apresentada no TBC, em 1968 e tem um forte conteúdo erótico, pois na trama há a insinuação de se trazer uma terceira pessoa para a vida de um casal. Mas o único corte do censor foi um palavrão. Ou seja, todo o contexto de adultério insinuado não foi reprimido ou levado em consideração - somente o palavrão.

Dois na gangorra é outra peça que mostra como o censor estava seguindo o manual. O texto, bastante ousado, trata da emancipação feminina. Uma mulher solteira envolve-se com um homem casado. Não está em jogo a questão do adultério, mas, sim, a vida sexual emancipada dessa mulher. O texto sofreu quatro cortes. Um deles foi o da palavra *bunda*, mas num contexto nada erótico: a personagem fazia uma roupa para uma menina que iria dançar balé.

> - Um costume de bailarina, de uma menina que vai dançar na aliança educativa no domingo.

– Mas e a parte de baixo? A menina não tem bunda?

– Embaixo vem a malha, Jerry.

Ou seja, é como se o censor seguisse apenas o manual do que cortar e desconsiderasse as mudanças que, de fato, o texto estava indicando. O mesmo se repete em outras peças.

A virgem psicodélica é outra peça que trata da emancipação feminina, de uma forma bem interessante. A filha de um Prêmio Nobel queria ter um filho que fosse muito inteligente. E o segundo homem mais inteligente do mundo morava no Brasil. Então, ela se muda para cá, simplesmente, para poder ter relações sexuais com ele e engravidar.

O conflito vem do fato de que esse homem é um cientista brasileiro casado. Sua esposa imagina, de início, que a protagonista queria roubar-lhe o marido, quando ela desejava apenas engravidar. Contamos, novamente, apenas três cortes de palavrões, o que revela uma licenciosidade e uma operação apenas cirúrgica do censor. Ele vai extirpar termos que não considera adequados.

A peça *Santidade*, de José Vicente, também foi censurada em 1968. Fiz a direção da versão montada em 2007 pelo Teatro Oficina. Essa peça chama a atenção porque o próprio presidente Costa e Silva distribuiu cópias do texto para todos as DDP para que, caso a peça fosse apresentada com outro nome ou outro diretor, não fosse possível driblar a censura. Além disso, o presidente apareceu em rede nacional de televisão para anunciar que jamais uma peça como aquela seria encenada em território brasileiro. Por que essa censura chama atenção? Aparentemente, a peça não traz nada de diferente de uma peça como *Navalha na carne*, de Plínio Marcos, liberada com corte de palavrões, em 1968.

Tanto Plínio Marcos quanto José Vicente pertenciam ao mesmo grupo e compartilhavam a mesma proposta política e estética. Diante de outras peças com o mesmo cunho moral, e considerando-se que o foco de *Santidade* não era a situação política, o que motivou tamanha censura? O próprio José Vicente, pouco antes de morrer, me disse que acreditava ter sido o motivo um trecho no qual são citadas as Forças Armadas. *Santidade* trata da história de Arthur, um ex-seminarista que passa a ser sustentado por um homem mais velho. A situação complica-se quando Nicolau, irmão de Arthur, prestes a se tornar padre, ao buscar por suas últimas experiências mundanas, termina descobrindo que Arthur se tornou um "prostituto".

Segundo José Vicente, o que incomodou o general Costa e Silva é a passagem em que Arthur enumera seus clientes:

> **Arthur** – Às vezes você encontra aí na madrugada uma que tem tudo das outras: desmunhecada desde o pé até a alma, até a voz, tudo. Mas, às vezes, o problema dela é outro... Já encontrei uma vez um tal de Guilherme. Ele tem grana e pinta, e é qualquer coisa das Forças Armadas, das Gloriosas Forças Armadas, e eu estava com fome, sem dinheiro, com frio, sem lugar pra dormir...
> **Nicolau** – (Pausa) E aí?
> **Arthur** – Aí, bem, aí...
> **Nicolau** – Mas você não tem... sei lá, você não tem nada disso...
> **Arthur** – É por isso mesmo que o tal de Guilherme pagava. É meio difícil te explicar isso. É por isso que ele pagava.

O trecho sugere a existência de militares homossexuais e, além disso, frequentadores do meretrício. Quando falo da luta de Miroel Silveira contra a arbitrariedade da censura, essa peça se encaixa perfeitamente.

Seria possível cortar apenas o trecho, sem grande prejuízo para a compreensão da trama. Mas a reação foi muito mais violenta, redundando na proibição da peça em todo o território nacional. A peça permaneceu 20 anos desconhecida do público por conta de uma irritação pessoal e arbitrária dos agentes das Forças Armadas.

O Teatro Oficina, 40 anos depois, decidiu montar a peça, especialmente porque ela trata do que foi a Tropicália. Mostra a indústria cultural, os festivais, toda a movimentação do centro de São Paulo. Mesmo se tratando de uma companhia de teatro premiada, com patrocínio da Petrobras para outros espetáculos, *San-*

tidade não conseguiu nenhum patrocínio. Ela tinha orçamento pequeno, apoio da Lei Rouanet, mas nenhum patrocinador quis associar sua marca às questões suscitadas pela peça.

Não era nenhuma questão com o Oficina ou com o José Celso Martinez Corrêa. Era uma questão específica com o texto. O que demonstra a existência de um novo tipo de censura.

Por fim: a autocensura. A peça foi montada com patrocínio da Funarte, um órgão do governo, no ano de 2007. O programa do espetáculo, curiosamente, tinha distribuição gratuita e um apelo visual bastante interessante. As pessoas pegavam o programa, liam e devolviam. Antes de a peça começar, vi isso acontecer várias vezes. Pegar o programa e levá-lo para casa não acontecia com *Santidade*, o que demonstra certo receio, um constrangimento das pessoas. Por tudo isso, considero *Santidade* um caso muito emblemático dos diversos tipos de censura.

Negociações da censura teatral com as figuras do imaginário social[1]

Mayra Rodrigues Gomes
Eliza Bachega Casadei

Deus lhe pague

Deus lhe pague é a peça mais famosa de Joracy Camargo e também aquela que trouxe imensa popularidade para o ator Procópio Ferreira. Tem como personagem central o Mendigo, que se entrega a uma espécie de monólogo que aparenta diálogo com o Outro, nome dado a outro mendigo. Ele discorre, com amargura e espírito crítico, sobre a sociedade, a vida, a felicidade, a religião, a propriedade e o amor. Suas palavras evocam reforma social e remetem a concepções marxistas. Na realidade, o Mendigo é um intelectual e faz menção a diversos pensadores clássicos, entre eles, Karl Marx. O Mendigo tornou-se muito rico, mas o Outro – chamado Barata – é um mendigo pobre, sem sofisticação e planejamento estratégico para ser bem-sucedido na "profissão", razão pela qual a fala do Mendigo, além de se constituir como uma espécie de filosofia de vida, comporta um tom pedagógico, esclarecendo modos e métodos da mendicância em contraponto a articulações sociais.

1. Trabalho apresentado com o nome *Censorship Negotiations with Figures of the Social Imaginary* na Conference Art Made Tongue-tied by Authority: Theatre Censorship Around the World, em 1º de outubro de 2010, em Dublin. O evento foi organizado pela Royal Irish Academy e pelo Instituto Cervantes de Dublin.

Nesse quase monólogo, onde o Outro é presença que sustenta os diversos pontos abordados, o enredo se constrói a partir da história de vida contada pelo Mendigo. Em sua juventude, antes de se tornar mendigo, ele era Juca, um dedicado operário que inventou, nas horas vagas, um mecanismo têxtil. Este em muito beneficiaria a empresa em que trabalhava, mas, seu patrão, sabendo do invento, visita Maria, a esposa do Mendigo, com o intuito de convencê-la a mostrar os projetos do marido. Ela, bastante ingênua, apresenta-lhe os esboços das invenções de Juca, imediatamente roubadas pelo patrão sem que Maria perceba. Juca retorna à sua casa, constata o roubo e, confrontando o patrão, é preso como ladrão. Sua esposa, percebendo o erro, enlouquece, e é internada em asilo, de onde mais tarde sai, desaparecendo sem deixar traços.

Juca, liberto da prisão, torna-se mendigo e, com modos simples, acaba ficando rico. É assim que assume uma dupla vida: uma em que dorme com suas roupas maltrapilhas em algum pardieiro; outra em que, como homem rico, vive com a jovem Nancy, em princípio interessada no apoio financeiro. Contudo, Nancy é amada por Péricles, rapaz sem dinheiro, com trânsito pela alta sociedade, que a pede em casamento. Sempre repudiado por sua condição financeira, é também evitado porque Nancy possui certo fascínio pelo Mendigo, por seus conhecimentos e por suas argumentações instigantes.

Depois de armar um esquema em que Péricles ficaria com seu dinheiro, para casar com Nancy, o Mendigo se revela e também mostra, com essa intriga, o verdadeiro caráter de Péricles. No final, em cena dramática, há reencontro de Nancy com o Mendigo, que terminam juntos.

Muito embora seja uma figura comum em papéis menores, a primeira vez que um mendigo virou personagem principal no teatro brasileiro foi na peça *Adão, Eva e outros membros da família*, de 1927, escrita por Álvaro Moreira, que influenciou a obra de Joracy Camargo. A peça, que conta a história de um ladrão que vira capitalista e de um mendigo que vira dono de jornal, também desenvolvia crítica expressa à sociedade capitalista. Isso porque desmonta contradições de um sistema "que permite a um mendigo e um ladrão transformarem-se em respeitáveis figuras da classe dirigente e a uma mulher indefinida, primeiro amante de um e depois do outro, tornar-se grande artista" (Oscar, 1985, p. 19).

Deus lhe pague, desde sua primeira representação em 1932, foi ininterruptamente encenada por quatro décadas e continua presente no cenário cultural brasileiro até os dias de hoje. É de se notar o papel da Companhia Teatral Procópio Ferreira, que a levou em turnê pela Europa. Foi também publicada, em diversas línguas, e, no Brasil, pela Livraria Editora Zelio Valverde, chegando a 30 edições, tamanho foi o seu sucesso.

Tanto no texto publicado, quanto no dos processos do Arquivo Miroel Silveira, *Deus lhe pague* está classificada como comédia em três atos e nove quadros.

Como pode ser visto na listagem dos processos, *Deus lhe pague* comparece em dois processos: o DDP 0238 e o DDP 6106. O primeiro reúne requerimentos e manifestações da censura em diferentes datas: 1943, 1945, 1948, 1949, 1950, 1951, 1952, 1957, 1959, 1961, 1962, 1966 e uma publicação da peça, como livro, em sua oitava edição, datada de 1945. Compreende 11 requerimentos de censura dos quais quatro foram liberados sem restrições, um é pedido de revisão de censura, sem original no processo, e seis tiveram cortes.

O primeiro certificado preservado pelo AMS é de 1943 e aponta o maior número de intervenções: as proibições de palavras, ou frases, em 22 trechos da peça. Contudo, o livro que acompanha o processo, edição de 1945, não traz essas proibições e vem com uma indicação, com assinatura do censor Pedroso de Carvalho, em que explica a substituição do exemplar da peça "em face do restabelecimento de diversas 'falas' e para que não ficasse tudo confuso".

Podemos inferir que houve uma negociação com o órgão censório. Esta resultou na liberação de falas, pois existem no livro anotações em que se lê "fala restabelecida, corte sem efeito". Dessa forma, foi a censura de 1945 que prevaleceu, servindo de fundamento para os pedidos dos anos subsequentes, tanto assim que as avaliações feitas em 1948, 1949, 1950, 1951,1952 e 1957 repetem a deliberação de 1945. No entanto, a partir de 1959, a peça foi totalmente liberada.

Por isso, começaremos por apontar o registro da censura de 1943, na forma da anotação de corte sem efeito, para anotarmos, ao mesmo tempo, aqueles que permaneceram na censura de 1945 e nas demais. Transcrevemos os trechos censurados em modo sublinhado.

O primeiro corte da peça, na página 22, permanece nas censuras dos anos posteriores até a liberação em 1959. Trata-se da frase proferida pelo Outro: "Garantidos pela polícia, pelas classes armadas...". A frase é antecedida por uma série de explicações do Mendigo acerca da propriedade privada, detida por poucos que assim dispuseram a partir da própria força e que hoje recorrem ao aparato do Estado para a preservação de seus bens.

O próximo corte, na página 30, vem com anotação de restabelecimento e encerra parte da fala de mendigo: "Deus é uma palavra sem expressão. Quando se diz: 'Ai, meu Deus!' – é como se estivesse dizendo: 'Ora bolas!'". Na verdade, o restabelecimento desse trecho, em relação ao contexto, mostra que o censor considerou uma relativização dos termos, pois Mendigo está falando de um desrespeito e desvalorização da palavra Deus no linguajar coloquial.

Na página 95, novamente temos um corte sem efeito na fala de Mendigo, ao provocar Péricles: "O senhor conhece alguém que não tenha idéias [sic] para salvar o Brasil". Segue-se outro corte sem efeito na página 97, em conversa de Mendigo com Nancy e Péricles: "Egoísmo é o grande obstáculo! É o castelo feudal em cuja arca está guardada essa palavra abominável – propriedade". O contexto dessa conversa é uma explicação sobre o verdadeiro sentido de algumas palavras, todas igualmente ridicularizadas por Mendigo.

Na página 127, terceiro ato, há uma sucessão de cortes sem efeito, que se estendem à página 128, no seguinte diálogo:

Outro – O que faz falta é uma religião perfeita.

Mendigo – Todas as religiões são perfeitas. Os homens é que são imperfeitos. Funde-se uma seita que forneça à hora da comunhão, ao invés da hóstia, um suculento bife com batatas e veremos como não lhe faltarão adeptos.

Outro – Eu garanto que iria comungar todos os dias...

Mendigo – Claro. Todos querem resultados imediatos. Se todos os crentes refletissem um pouco no sério compromisso que assumem ao rezar um "Padre Nosso", poucos seriam capazes de repetir aquelas palavras: "Perdoai as nossas dívidas, assim como nós perdoamos aos nossos devedores...". Quem é que perdoa as dívidas, "seu" Barata? As próprias religiões são intransigentes. O suicida não tem direito à missa....

Na página 145, já quase ao final da peça, há um último corte sem efeito, portanto, apontado em 1943 e restabelecido em 1945, que incide sobre trecho de fala de Péricles, conversando com Nancy: "O dinheiro honesto não vai além do estritamente necessário para viver. O juro, o ágio, a percentagem, todo o dinheiro ganho com o dinheiro, é vil". Nessa conversa, Péricles tenta convencer Nancy de que a felicidade está no amor que ele tem a dar.

Resta-nos, assim, o registro de sete cortes, restabelecidos entre 1943 e 1945, de modo que somente um corte, "Garantidos pela polícia, pelas classes armadas...", permaneceu até 1959.

Há outro processo para *Deus lhe pague*, o DDP 6106, com requisições e manifestações da censura em 1967 e 1968. Ele não contém nenhuma palavra censurada, porém coloca a restrição "proibido para menores de 10 anos, aprovada para todo território nacional".

Em primeiro lugar, devemos nos perguntar por que, em pleno regime ditatorial de Getúlio Vargas, essas falas foram restabelecidas quando podemos ver que então, nos idos dos anos 1930 aos anos 1940, elas aludem a ideias que não seriam interessantes para um governo autoritário. A esta pergunta, muitos estudiosos nos forneceram a resposta: Vargas era grande apreciador de teatro e amigo pessoal do ator Procópio Ferreira, intérprete de Mendigo e responsável pela popularização da peça. Podemos conceber uma negociação que se beneficiou da condescendência de Vargas em circunstâncias específicas.

Ainda sob a perspectiva da censura que deixou de ser, devemos questionar a própria classificação da peça: tanto no livro publicado quanto no processo do Arquivo Miroel Silveira, *Deus lhe pague* é definida como comédia. Ora, pela sinopse que fornecemos é possível ver que a peça é, na realidade, um grande drama.

Nesse caso, devemos considerar o papel que essa classificação teve, pois, certamente, ela direcionou o olhar dos censores. A classificação como comédia foi facilitada pelo fato de que Joracy Camargo é autor de muitas comédias e de teatros de revista. Também Procópio Ferreira foi o intérprete de muitas dessas comédias e já era famoso pela comicidade espirituosa. No jogo dessas circunstâncias, a classificação como comédia era plausível, e o olhar dos censores podia ver, nas falas mais desafiadoras, a entonação cômica que o Procópio imprimiria sobre um sentido subjacente.

Contudo, em *Deus lhe pague* há uma notória proposta de revolução social, com traços de manifesto, que remete ao pensamento marxista. Este fato pode ser conferido nas falas intocadas pela censura, que remetem a uma subversão dos costumes, transcritas a seguir:

> **Mendigo** – Não é preciso pedir desculpas. Não sou ladrão, mas podia sê-lo. É um direito que me assiste. [p. 19]
>
> [...]
>
> **Mendigo** – Antigamente, tudo era de todos. Ninguém era dono da terra e a água não pertencia a ninguém. Hoje, cada pedaço de terra tem um dono e cada nascente de água pertence a alguém. Quem foi que deu?
>
> **Outro** – Eu não fui...
>
> **Mendigo** – Não foi ninguém. Os espertalhões, no princípio do mundo, apropriaram-se das coisas e inventaram a Justiça e a Polícia... [p. 20]
>
> [...]
>
> **Mendigo** – Foi. Abandonei a sociedade e resolvi pedir-lhe o que me pertence. Exigir é impertinência; pedir é um direito universalmente reconhecido. Dá prazer a quem se pede, não causa inveja. O senhor já reparou que ninguém é contra o mendigo? Por que será? Porque o mendigo é o homem que desistiu de lutar contra os outros. [p. 23]

[...]

Mendigo – Quando eles dizem: "Quem dá aos pobres, empresta a Deus", confessam que não dão aos pobres mas emprestam a Deus... Não há generosidade na esmola: há interesse. [p. 24]

[...]

Outro – Quanto lhe deve a sociedade?

Mendigo – Tanto quanto caberia a mim, se houvesse uma divisão "camarada". [p. 30]

[...]

Outro – E ela sabe que o senhor é mendigo?

Mendigo – Não. Para ela eu sou um capitalista! E a um capitalista não se pergunta a profissão! [p. 58]

[...]

Mendigo – Egoísmo é o grande obstáculo! É o castelo feudal em cuja arca está guardada essa palavra abominável – Propriedade!

Péricles – Se não me engano, pela sua maneira de falar o senhor é comunista!

Mendigo – Psiu! Silêncio! Comunismo é palavra que quer entrar para o dicionário, com escalas pela polícia... [p. 97]

[...]

Nancy – E todas as vezes que eu recebesse de tuas mãos um pouco desse dinheiro, pensaria que a felicidade depende do dinheiro, mas não está no dinheiro. Está no amor! No amor, que é bem comum, mas que os donos do mundo açambarcaram e tornaram inacessível, como o custo da própria vida! [p. 109]

[...]

Mendigo – Os capitalistas não inventam nada. Aproveitam-se das invenções dos outros. Homens inúteis, que se utilizam de tudo!

[...] **Mendigo**: Há. Basta que se corrijam essas desigualdades por meio de nova organização. [p. 122]

[...]

Mendigo – ... Como são ridículos os pequenos burgueses. [p. 125]

Essas frases seriam repudiadas por qualquer regime ditatorial de direita e, no caso do regime ditatorial brasileiro, que empreendeu durante mais de uma década a caça aos comunistas, constituem presença aberrante. *Deus lhe pague* coloca-se como evento inédito na história do teatro brasileiro, na história da censura e no interior do próprio Arquivo Miroel Silveira. Sempre que essa bizarrice salta aos olhos, evoca-se a ligação de Vargas com Procópio. Entretanto, é possível entrever algo mais, já que as falas preservadas são muito fortes, e não deixam ambiguidades, em relação a uma revolução dos costumes e uma revolução social.

Para entrever outro elemento nessa equação, é preciso lembrar que o repúdio ao discurso marxista não era privilégio do governo de Getúlio Vargas, nem dos ditadores do regime militar. A população brasileira opunha-se fortemente ao ideário comunista e, frequentemente, foi protagonista, pela via dos abaixo-assinados, de intervenções da censura por ela reclamadas. Como sucede então que essa própria população não viu o teor comunista da peça?

A interpretação de Décio de Almeida Prado, expressivo crítico de teatro na cena brasileira, para este tipo de comportamento é o de que "em verdade, esse abc do marxismo, explicado pelo método Berlitz de perguntas e respostas, não amedrontava ninguém, primeiro, porque o comunismo ainda não se arregimentara no Brasil enquanto força organizada, o que estava em vias de acontecer" (1984, p. 51). Além disso, "o esquerdismo do texto, não se ligando ao enredo principal – a luta pela mulher –, não se transformando em ação política, mantinha-se naquele nível de conversa geral e descompromissada em que todas as ideias são defensáveis".

Sem dúvida, o enredo prova que as razões apontadas por Prado são pertinentes. Mas, mesmo quando as forças comunistas passaram a se constituir como uma agremiação política significativa e temida, ainda assim, a peça passou pela censura sem cortes significativos.

Contudo, e em respaldo à interpretação de Prado, voltando às frases anteriormente citadas, podemos facilmente delinear semelhanças entre os posicionamentos de algumas instituições sociais de caráter conservador e o conteúdo por elas encerrado. Há falas que podem ser entendidas como críticas ferozes à propriedade nos termos marxistas, mas que também remetem à encíclica de Paulo VI, *Populorum Progressio 23*, por exemplo. Segundo o documento,

> Deus destinou a terra, com tudo que ela contém, para o uso de todos os homens e povos, de tal modo que os bens criados devem bastar a todos, com equidade, sob as regras da justiça, inseparável da caridade. Sejam quais forem as formas de propriedade, adaptadas às legítimas instituições dos povos, segundo circunstâncias diversas e mutáveis, deve-se atender sempre a esta destinação universal dos bens (1967).

Podemos comparar, ainda, os trechos destacados com alguns conteúdos presentes nos discursos que o presidente Getúlio Vargas fazia à nação. No próprio Discurso Manifesto à Nação, de 1937, para anunciar o surgimento da ditadura do Estado Novo, Vargas colocava que, entre as obras de seu governo, estava o aperfeiçoamento da

> obra de justiça social a que se votara desde o seu advento, pondo em prática um programa isento de perturbações e capaz de atender às justas reivindicações das classes trabalhadoras, de preferência as concernentes às garantias elementares de estabilidade e segurança econômica, sem as quais não pode o indivíduo tornar-se útil à coletividade e compartilhar dos benefícios da civilização.

Os poucos exemplos parecem deixar bem claro a forma como o marxismo superficial da peça de Joracy poderia ser confundido com outros discursos circulantes na época – discursos articulados, fundamentalmente, por duas instituições sociais: a Igreja católica e o Estado – ainda que possuíssem um caráter bastante conservador e não se misturassem aos postulados marxistas. Por essa razão, assim como Prado, acreditamos que o conteúdo manifestamente marxista e revolucionário da peça tenha passado despercebido para a maioria dos espectadores, bem como para o próprio censor.

No tocante à Igreja católica, noções de justiça social se corporificavam na caridade e eram acompanhadas pela exaltação da pobreza honrada ou santificada. Segundo Mollat, projetos de erradicação da pobreza delinearam-se somente após a Renascença. Durante a Idade Média, ela era entendida como uma questão inescapável e, apesar de os homens repetirem constantemente as palavras do apóstolo Paulo de que "a caridade nunca falha", "*they also heeded the words of Christ, 'the poor will always be with you*'".[2] Muito embora existissem representações ambivalentes a respeito da pobreza, havia um forte movimento "*tirelessly impelled by evangelical preaching and from the thirteenth century on encouraged also by the Franciscan movement, attempted to reconcile the abjection of actual misery with poverty construed as a virtue*"[3] (1986, p.1).

A Igreja católica, embora tenha tido forte presença na disseminação desse imaginário, não é a primeira a lhe dar um formato. Lembremos, afinal, que a figura do pobre virtuoso e sábio já habitava textos da Antiguidade clássica. No entanto, empenhada na aproximação com a sociedade civil, a partir do século XIX, ela começa por rearticular suas prédicas sobre caridade e pobreza, consequentemente, recolocando a própria noção de esmola e do modo como se deve lidar com os pobres. Isto acontece em virtude de que a Igreja se dá conta "[...] de que o problema mais grave de sua época, diante da qual a Igreja não poderia permanecer indiferente, era a miséria dos proletários; que essa situação não poderia ser solucionada através da prática da esmola, do assistencialismo ou da exortação moral" (Ivern; Bingemer, 1994, p. 26).

---

2. Eles também atenderam às palavras de Cristo, "os pobres estarão sempre com você" [tradução livre das pesquisadoras].

3. [...] incansavelmente impulsionado pela pregação evangélica e desde o século XIII incentivados também pelo movimento franciscano, tentou conciliar a abjeção da miséria real com a pobreza entendida como uma virtude [tradução livre das pesquisadoras].

Apesar disso, os reposicionamentos se limitavam ao sentido de união, ou de aproximação das classes sociais, sem contestação do sistema capitalista. Contudo, traziam consigo a ideia de medidas a serem implementadas face às injustiças sociais, fato que explica, em certo sentido, porque o público dos anos 1930 não se chocava com o conteúdo da peça que aludia ao comunismo, enquanto resposta a tais injustiças.

A Igreja prosseguiu, até os dias de hoje, com essa mudança de discurso em direção a maior firmeza nas críticas de caráter social, alinhando-se aos Direitos Humanos e à luta contra as desigualdades sociais. O contexto pode explicar o fato de a peça ter atingido o ano de 1968 sem nenhum corte por parte da censura, mesmo que o confronto ideológico no território nacional estivesse bastante acentuado no período.

Por outro lado, o próprio Estado, acentuadamente no regime Vargas, mas também de forma explícita no regime militar inaugurado em 1964, foi protagonista de uma série de discursos difusos sobre justiça social.

A noção de justiça social no período da história brasileira de 1930 a 1954 é resumida por Francisco Weffort, quando ele afirma que governos populistas como o de Vargas (no Brasil) ou de Perón (na Argentina) conseguem reunir características tão díspares quanto serem "[...] a rigor, antiliberais e antissocialistas ao mesmo tempo. E como se isto não bastasse, são capazes de 'usurpar' objetivos que 'normalmente' poderiam imputar tanto a liberais quanto a socialistas" (2003, p. 95-6).

A Revolução de 1930, que culminou com a ascensão de Vargas ao poder, marca a passagem de um governo que encarava a problemática dos pobres como casos de polícia para um governo que a transforma, ao menos no discurso, em prioridade de Estado. A incorporação de questões de justiça social ao discurso político acontece no contexto de uma plataforma de poder bastante específica. Isso porque a Revolução de 1930 inaugurou uma nova fase da política brasileira, na qual nenhum grupo, isoladamente, era capaz de legitimar o poder (tal como faziam as oligarquias no período anterior).

Este, no entanto, era um posicionamento extremamente conservador. Isso porque, da mesma forma que os interesses das classes dominantes só poderiam ser obtidos nesse quadro de compromissos, as expressões populares também só poderiam obter êxito mediante esse sistema aliancista.

É neste sentido que o discurso de Vargas, que sempre incorporou elementos de uma justiça social difusa, fez com que ele ficasse conhecido pela alcunha de "pai dos pobres e mãe dos ricos". E esse tipo de justiça social é evocada no texto de Joracy Camargo.

Embora de forma bem menos acentuada, uma noção difusa de justiça social também esteve presente na ditadura militar de 1964. Não podemos nos esquecer que uma série de programas voltados para os mais pobres são lançados nesse período, como o Banco Nacional de Habitação (BNH) e a ampliação do Sistema de Proteção Social. A ideia de uma justiça social difusa, portanto, estava presente em nosso imaginário tanto quanto no texto de Joracy. E, enquanto difusa, permitia que o dito em termos revolucinários fosse lido em nível conservador.

Em nossas explorações sobre as razões para que *Deus lhe pague* permanecesse intocada pela censura, além dessas abrangentes instâncias imaginárias, a saber, a caridade, a pobreza, a justiça social, certamente o carisma e a popularidade de Procópio também desempenharam um papel no apagamento do teor marxista da peça. Podemos dizer que os espectadores não viram porque Procópio, enquanto ídolo, não era associado, por seu passado no teatro, ao discurso de esquerda e, ao mesmo tempo, não era associado a tal discurso justamente por sua condição de ídolo – no ídolo, recusamo-nos a ver as marcas do que nos contradiz.

Somos levados, assim, a considerar o papel do imaginário constituído, que faz o chão cultural em que nos locomovemos. E nesse caso, devemos considerar, também, ao lado da presença do ídolo, a presença de outra imago que tem habitado, em forma positivada e expansiva, desde tempos imemoriais, nossa cena cultural: a figura do mendigo.

Quanto a isso, mesmo Prado admite que toda a originalidade da peça concentrava-se no papel do Mendigo, "ou seja, do homem que, rejeitado pela sociedade, reduzido à mendicância, faz dela não só uma profissão, das mais rendosas se bem exercida, mas também um posto de observação que, por seu próprio caráter marginal, permite-lhe a isenção e o distanciamento do verdadeiro sábio" (1984, p. 54). É como se ele tivesse a capacidade de olhar a humanidade de um ponto mais alto, permitindo enxergar suas deficiências estruturais de uma forma mais arguta, como "uma divindade descida do céu das ideias puras, onde cintila a Inteligência", como um "Mendigo-Milionário-Filósofo".

A figura construída na peça de Joracy, e explorada por ele em outras obras, ocupa um lugar no imaginário relacionado a um incógnito disfarçado de mendigo que, ao se revelar, é mostrado como um sábio ou como alguém de suma importância. Um Outro donde a magia pode brotar. É justamente de mendigo que Ulisses se veste quando retorna à Ítaca e, como coloca Ricoeur, a partir da mistura de reconhecimento e vingança que essa história encerra, "um esposo será reconhecido, mas, nesse impulso, um mestre será restabelecido na plenitude de seu domínio" (2006, p. 90).

Nos contos árabes, o malandro que, entre outros disfarces, se veste de mendigo, também tem bastante relevância - como na obra *As Maqâmât*, de Al-Hamadháni, em que os personagens escorregadios e boêmios, não obstante seus diversos disfarces, "tinham, entretanto, cultura literária e conheciam a arte de improvisar em verso ou prosa rimada" (Hanania, 2004, p. 28).

No teatro, podemos apontar o mendigo como figura tradicional. Na comédia grega, por exemplo, o termo *parasito* designava o personagem do mendigo "engraçado, simpático e comilão que entrava de forma insinuante em casas ricas por meio de pequenos serviços", ou que bajulava os outros em troca de alimentos (Gonçalves, 2007, p. 156).

Na Europa, desde a Idade Média, existia toda uma tradição literária em torno deste tema e, como aponta Pugliatti, "*the European literary production on vagabonds, rogues and false beggars constitutes a comparatively homogeneous corpus of texts*" (2003, p. 131),[4] que influenciaram de forma direta as narrativas teatrais. Por outro lado, "*the character of the blind beggar, miserable and pathetic, appears in one of the first examples of profane theater in French, a short comic play in two parts: The Boy and the Blind Man*" (Weygand; Cohen, 2009, p. 14).[5] Nessa farsa, que conta a história de um cego ingênuo que é explorado por um menino que usa sua doença para conseguir esmolas, já é apresentada a temática de uma pseudo-pobreza, na medida em que a caridade faz a fortuna dos dois personagens.

Este é mesmo um lugar-comum em diversos contos populares; Roger Chartier conta que, durante o século XVI e XVII, um conjunto de textos de muito sucesso fizeram com que o tema dos falsos mendigos entrasse definitivamente para a cultura e para o imaginário popular. As condições sociais precárias e o crescimento do número de pobres do período contribuíram para o aumento deste tipo de literatura, uma vez que, embora fossem percebidos como ameaças à ordem social, eram também vistos como uma reserva de figuras pitorescas "cuja reprovada imoralidade atraía e cujos artifícios cativavam" (2004, p. 37).

Eles eram descritos, normalmente, como sujeitos espertos e cuja argúcia podia facilmente enganar os menos prevenidos. A invenção inesgotável de fraudes e estripulias conferia-lhes uma esperteza inerente. Se, no passado, os incentivos à caridade transformavam os pobres em imagens de Cristo, com o tempo e a adoção de novas práticas de assistência social, a relação é modificada e o mendigo começa a ser também retratado como um ser perigoso e passível de ser tipologizado dentro de determinadas categorias jurídicas.

Nas peças de Shakespeare, existe toda uma galeria de personagens marginais que são inspirados nesse tipo de literatura popular, especialmente dos chamados *rogue pamphlets*, como: "*Edgar in* King Lear *feigns to be a lunatic beggar* [...];

4. A produção literária europeia sobre vagabundos, malandros e falsos mendigos constitui um *corpus* relativamente homogêneo de textos [tradução livre das pesquisadoras].

5. O personagem do mendigo cego, miserável e patético, aparece em um dos primeiros exemplos do teatro profano em francês, uma peça curta de quadrinhos em duas partes: O menino e o cego [tradução livre das pesquisadoras].

Autolycus in The Winter Tale is a peddler who performs various disguises and describes himself as tinker and hooker (hookers were those beggars who stole linen by using a hook); Prince Hal's companions in 1 and 2 Henry IV *are highwaymen, and Pistol in* Henry V *declares in a monologue that, to make a living when he comes back from the war, he will impersonate* [...] *a vagrant*" (Pugliatti, 2003, p. 149).[6]

É marcante o fato de que em muitas dessas peças o mendigo esteja ligado a algum tipo de crítica social, seja a partir de sua própria figura (como em *The Boy and the Blind Man*), seja por sua posição como um terceiro no jogo das relações sociais.

Esse segundo tipo é bastante marcado, por exemplo, na peça de John Gay *The Beggar's Opera*, de 1728, onde os vícios e as corrupções da sociedade de seu tempo são expostos a partir de um narrador corporificado na figura do Mendigo. Sua frase final – a mais importante da peça – sela esta relação ao colocar "[...] *that it is difficult to determine whether (in the fashionable Vices) the fine Gentlemen imitate the Gentlemen of the Road, or the Gentlemen of the Road, the fine Gentlemen.* [...] *Twould have shown that the lower sort of People have their Vices in a degree as well as the Rich: and that they are punish'd for them*".[7] Embora a peça de Gay seja a mais famosa, esse tratamento específico da mendicância antecede a sua obra e pode ser percebida em peças como *A Jovial Crew or The Merry Beggars*, de 1641, escrita por Richard Brome.

Durante o século XX, foi um recurso também utilizado, de diversas formas, em peças de autores tão diferentes quanto Bertold Brecht e Samuel Beckett. Brecht faz uso em sua peça da fase didática *The Beggar or the Dead Dog* (de 1919), em que

6. Edgar, em *Rei Lear*, finge ser um mendigo louco [...]; Autolycus em *O Conto de Inverno* é um mascate que usa vários disfarces e se descreve como "*tinker and hooker*" (mendigos que roubavam roupas usando um gancho); os companheiros do Príncipe Hal em *Henrique IV* são salteadores, e Pistol, em *Henrique V*, declara num monólogo que, para ganhar a vida quando ele voltar da guerra, vai se passar [...] por um vagabundo [tradução livre das pesquisadoras].

7. [...] que é difícil determinar (nos vícios da moda) se os cavalheiros imitam os mendigos, ou se os mendigos, os cavaleiros. [...] Seria como mostrar que as pessoas menos favorecidas têm seus vícios em determinado grau, assim como os ricos: e que esses sejam punidos por aqueles [tradução livre das pesquisadoras].

um mendigo cego trava diálogo com um imperador antes da festa que marcará sua vitória em terras estrangeiras e faz um exercício de desconstrução de todas as suas colocações.

No geral, a figura do mendigo, consolidada em nosso imaginário como detentora de certa sabedoria sobre o mundo, é credora de uma tradição que remonta a três discursos circulantes em nossa cultura: o da religião, o do Estado e o do próprio teatro. *Deus lhe pague* beneficia-se da positividade desse imaginário que encobre os traços do que a opinião pública não vê e do que a instituição censória não precisa, então, apagar.

Referências bibliográficas

Bezerra, Emanuela Antunes; Delgado, Lucília de Almeida Neves; Oliveira Jr., Virgílio Coelho. "Do Humanismo Cristão à práxis política de oposição a ditadura: memórias de uma experiência dominicana". Anais do Encontro Regional Sudeste de História Oral, Rio de Janeiro, 2007. Disponível em: <www.fiocruz.br/ehosudeste/templates/htm/viiencontro/textosIntegra/EmanuelaAntunesBezerra,LuciliadeAlmeidaNevesDelgado.pdf>. Acesso em: 25 jun. 2012.

Camargo, Joracy. *Deus lhe pague.* Rio de Janeiro: Zelio Valverdem, 1945.

Chartier, Roger. "A construção estética da realidade: vagabundos e pícaros na Idade Moderna". *Tempo*, Rio de Janeiro, n. 17, 2004, p. 33-51.

Gay, John. *The Beggar's Opera.* Virginia: University of Virginia Library, 1995 [1728].

Gonçalves, Rodrigo Gurgel. "O que é um parasito? Uma análise etimológica e semântica do termo parasito em diferentes idiomas". *Acta Scientiarum Human and Social Sciences*, v. 29, n. 2, 2007, p. 151-61.

Hanannia, Aida Rameza. "Leitura e Educação: as Maqâmât de Al-Hamadhâni". *Videtur Letras*, v. 1, n. 1, 2004, p. 27-30.

Ivern, Francisco; Bingemer, Maria Clara Lucchetti. *Doutrina social da Igreja e Teologia da Libertação.* São Paulo: Loyola, 1994.

Lehfeld, Neide Aparecida de Souza; Verona, Kate Fernanda. "O Estado e as políticas sociais brasileiras". Anais do Congreso Internacional del Clad sobre la Reforma del Estado y de la Administración Pública, Panamá, 2003. Disponível em: <www.iij.derecho.ucr.ac.cr/archivos/documentacion/inv%20otras%20entidades/CLAD/CLAD%20VIII/documentos/lehfeld.pdf>. Acesso em: 1º jun. 2011.

MARTINS, FRANKLIN. "Conexão Política: O Estado Novo – O discurso-manifesto de Getulio Vargas à Nação (1937)". Disponível em: <www.franklinmartins.com.br/estacao_historia_artigo.php?titulo=o-estado-novo-discurso-manifesto-de-getulio-vargas-a-nacao-rio-1937#>. Acesso em: 15 abr. 2010.

MOLLAT, MICHEL. *The Poor in the Middle Ages*. New Haven: Yale, 1986.

OSCAR, HENRIQUE. *O teatro e a semana de arte moderna de São Paulo*. Rio de Janeiro: s.ed., 1985.

PAPA PAULO VI. *Encíclica Populorum Progressio 23*. 1967.

PRADO, DÉCIO DE ALMEIDA. *Procópio Ferreira*. São Paulo: Brasiliense, 1984.

PUGLIATTI, PAOLA. *Beggary and Theatre in Early Modern England*. Burlington: Ashgate Publishing Company, 2003.

RICOEUR, PAUL. *Percurso do reconhecimento*. São Paulo: Loyola, 2006.

VARGAS, GETÚLIO. Discurso Manifesto à Nação. 1937.

WANDERLEY, LUIZ EDUARDO W. "Notas sobre a doutrina social da Igreja". *Nures*, v. 1, n. 3, 2006, p. 1-10.

WEFFORT, FRANCISCO. *O populismo na política brasileira*. Rio de Janeiro: Paz e Terra, 2003.

WEYGAND, ZINA; COHEN, EMILY-JANE. *The Blind in French Society: From the Middle Ages to the Century of Louis Braille*. Stanford, CA: Stanford University Press, 2009.

A censura representada nas páginas da revista *Veja*[1]

Eliza Bachega Casadei

O Arquivo Miroel Silveira guarda um texto teatral submetido à censura que nos causa certo espanto se encarado sob uma perspectiva mais atual. Trata-se da peça *Oedipus Rex*, de Tatiana Belinky, submetida à Divisão de Diversões Públicas do Estado de São Paulo (DDP/SP) em 2 de agosto de 1957. A particularidade da peça está no fato de que, em sua história, um determinado personagem negocia a liberação da censura de um poema que havia sido vetado nos seguintes termos (o trecho sublinhado foi vetado):

> **Lucia** – Veio um recado da tipografia, dizendo que a censura não deixou passar a poesia com a vinheta. [...]
>
> **Édipo** – Ah, é? Hummm... Neste caso... acho que vou ter que tomar providências eu mesmo? [...]
>
> **Amandio** – Providências?
>
> **Édipo** – Sim. Vou ter que falar eu mesmo com o Humberto.
>
> **Amandio** – Humberto? Quem é Humberto?

1. Apresentação realizada no Seminário Internacional Comunicação e Censura, em 19 de agosto de 2010.

Édipo – É um amigo meu. Humberto Buri – é o manda-chuva da censura, tudo depende dele... Como era mesmo o telefone dele... espere aí... ah *(pega no telefone – Lucia faz gesto de quem vai avisar, mas Amandio, numa inspiração, lhe acena para ficar quieta – Édipo disca rapidamente e fala com displicência).*

Édipo – Alô... é da censura? Quero falar com o Buri – pode dizer que é "Oedipus Rex" – aliás é Felipe. Felipe Wagner, ele sabe. Pois não. Alô? Humberto? Aqui é Felipe... vou indo, e você? Tudo bem. Ótimo. Diga uma coisa, Humberto, que história é essa de "pedar" a vinheta de poesia do novo Satiricon. Ora, deixe disso... eu me responsabilizo... você revoga ordem? Ótimo. Obrigada, Humberto. Lembranças à patroa. Até loguinho. *(põe o telefone no gancho).* Pronto. Está arranjado.

Trata-se de um excerto que nos causa espanto devido ao fato de que, diante de uma cena que coloca a censura a nu, a única fala que foi vetada efetivamente (a expressão "Buri – é o manda-chuva da censura") obedece a um procedimento um tanto formal e rotineiro. Isso porque o personagem do censor, Humberto Buri, parece ter sido inspirado em uma pessoa real. O diretor da DDP/SP,[2] na época, chamava-se Joaquim Büller Souto. A semelhança entre a pronúncia do nome Büller com a grafia utilizada na peça (Buri) faz pensar que, de fato, Belinky tenha feito uma referência a ele, mesmo que mudando o primeiro nome.

Trata-se, portanto, de um corte meramente burocrático, pois sabemos que havia mesmo uma orientação explícita de que os censores deveriam cortar o nome de marcas conhecidas ou de pessoas públicas que eventualmente aparecessem representadas nas peças (Barreto Filho, 1941).

O desnudar do procedimento censório, no entanto, não parece ter se configurado como um problema aos olhos dos censores que avaliaram a apresentação. Na peça, a representação não só da censura foi liberada, como também a ideia de que ela envolvia alguns jogos de negociação (indo além de uma apreciação do

2. O cargo foi extinto em julho de 1969 pelo artigo 32 do decreto-lei n. 52.213.

conteúdo), o que não causou demasiados problemas para os produtores da peça com a censura oficial prévia.

A ação da censura sobre essa peça específica alude, portanto, a um problema bastante geral, fundamental para que possamos entender os processos censórios: diz respeito ao modo como determinadas expressões culturais representaram a censura, quando essas mesmas representações culturais sofriam diretamente os seus efeitos. Em outras palavras, em um espectro mais amplo, está relacionado às estratégias que artistas, jornalistas e outros produtores culturais utilizaram para mostrar ao grande público a existência da censura e as suas consequências. E, além disso, faz referência também ao jogo existente entre o dizer o que se pode para entrever o proibido.

O objetivo do presente artigo é seguir uma das facetas deste problema.

É bastante conhecido o fato de que a revista *Veja* nasce, em 11 de setembro de 1968, em meio a um delicado momento da história nacional, pouco mais de quatro anos após a instalação da ditadura militar no país e menos de três meses antes do Ato Institucional n. 5 ser decretado. A tensão do momento é traduzida pelo jornalista Elio Gaspari, quando diz que "se eu fosse um editor e não um jornalista, teria pensado várias vezes antes de tentar esse empreendimento, porque era óbvio que o Brasil estava numa encruzilhada muito difícil, que o golpe de 64 tendia a gerar outro golpe e talvez não fosse aquele o momento mais conveniente para fazer um semanário de informação" (apud Carnevalli, 2003, p. 64).

A revista foi alvo de censura durante oito anos, de setembro de 1968 a junho de 1976, com variados graus de intervenção. Diante disso, o objetivo do presente artigo é estudar como *Veja* retratou a censura no período e quais foram as estratégias utilizadas para que o assunto fosse posto em pauta.

Nos anos selecionados, a revista publicou 551 textos que citavam a palavra "censura", em 405 edições. Desses textos, 162 (29,4%) falavam sobre a censura à imprensa (metade acerca da imprensa nacional e metade acerca da imprensa internacional), 92 sobre a censura de uma forma geral (sem recair em um produto cultural específico) e 297 eram sobre a censura em produções artísticas.[3]

Durante o período estudado – a saber, de setembro de 1968 a junho de 1976, época em que a própria *Veja* sofria intervenção censória –, a censura foi uma pauta constante na revista, estando presente em quase todas as edições.

A revista sempre se posicionou, obviamente, contra os atos da censura. As estratégias utilizadas para mostrar essa insatisfação variaram bastante e, como procuraremos mostrar, resvalaram de maneira direta no jogo existente entre o dizer o que é permitido para entrever o proibido.

1. A revista *Veja*: entre a ação censória e o contexto histórico

A atuação da censura em *Veja* segue um caminho um tanto particular, se a compararmos com outros veículos da imprensa noticiosa. Em um primeiro momento (de 1968 a 1973), a ação da censura era esporádica e bem mais flexível em comparação à sua ação a outros órgãos de imprensa. Para Gazzotti, isso pode ser explicado pelo fato de que, no período, "foram poucas as vezes em que *Veja* publicou sobre assuntos 'espinhosos', que eram proibidos de acordo com o regime. A revista buscou uma pretensa neutralidade frente aos militares e quando enfrentou o regime soube recuar devido à ameaça da censura prévia" (1998, p. 2).

De 1974 a 1976, no entanto, há um endurecimento da atuação dos órgãos censórios na revista e estima-se que tenham sido cortadas mais de 10 mil linhas de reportagens prontas, somente nos últimos dois anos de intervenção policial na revista e que mais de 60 reportagens e 64 ilustrações foram proibidas.[4] Uma maneira encontrada para informar o leitor quanto aos cortes foi a inserção de figuras medievais de diabinhos e anjos e de propagandas da editora Abril com

3. O detalhamento da representação da censura em *Veja* nesses anos é o seguinte: teatro nacional (15,2%); imprensa nacional (14,7%); imprensa internacional (14,7%); televisão nacional (12,7%); geral nacional (9,8%); geral internacional (6,8%); cinema nacional (6,7%); música nacional (5,6%); cinema internacional (4%); literatura internacional (3,2%); teatro internacional (2,5%); literatura nacional (2%); televisão internacional (0,7%); artes plásticas (0,7%); publicidade (0,3%).

4. *Veja*, 9 jun. 1976.

sua árvore de 11 folhas.[5] Nessa época, a censura a *Veja* foi mais forte do que em outros veículos, causando uma série de prejuízos à publicação.

No quadro abaixo, podemos perceber os momentos de relaxamento ou de endurecimento da ação censória na revista:

Período	Forma de censura
Set./1968 a Dez./1971	"Censura branca": comunicados e telefonemas do governo federal informando assuntos que não deveriam ser divulgados.
Jan./1972 a Set./1972	Censura prévia
Out./1972 a Fev./1973	Censura branca
Mar./1973 a Jan./1974	Censura prévia para as matérias sobre sucessão presidencial
Fev./1974 a Mar./1974	Censura prévia total
Abr./1974	Censura branca
Maio/1974 a Maio/1976	Censura prévia
Jun./1976	Fim da censura

Fonte: Gazzotti, op. cit.

As estratégias utilizadas pela revista para retratar a censura são influenciadas, certamente, por esses humores do processo censório.

Não podemos nos esquecer, contudo, que existiam outros fatores em jogo que precisam ser delineados.

Nesse momento da história do país, há uma complexa conjunção de fatores - que, no geral, afetava grande parte da imprensa da época - que se configurava a partir de uma contradição: por um lado, a censura e a repressão impostas pelos militares tornam-se fatores de conflito com os periódicos; mas, por outro, como

5. *Veja*, 9 jun. 1976.

órgãos que visavam lucro, havia certo atrelamento entre os órgãos de imprensa e o Estado por meio do incentivo fornecido pelas concessões de publicidade e favorecimento na importação de equipamentos (Gazzotti, op. cit., p. 7).

Inserida nesse contexto do qual não pôde se subtrair, a revista *Veja* ora se alinhou a determinadas visões de mundo respaldadas pelo regime militar, ora se orientou em direção à defesa da normalidade institucional.

Há um posicionamento bastante claro por parte de *Veja*, no que diz respeito ao regime militar: a defesa da abertura política era posta em termos institucionais. É necessário enfatizar o fato de que *Veja* sempre defendeu uma "abertura conservadora", o que significa dizer que ela deveria ser orquestrada pelo próprio governo. Qualquer manifestação que pudesse incentivar um endurecimento do regime (movimentações estudantis, grupos armados ou manobras muito incisivas por parte da oposição) era automaticamente condenada. Somente nos períodos mais críticos das "Diretas Já", a revista defende uma atuação popular mais ativa (Tezini, 2007).

Em um primeiro momento, *Veja* limita sua crítica a dar voz aos opositores, mas não se mostra muito incisiva com o pretexto de não prejudicar o andamento da suposta abertura política. Outros motivos, no entanto, podem ser delineados, como bem o expõe Gazzotti, por exemplo, o medo da censura (que já se realizava de forma intermitente na revista, por meio de ligações de censores e a emissão de listas de assuntos proibidos), a necessidade de "fontes" militares para a construção das reportagens e a tentativa de consolidação da revista no mercado editorial (de forma que não se perdesse dinheiro com edições apreendidas).

Após a morte de Costa e Silva, essas supostas vias de abertura democrática são definitivamente fechadas e a revista reconhece esse fato. Sua estratégia argumentativa para a veiculação de determinados temas muda, e ela passa a adotar o recurso de publicar as posições dos diversos grupos que participavam do governo. Alguns autores apontam para o fato de que foram essas sucessivas entrevistas e perfis de generais que mantiveram a revista, durante algum tempo, intocada pela censura.

De qualquer forma, até aproximadamente o ano de 1972, embora *Veja* continuasse a pregar a volta às instituições democráticas e a destacar em suas reportagens todos os elementos que indicassem a abertura do regime, ainda assim, nesse período, a revista procurou manter uma posição conciliatória com o governo militar. Um exemplo patente dessa disposição para o consenso estava na cobertura dos movimentos de grupos armados. Não só quanto a esse tema "a voz de *Veja* era a voz do governo" (Gazzotti, op. cit., p. 67-74.), como era também utilizado um vocabulário altamente pejorativo para fazer referência a esses grupos.

Obviamente, esse posicionamento bastante definido em relação ao regime militar também nos ajuda a delinear as linhas de forças envolvidas nas representações que a revista faz da censura. Uma vez exposto esse contexto histórico, podemos delineá-las com maior clareza.

1.1. 1968-1969: A NEUTRALIDADE EM RELAÇÃO ÀS ARTES E A CENSURA À IMPRENSA SOMENTE NO PLANO INTERNACIONAL

Desde o primeiro número da revista (de 11 de setembro de 1968) até o final de 1969, *Veja* publicou 79 textos que citavam a palavra "censura" em 69 edições. Há, no entanto, uma particularidade nessas produções. Desses textos, 39 falavam sobre a censura em expressões artísticas nacionais (teatro, música, programas de TV, literatura, entre outros) e apenas três em produções artísticas internacionais. A tendência inverte-se quando o assunto é censura à imprensa: dos 30 textos publicados sobre assunto, 26 dizem respeito a atos de censura cometidos em outros países e apenas quatro relatam casos de censura à imprensa nacional. Além disso, há ainda sete outros que se referem à censura em geral – sem recaimento em uma produção específica –, sendo cinco textos referentes a casos internacionais e dois a casos nacionais.[6]

6. A divisão detalhada da representação da censura em *Veja* nesse período é a seguinte: imprensa internacional (32,9%); teatro nacional (16,4%); cinema nacional (13,9%); televisão nacional (12,6%); geral internacional (6,3%); imprensa nacional (5%); música nacional (5%); literatura internacional (2,5%); geral nacional (2,5%); teatro internacional (1,3%); literatura nacional (1,3%).

Os números nos mostram que se não soubéssemos nada de história e lêssemos apenas as 69 edições iniciais de *Veja*, poderíamos ficar com a impressão de que a censura no Brasil se limitava ao campo das artes. Apesar do AI-5, que endureceu a censura em todos os veículos de comunicação, era nas reportagens sobre as artes que a revista conseguia representar a censura e mostrar sua atuação no país.

No que se refere ao campo da censura nas artes, podemos reconhecer algumas particularidades no conteúdo dos textos: quando se trata de expressões artísticas, a censura é representada com certo tom de normalidade. Nessas primeiras matérias, não encontraremos o tom de contrariedade e revolta que estará presente em abordagens posteriores e nem ao menos o mesmo tom de denúncia comumente utilizado em matérias que falavam de censura à imprensa.

Obviamente, não há defesa do ato censório, mas, tampouco, há críticas muito contundentes: a censura às artes é tida como algo que está simplesmente dado e é tratada como algo naturalizado. O tom neutro é adotado, sobretudo, quando se trata de censura com tonalidades morais.[7]

Esse comportamento pode ser explicado por certo cuidado com o próprio público leitor da revista. Exemplo significativo da opinião pública da época pode ser delineado a partir da carta de uma leitora, publicada na edição de 26 de fevereiro de 1969:

> Apesar de muito bem redigida, a seção de cinema do número 23 trouxe uma informação que realmente causa escândalo. É alarmante pensar que a produção do filme *Satyricon* [de Fellini] contrate cinco advogados para preparar argumentos válidos contra a censura que provavelmente o filme terá. Isso

7. Como exemplo, podemos citar uma reportagem que colocava, sobre um programa de humor televisivo, que "ele diz um único palavrão no show, numa prova de que a televisão tem condições de produzir bons programas sem problemas com a censura" (*Veja*, 10 out. 1969) ou, ainda, a respeito da censura a um festival de filmes em Brasília, ao afirmar que "alguns filmes escolheram deliberadamente o caminho da desordem" (*Veja*, 26 nov. 1969).

mostra como o cinema está cada vez mais se tornando fonte de informações perniciosas e de degradação dos costumes e valores morais.

Leda Camargo / Belo Horizonte / Minas Gerais

Apesar disso, há uma função importante que pode ser atribuída a essas matérias: embora o tom de neutralidade, elas mostram que havia, sim, censura no país e, não raro, desvelam alguns de seus mecanismos. Podemos encontrar alguns trechos curiosos que mostram, por exemplo, que:

> A Censura não gosta dos filmes de Mojica (cortou oito minutos do último "O Estranho Mundo do Zé do Caixão") e exige que seu torturado herói jamais triunfe. No final de "Esta Noite Encarnarei no teu Cadáver", Zé do Caixão, perseguido pelos moradores de uma cidadezinha, afunda num pântano proclamando: "Deus não existe!". Mas como a censura considerou este final inaceitável, ele acrescentou uma fala extra nos últimos segundos da sequência: "Deus existe!".[8]

Em matérias como essas, ao desvelar o que havia sido proibido, o texto neutraliza, em certa medida, os objetivos da censura.

No que se refere ao conteúdo das matérias que tratavam da censura à imprensa, também podemos notar alguns comportamentos curiosos: o tom, de um modo geral, era muito mais incisivamente contrário[9] do que o utilizado para

---

8. *Veja*, 8 jan. 1969.

9. Uma reportagem interessante, nesse sentido, criticava a censura à imprensa portuguesa nos seguintes termos: ao falar que o ex-ministro de Portugal, Antonio de Oliveira Salazar, frequentemente consultava o horóscopo, "na segunda semana de Abril, a sempre vigilante censura de Lisboa, a cargo de um grupo de oficiais da reserva, suspendeu por 72 horas a circulação de um dos grandes matutinos da cidade, que prognosticava em sua seção de horóscopos uma semana dramática para os nascidos em Escorpião. A publicação só foi liberada depois que os diligentes censores foram avisados de que Salazar era de Touro, e não de Escorpião como eles imaginavam" (*Veja*, 4 jun. 1969). A censura salazarista à imprensa foi tema de oito reportagens (o que corresponde a quase 31% das matérias sobre censura à imprensa internacional).

matérias que versavam sobre a censura às artes; não obstante, há um conveniente silêncio quando se trata da censura à imprensa brasileira. Apenas quatro textos do período falavam sobre a censura à imprensa nacional.

Um exemplo bastante contundente desse direcionamento está na reportagem "Silêncio: o censor está agindo", publicada na edição de 25 de junho de 1969. Segundo o texto, "cerca de 60% da população mundial depende atualmente de informações publicadas em revistas e jornais censurados" e, embora cite casos em diversos lugares do mundo (como Arábia Saudita, Coreia do Sul, Espanha e até mesmo na Rodonésia), nenhuma palavra é dita a respeito da censura à imprensa brasileira.

Outro comportamento interessante está na associação que era feita entre a censura à imprensa e o comunismo. Esta é a temática de 19 matérias do período (um total de 73% dos textos que versavam sobre a censura à imprensa internacional).

1.2. 1970: ofensivas contra a temática da censura

Durante o ano de 1970, há uma mudança radical na forma como *Veja* vinha retratando a censura. Essa mudança é resultado de uma reação ao Decreto n. 1.077, ao qual *Veja* adota uma postura frontalmente contrária. Oficialmente, o decreto era uma cruzada contra a publicação de materiais pornográficos, porém, na prática, legalizou a existência da censura prévia no país. Segundo Kushnir, "ao baixar esse decreto, considerou-se que os meios de comunicação obedeciam a um plano subversivo que ameaçava destruir os valores morais da sociedade" (2004, p. 117). Durante todo esse ano, *Veja* critica o decreto por entrever razões políticas sob uma justificativa moral e coloca isso explicitamente em seus textos.

O tom neutro antes utilizado quanto à censura às produções artísticas é abandonado, e *Veja* parece adotar, em todos os textos, uma máxima que eles mesmos cunham no fechamento de uma matéria que versava sobre a eutanásia: "para muitos médicos, a eutanásia, mesmo por omissão, é como a censura: admitido o princípio, onde se vai parar?".[10] A crítica é reiterada também em editoriais que confirmam o posicionamento.[11]

Além disso, a revista investe em matérias que ironizam a validade de algumas das ações da censura. Podemos destacar, por exemplo, um texto que coloca que "um livro erótico escrito há cerca de 3.000 anos, já liberado pela Inquisição espanhola em 1798 para inclusão na Bíblia, será o primeiro a ser examinado pelas novas regras da censura".[12,13] Ou, ainda, outra que diz que:

> Uma história que conte a vida de dois jovens – ele dezessete anos; ela catorze – que se apaixonam e namoram contra a evidente vontade dos pais pode, por alguns, ser considerada imoral e capaz de favorecer a dissolução dos costumes e da família. Poderia mesmo ser catalogada como "aventura amorosa, de violência e sexo", classificação usada pela Polícia Federal para enquadrar as revistas de fotonovelas e publicações congêneres [...]. Para outros, inegavelmente a maioria, a história de Julieta Capuleto e Romeu Montecchio é uma das mais belas tragédias de amor de todos os tempos [...]. Seja considerado inconstitucional o decreto-lei – recentemente aprovado na Câmara Federal – [...], o certo é que os executores da censura estão na difícil contingência de distinguir o amor da imoralidade, que, para quem quer, existe até em Romeu e Julieta. E estão também na iminência de atingir publicações boas e ruins numa mesma medida restritiva, num sempre injusto nivelamento por baixo.[14]

10. *Veja*, 15 abr. 1970.

11. Na edição do dia 13 de maio de 1970, por exemplo, o editorial compara a censura à imprensa brasileira com os tempos do nazifascismo: "no vigésimo quinto aniversário da derrota do nazifascismo, um rotineiro parecer da Câmara dos Deputados, em Brasília, coloca nas primeiras páginas dos jornais o 'chefe' do integralismo brasileiro [...]. E às suas visões, habitadas por fantásticas cortes de legionários de uma ideologia totalitária que ele procura remendar e atualizar para oferecer justificativas, de saída, à censura da imprensa, grande inimiga de grande vítima de Hitler e de Mussolini".

12. *Veja*, 18 mar. 1970.

13. A matéria refere-se ao texto *Cântico dos Cânticos*, do rei Salomão.

14. *Veja*, 20 maio 1970.

Essas críticas, bastante explícitas, não impedem que sejam publicadas também algumas matérias com vieses contraditórios, em que, paradoxalmente, em alguns casos, se cobrava uma postura mais firme por parte da censura. Em um texto da edição de 18 de março de 1970, por exemplo, ao reclamar da pouca qualidade da televisão brasileira, uma reportagem afirma que "outras punições que não a do desprezo não estão previstas, pelo menos na lei. O Serviço de Censura Federal está mais preocupado com a pornografia, a violência (não contra o espectador, mas na imagem) e a Segurança Nacional".[15] Essa postura (que, se dita em termos populares, poderia ser traduzida pela expressão "dar uma no cravo e outra na ferradura") está de acordo com a postura conciliatória que a revista adotou em seus primeiros anos.

Durante o ano de 1970, publicou 73 textos que falam sobre a censura em 52 edições, sendo que 18% versavam sobre a censura à imprensa (cinco sobre a imprensa nacional e oito sobre a internacional), 37% sobre a censura a produções artísticas e 45% sobre a censura de uma maneira geral (sem recaimento sobre uma produção cultural específica).[16] Essa ênfase à censura de um modo geral já informa, de certo modo, o novo posicionamento da revista, mais universalmente acusatório em relação à censura.

1.3. 1971-1972: doação de espaço às vozes contrárias à censura

Se o ano de 1970 foi caracterizado por um posicionamento explicitamente contrário em relação à censura, durante os anos de 1971 e 1972 – devido ao próprio endurecimento da censura na revista – *Veja* adota novas estratégias para falar a respeito do tema, que não o confronto direto.

15. *Veja*, 18 mar. 1970.

16. O detalhamento da representação da censura em *Veja* no período é o seguinte: geral nacional (34,2%); televisão nacional (13,7%); imprensa internacional (10,9%); geral internacional (10,9%); imprensa nacional (6,8%); teatro nacional (6,8%); cinema nacional (6,8%); música nacional (2,7%); literatura nacional (2,7%); cinema internacional (1,3%); televisão internacional (1,3%); artes plásticas (1,3%).

Muito embora em alguns momentos a revista ainda coloque explicitamente a sua posição,[17] isso passa a ser feito, na maioria dos casos, de uma forma mais velada, a partir da fala de entrevistados (e não mais da própria revista) que se posicionam contrariamente à censura.

No período entre 1971 e 1972, a revista *Veja* publicou 140 textos que continham a palavra "censura" em 104 edições, sendo 19% deles relacionados à censura à imprensa (55% destes sobre a censura internacional e 45% sobre a censura nacional), 16,4% sobre a censura de um modo geral e 64,6% sobre a censura às produções artísticas.[18]

Destes, aproximadamente 35% deles adotam a postura de dar espaço e destacar as falas de personagens que se posicionam contrariamente à censura. Apenas quatro textos (2,85%), no mesmo espectro temporal, destacam a fala de personagens que falam da censura em termos positivos.

1.4. 1973: A INÉPCIA DA CENSURA E A QUALIDADE DOS ARTISTAS

O ano de 1973 marca a volta de uma nova ofensiva mais direta e explícita quanto à censura por parte da revista. Trata-se de um período em que a própria censura prévia à publicação também estava mais branda e, com isso, a revista consegue impor mais diretamente as suas posições a respeito da censura em suas reportagens. No editorial da edição de 21 de março de 1973, por exemplo, afirma-se, a respeito de um apresentador de televisão que sofreu pressões da censura, que "a reportagem de capa desta edição pretende mostrar que, se ousado animador está

17. No editorial da edição de 12 de janeiro de 1972, por exemplo, a revista coloca que "VEJA não acha que seja da competência de qualquer ministério orientar culturalmente televisões particulares. E a constatação: não há na história próxima ou remota um único episódio capaz de provar que a censura contribuiu para a elevação cultural de quem quer que seja, censurado ou censor". Ou, ainda, na edição de 15 de novembro de 1972 em que, em uma matéria sobre cinema, o repórter coloca que "para alguns críticos, essa imposição é coerente com algumas determinações da censura, que aprova a pornografia pura e simples e veta a que possa eventualmente carregar algum outro significado".

18. O detalhamento é o seguinte: televisão nacional (20,7%); teatro nacional (19,3%); imprensa internacional (10,7%); geral nacional (10%); imprensa nacional (8,5%); música nacional (7,8%); geral internacional (6,4%); literatura internacional (5%); cinema nacional (4,2%); literatura nacional (1,4%); artes plásticas (1,4%); teatro internacional (0,7%); publicidade (0,7%).

muito longe de ser um herói, nada de heroico há nas tarefas da censura, cujos poderes, em certos climas, podem tornar-se exagerados".

As críticas direcionadas à censura, neste período, se alocam principalmente em dois eixos: (1) a insistência da inépcia e da falta de critérios da censura para julgar o que deve ser cortado ou não, de um lado; (2) a ênfase no elogio do mérito e da qualidade dos produtos e artistas censurados, de outro.

A reportagem "Moral sem Tabela", publicada em 17 de outubro de 1973 é bastante significativa acerca do posicionamento adotado pela revista no período:

> Os espetáculos, à diferença do leite e da carne, não podem ter a sua moral tabelada. Contudo, na semana passada, verificou-se mais uma vez como seria saudável se o órgão controlador dos índices de qualidade dos costumes, a Divisão de Censura do Departamento de Polícia Federal, tivesse a virtude de produzir decisões tão irrevogáveis quanto o seu zelo. Num só dia, dois espetáculos liberados pelos censores foram impedidos de continuar em exibição em teatros do Rio [...]. Mesmo admitindo-se que alguma censura deve ser aceita e reconhecendo-se que ela é, sobretudo, legal, está claro que, apesar disso, a lógica ainda não foi revogada. Assim, a Censura, com as suas razões, proibiu um show do travesti Rogéria e essa decisão é, pelo menos, legal. Contudo, sabendo-se que o julgamento dos trabalhos artísticos é feito por linhas tênues as vacilações da censura brasileira, liberando e depois censurando as suas próprias decisões sem oferecer os esclarecimentos necessários, em vez de aprimorar os costumes, pode estar lançando dúvidas sobre a qualidade de seus censores e, portanto, de todo o seu trabalho.

No ano de 1973, *Veja* publicou 112 textos que continham a palavra "censura" em 52 edições. Trata-se, portanto, do ano em que a revista mais abordou a temática.

Destes, 25% falavam sobre a censura à imprensa e, pela primeira vez, a censura à imprensa nacional recebe maior atenção (com 65% das ocorrências) do que os periódicos internacionais.

O posicionamento em relação à censura à imprensa nacional é também bastante acusatório (abandonando, de certa forma, o comedimento de anos anteriores para se tratar da questão), noticiando casos ocorridos naquele ano e expressando apoio aos veículos que sofreram seus efeitos.[19] As notícias sobre o assunto são tratadas muito mais explicitamente do que em anos anteriores.

Além disso, 8% desses textos falavam sobre a censura de um modo geral, enquanto 67% deles falavam sobre a censura a produções artísticas. Somente o teatro foi responsável por 26,6% desse corpo de textos.[20]

1.5. 1974-1976: AVANÇOS, RECUOS E PROBLEMAS COM A CENSURA

Durante o período de 1974 a 1976, a revista *Veja* é marcada por uma série de problemas com a censura e o endurecimento de sua ação para com a publicação. Alguns momentos críticos da intervenção da censura da revista dizem respeito, por exemplo, à nota de que o arcebispo de Olinda, dom Helder Câmara, concorreria ao Nobel da Paz ou a saída de Mino Carta da revista, no final de 1975, uma exigência das autoridades governamentais à editora Abril como condição para o fim da censura prévia.[21] Também estavam relacionados a períodos em que a

19. Em uma matéria sobre o jornal *Opinião*, por exemplo, *Veja* coloca que "com sua censura tornada legal e colocada fora do alcance da justiça, tudo indica que está longe o dia em que os diretores do semanário começarão a se preocupar com o excesso de publicidade. Mas seu recurso à Justiça teve o mérito de pelo menos esclarecer uma situação: é necessária ordem pessoal e escrita do presidente da República para que os jornais deixem de publicar determinadas notícias, como vinha ocorrendo nos últimos meses, a respeito da então já sabida próxima indicação do general Ernesto Geisel como candidato à sucessão do general Emílio Garrastazu Medici" (27 jun. 1973).

20. Detalhamento do período: teatro nacional (17,8%); imprensa nacional (16%); televisão nacional (13,4%); cinema nacional (11,6%); imprensa internacional (8,9%); música nacional (8,9%); geral nacional (5,3%); cinema internacional (4,4%); literatura nacional (4,4%); literatura internacional (3,5%); geral internacional (2,6%); teatro internacional (0,9%); artes plásticas (0,9%).

21. Essa informação foi obtida pela pesquisadora Maria Alice Carnevalli (2003), em um depoimento que o próprio Mino Carta lhe concedeu. Segundo o jornalista, "chegou-se a uma situação explícita de censura, exercida primeiro na redação por militares, com os quais o diálogo era estranhamente mais fácil do que com os censores civis, talvez porque se sentissem mais seguros, mais à vontade, mas as coisas foram piorando até que se chegou numa censura forte, e isso durou até minha saída, oficialmente no dia 17 de Fevereiro de 1976. Posso contar aos meus netos que saí da redação de *Veja* porque minha cabeça foi exigida pelo ministro Falcão para retirar a censura sobre a revista" (p. 68). A autora acrescenta que, de fato, poucos meses depois uma ligação da Polícia Federal informou aos editores que não era mais necessário lhes enviar os originais das matérias.

revista defendia mais incisivamente a abertura democrática e a normalização da situação institucional do país. Segundo Abreu, a revista então:

> [...] deixou de informar os fatos e os acontecimentos mais importantes do período. Só como exemplo, podemos apontar a ausência de notícias sobre um dos maiores momentos de confronto entre os grupos mais radicais – a crise político-militar que levou à demissão do comandante do II Exército, Ednardo D'Ávila Melo. Não há nenhuma notícia sobre a morte do jornalista Vladimir Herzog sob a tortura, em 25 de outubro de 1975, nem do operário Manuel Fiel Filho, em janeiro de 1976. O número da revista de 28 de janeiro de 1976 relata a troca de comandante do II Exército, a posse de Dilermando Monteiro, sem que haja uma única referência às causas dessa alteração. Esse acontecimento foi noticiado amplamente pela imprensa, salvo alguns jornais e revistas que continuavam submetidos pela censura, como era o caso de *Veja* (1996, p. 7).

Os problemas refletem-se no rareamento das matérias publicadas que citavam a palavra censura durante o período.

Nesses anos, a revista publicou 147 textos que citavam a palavra "censura" em 128 edições, sendo que 37,4% deles versavam sobre a censura à imprensa (36% deles sobre a imprensa nacional e 64% sobre a imprensa internacional), 18% sobre a censura de um modo geral e 44,6% sobre a censura a produções artísticas.[22]

Esse período é marcado por pequenas ofensivas e recuos diante da temática da censura, consolidando, de certa forma, a postura conciliadora de *Veja*. Em curtos intervalos, podemos encontrar tanto matérias que criticam fortemente a

22. Detalhamento do período: imprensa internacional (23,8%); teatro nacional (14,2%); imprensa nacional (13,6%); geral internacional (12,2%); televisão nacional (8,1%); geral nacional (6,1%); cinema nacional (5,4%); cinema internacional (5,4%); música nacional (4%); literatura internacional (4%); teatro internacional (1,3%); televisão internacional (0,6%); literatura nacional (0,6%).

censura e utilizam termos fortes como "mutilados pela censura",[23] quanto matérias que adotam uma postura mais conciliadora.

No primeiro caso, é bastante interessante a resposta que a redação dá a uma carta enviada por um leitor que colocava, a respeito de uma afirmação feita por um entrevistado da revista, que "tal nota deveria ter passado por uma censura prévia de um revisor ou redator com o bom senso de cortá-la". A resposta da redação é a seguinte: "o entrevistado estava exercendo seu inocente direito à livre expressão - mercadoria raríssima que *Veja* faz questão de preservar todas as vezes em que isso é materialmente possível. Censura, interna ou não, é sempre ruim".

No segundo, que diz respeito à adoção de uma política conciliatória, isso se reflete a partir de certa neutralidade no tratamento dos assuntos da censura e do uso de um tom de leve apoio, no começo de 1975, à criação de um Conselho Superior de Censura.

De um modo geral, durante o período, a revista também dedica muito espaço àqueles que criticam a censura. Isso corresponde a 28% dos textos publicados, contra apenas cinco matérias (3,4%) de personalidades que se manifestam positivamente em relação à censura.

Considerações finais

A transformação da temática da censura em pautas de reportagens pela revista *Veja* está intimamente relacionada com o momento histórico em que esta se insere. Equilibrando-se entre uma crítica explícita e uma postura conciliatória com o governo, podemos encontrar diversas estratégias utilizadas e até mesmo alguns posicionamentos contraditórios em relação ao tema. Muitas vezes combatida (seja pelas falas da própria revista, em períodos de maior abertura, seja pelas falas dos entrevistados, em momentos mais sombrios), algumas vezes justificada, as representações da censura em *Veja* também dizem respeito à adoção de uma

23. *Veja*, 10 abr. 1974.

política editorial específica, que defendia uma abertura democrática, desde que feita em termos estritamente conservadores e institucionais. É essa postura mais geral que conecta as diversas representações que foram feitas do processo censório no período estudado.

Não podemos nos esquecer, contudo, que como bem coloca Orlandi, "sob um governo ditatorial que impõe a censura, proibindo assim a circulação de certos sentidos, os autores exercem a resistência dizendo o 'mesmo' (o que é permitido), para dizer, no entanto, efetivamente 'outra' coisa (o que é proibido)" (2007, p. 108).

Nesse sentido, mesmo nos momentos em que a revista adotou uma posição neutra em relação à censura, essa constante remissão ao processo censório possuía uma função nada desprezível: ela lembrava, a todo o momento, que a censura existia.

Se "o brasileiro, por ter a censura explícita na sua história política, relaciona-se com o discurso político através dessa memória", de forma que "a censura 'conta' na relação do brasileiro com o político" (idem, op. cit., p. 128), a simples menção da censura já aciona, portanto, um conjunto de significados estabelecidos (sejam positivos ou negativos), sem que isso precise ser esmiuçado pela revista.

Isso é ainda mais significativo se observarmos a curiosa carta de um leitor, publicada por *Veja* na edição do dia 22 de março de 1972, que dizia o seguinte acerca de um programa popular de televisão: "[...] assisti à reprise por sugestão de amigos. Francamente não creio que a censura teria deixado ir ao ar um programa tão forçado, tão vazio, tão impróprio, se houvesse censura aos programas de televisão no Brasil. O mínimo que a censura teria exigido seria a comprovação das afirmações gratuitas".

A insistência em mostrar a censura nas reportagens era uma forma de acionar, o tempo todo, essa memória política que conecta o brasileiro com a censura e, de uma forma geral, lembrar que seus efeitos eram bastante prejudiciais para artistas, jornalistas, músicos, cineastas e outros produtores culturais.

Essa crítica contra a censura, como procuramos mostrar ao longo deste trabalho, foi delineada a partir de diferentes estratégias e, a partir de avanços e recuos, teve sempre como pano de fundo uma clara política conciliadora. Mesmo que nem todos os tipos de censura fossem valorados da mesma forma, ou mesmo que, por vezes, a revista adotasse um tom um tanto neutro ou contraditório a respeito desse assunto, a insistente tentativa de mostrar que existia, sim, a censura no Brasil estava de acordo com os preceitos que regem a imprensa e sua busca pela liberdade de expressão, tão apreciados quanto raros em diversos veículos noticiosos desse momento histórico no país.

Referências bibliográficas

ABREU, ALZIRA ALVES DE. *Os anjos e demônios da revista* Veja: *Um discurso sobre a censura.* Trabalho apresentado no Encontro Regional de História - Anpuh, Rio de Janeiro, 1996.

BARRETO FILHO, MELLO. *Diversões públicas: legislação-doutrina. Prática administrativa.* Rio de Janeiro: A. Coelho Branco Editor, 1941.

CARNEVALLI, MARIA ALICE. *Indispensável é o leitor: o novo papel das revistas semanais de informação no Brasil.* Tese de Doutorado. São Paulo, Escola de Comunicações e Artes, Universidade de São Paulo, 2003.

GAZZOTTI, JULIANA. "A revista Veja e o obstáculo da censura". *Olhar*, v. 3, n. 5-6, jan.--dez. 2001.

______________. *Imprensa e Ditadura: a revista Veja e os governos militares (1968-1985.* Dissertação de Mestrado. São Carlos, Universidade Federal de São Carlos, 1998.

KUSHNIR, BEATRIZ. *Cães de guarda: jornalistas e censores, do AI-5 à Constituição de 1988.* São Paulo: Boitempo: 2004.

ORLANDI, ENI PUCCINELLI. *As formas do silêncio: no movimento dos sentidos.* São Paulo, Editora da Unicamp, 2007.

TEZINI, JULIANA CAETANO VACCARI. "O movimento estudantil em 1977 e a atuação política da revista *Veja*". *Tempos Históricos*, v. 10, n. 1, 2007.

Revistas

Veja, 8 jan. 1969.

Veja, 26 fev. 1969.

Veja, 4 jun. 1969.

Veja, 25 jun. 1969.

Veja, 10 out. 1969.

Veja, 26 nov. 1969.

Veja, 18 mar. 1970.

Veja, 15 abr. 1970.

Veja, 13 maio 1970.

Veja, 20 maio 1970.

Veja, 12 jan. 1972.

Veja, 22 mar. 1972.

Veja, 15 nov. 1972.

Veja, 21 mar. 1973.

Veja, 17 out. 1973.

Veja, 27 jun. 1973.

Veja, 10 abr. 1974.

Veja, 9 jun. 1976.

Reflexões sobre a trajetória da imprensa frente às ameaças à liberdade de expressão[1]

Mayra Rodrigues Gomes
Nara Lya Simões Caetano Cabral

São célebres os casos de jornais e jornalistas que resistiram à censura no Brasil (ou, de algum modo, buscaram denunciá-la), sobretudo durante a ditadura militar (1964-1985). É este o caso, por exemplo, da postura do jornal *O Estado de S. Paulo* ao publicar poemas de Camões em lugar dos conteúdos censurados. De modo similar, o *Jornal da Tarde* veiculava receitas culinárias para evidenciar que algo havia sido vetado, e a revista *Veja* estampava ilustrações de demônios para sinalizar a incidência da censura.

Como outras, essas histórias de resistência e denúncia frequentemente vêm à tona quando se fala da prática censória no período militar e, entendidas como feitos heroicos, colaboram na construção de uma identidade do próprio jornalista. Segundo Maurício Maia de Souza, que cita os casos de *O Estado de S. Paulo* e de *Última Hora*, a memória da ditadura entre os profissionais de imprensa está relacionada à elaboração de um "discurso construído de resistência" (1999, p. 14).

É fato que houve atitudes isoladas de resistência à censura. Durante a ditadura, houve o surgimento de uma imprensa alternativa ou "nanica", com veículos

1. Apresentação realizada durante o Seminário Internacional Comunicação e Censura, no dia 19 de agosto de 2010.

que se opuseram ferrenhamente ao regime. No entanto, não se pode dizer que a reação dos jornais frente à censura tenha sido homogênea - seja nos governos militares, seja em outros momentos da história brasileira. Houve também casos de franca cooperação (Kushnir, 2004).

Dessa forma, há um mecanismo de censura interno aos próprios meios de comunicação, que se tornou cotidiano no Brasil. E esse fato - assim como a censura praticada pelo Estado - não se limita ao período da ditadura militar brasileira. Na verdade, desde o período colonial, a imprensa brasileira pode escolher entre se assumir independente, ameaçando sua própria existência, ou ser conivente com o poder e viver à sombra de regimes autoritários (Moraes apud Mattos, 2005, p. 102).

Por isso, é preciso problematizar a relação entre imprensa e ação censória, tendo em mente que, na história brasileira, a postura dos jornalistas frente à censura não constitui um posicionamento uno e eles tampouco combateram em bloco essa prática. Quanto a essa questão, merece atenção o risco de cairmos no que Bresciani (in Kushnir, op. cit., p. 13) chama de "armadilha de construir o contradiscurso da voz única, de fazer dos emudecidos vítimas indefesas".

Com isso em vista, o objetivo deste artigo é apresentar reflexões acerca da trajetória de ação da imprensa diante de situações de ameaça e cerceamento à liberdade de expressão. Privilegiaremos, nesta abordagem, as relações entre o jornalismo e a censura teatral, considerando o acervo e o período cobertos pelo Arquivo Miroel Silveira (AMS).[2]

Nesse sentido, é importante refletir sobre o posicionamento da imprensa frente à censura não apenas quando se trata de uma prática de cerceamento que afeta diretamente os jornais, mas também no que diz respeito a ameaças à liberdade de expressão de modo mais amplo. Pois a liberdade de expressão é um dos pressupostos democráticos alinhados aos princípios de ação da prática jornalística. O nascimen-

2. Este trabalho tem por base constatações obtidas a partir de pesquisas desenvolvidas durante o ano de 2010.

to do jornalismo, tal qual o conhecemos, coincide justamente com o surgimento da democracia moderna, dos ideais de cidadania, de liberdade, de igualdade jurídica. Ele aparece, no século XVIII, com a função de questionar e fiscalizar o poder, não se restringindo a propagandear os feitos do governo e a divulgar os assuntos de seu interesse - tal era o papel reservado à imprensa até então (Bucci, 2006, p. 10).

Nossas afirmações também têm por base o levantamento em acervos jornalísticos. A partir desses acervos, é possível recuperar elementos além dos órgãos censórios que se relacionam com as intervenções dos censores, como as diversas manifestações em torno da censura - oriundas de movimentos da sociedade civil, de personagens influentes na cena cultural e do próprio jornalismo -, sejam elas favoráveis ou contrárias à ação censória.

O jornalismo é o lugar de manifestação da opinião pública e, também, o espaço em que poderia ser reivindicado o direito à livre expressão. Assim, investigar o modo como tais tensões estão presentes na produção da imprensa é fundamental para reconstituir as relações entre o jornalismo e a liberdade de expressão.

Como buscaremos mostrar, a postura assumida pela imprensa quanto à censura teatral - no caso dos autores de teatro selecionados para nosso estudo, que são representativos do acervo do Arquivo Miroel Silveira - evidencia uma conjunção com discursos circulantes na sociedade. Para que se compreenda tal relação, é preciso ter em mente o momento histórico. Estamos falando de um período da história brasileira tradicionalmente considerado como democrático - em que, no entanto, a censura teatral foi presente e muito atuante.

Aspectos históricos: a censura na redemocratização (1945-1964)

A pesquisa que apresentamos neste artigo compõe-se de duas partes: a primeira visou à localização de referências a autores teatrais considerados representativos do AMS em textos originalmente publicados em jornais e de autoria de importantes críticos teatrais; a segunda etapa visou ao levantamento em acervos jornalísticos de menções a um autor representativo do Teatro de Revista, um dos gêneros majoritários no acervo do Arquivo. Nas duas partes da pesquisa trabalhamos com um mesmo momento histórico: o período de redemocratização que esteve em vigor após o Estado Novo de Getúlio Vargas (1937-1945) e antes do golpe militar de 1964.

O intervalo representa um momento histórico de grande interesse para a compreensão da censura e, principalmente, da relação entre imprensa e censura. Isso porque se trata de um período que entrou para a historiografia como democrático, vigente entre dois regimes autoritários. Apesar desse caráter democrático, e ao contrário do que poderia parecer à primeira vista, houve, sim, censura teatral. A censura prévia ao teatro não apenas continuava a ser exercida, como foi, inclusive, intensificada.

Para compreender melhor tal questão, é preciso retroceder um pouco no tempo. No Brasil, a burocracia de controle e fomento das manifestações artísticas atingiu o auge depois de 1937, com a implantação do Estado Novo. Criado em 1939, o Departamento de Imprensa e Propaganda (DIP), ao qual foram ligados os Departamentos Estaduais de Imprensa e Propaganda (Deip), desenvolvia, em relação ao teatro, o que se chamava de incentivo e proteção das manifestações teatrais com fiscalização das casas de espetáculo, registro do contrato dos artistas e concessão de prêmios, além da censura prévia dos textos das peças.[3] Entre os critérios que orientavam as determinações dos censores, estavam os objetivos de assegurar a defesa da moral e dos bons costumes, de garantir a ordem, a paz e a segurança da nação e de proteger a infância e a adolescência (Costa, 2006, p. 108).

Em 1945, o DIP foi extinto e a censura teatral passou a ser temporariamente exercida pelo Departamento Nacional de Informação (DNI), órgão subordinado ao Ministério da Justiça e Negócios Interiores e que, no ano seguinte, também deixou de existir. Então, com o Decreto 20.493, criou-se o Serviço de Censura de Diversões Públicas (SCDP), ligado ao Departamento Federal de Segurança Pública, que herdava as mesmas funções censórias.

3. Avaliação pela qual todas as peças teatrais (texto, representação e cenografia) deveriam passar, e que poderia ter como resultado a liberação, liberação parcial ou veto.

Ao longo do período de redemocratização que se estendeu de 1945 a 1964, a censura prévia implantada por Getúlio Vargas continuava a ser exercida, embora por diferentes órgãos. Mesmo com o fim do Estado Novo, a censura não foi extinta e, embora aparecesse sob nova roupagem, ainda mantinha a função coercitiva, enfrentando o ambiente democrático que se estabelecia no país. De acordo com Costa, "procurava-se disfarçar o quanto esses procedimentos autoritários e coercitivos estavam fincados em nossa cultura e como se eternizava seu aparato burocrático e sua cotidianidade" (op. cit., p. 124).

Observa-se que, nesse período, a censura prévia teatral intensificou-se ao mesmo tempo que o teatro passava por um momento de grande desenvolvimento e modernização, firmando-se como arte e expressão de anseios sociais. Por outro lado, entre o fim do Estado Novo e o golpe militar, a censura à imprensa, embora tenha existido, foi exercida de modo menos sistemático e em caráter mais pontual do que ocorreu em épocas escancaradamente autoritárias, como a ditadura de Vargas e o regime militar. Era acionada apenas em situações específicas, como no caso do acirramento da repressão que se impôs, no pós-guerra, aos jornais acusados de ligação com o Partido Comunista.

Portanto, é interessante notar que, embora o teatro fosse cerceado por uma sistemática e burocratizada ação censória, os jornais não estavam proibidos de falar, *a priori*, sobre a censura. Tal conjuntura histórica, como veremos, é fundamental à compreensão da postura assumida pelo jornalismo com relação à censura teatral.

A crítica teatral e a abordagem da censura

Em textos originalmente publicados em jornais e escritos pelos críticos teatrais Clóvis Garcia, Décio de Almeida Prado e Miroel Silveira,[4] podem ser encontra-

4. A investigação de menções aos autores teatrais em foco que se apresenta neste artigo teve por base os seguintes livros, que reúnem textos de importantes críticos teatrais: *Os caminhos do teatro paulista: O Cruzeiro (1951-1958): A Nação (1963-1964)*, de Clóvis Garcia; *Apresentação do teatro brasileiro moderno: crítica teatral (1947-1955)*, de Décio de Almeida Prado; e *A outra crítica*, de Miroel Silveira.

das referências a obras de dramaturgos considerados como representativos – por remeterem a diferentes correntes teatrais e momentos históricos – do acervo do Arquivo Miroel Silveira. Tratam-se dos autores de teatro Abílio Pereira de Almeida, Augusto Boal, Gianfrancesco Guarnieri, Joracy Camargo, Jorge Andrade, Max Nunes e Nelson Rodrigues. As críticas de Clóvis Garcia, Décio de Almeida Prado e Miroel Silveira, com foco nesses autores, foram inicialmente publicadas em diferentes veículos, como os jornais *Folha da Manhã*, *O Estado de S. Paulo* e *A Nação*, e a revista *O Cruzeiro*, e datam de 1947 a 1963.

Há, nas coletâneas de textos dos críticos acima citados, 34 críticas que comentam obras dos autores teatrais de nossa seleção. Nesses textos, são abordadas 25 peças teatrais diferentes. Entre os documentos do AMS, encontramos prontuários referentes a 19 dessas peças.

Dentre elas, nenhuma foi liberada sem restrições: 16 sofreram classificação etária, dez tiveram palavras e/ou trechos cortados pelos censores e um espetáculo (*Perdoa-me por me traíres*, de Nelson Rodrigues) foi totalmente vetado.[5] Desse modo, verifica-se que uma porção significativa dessas obras sofreu censura mais severa – já que, além do caso da peça interditada, 40% dos espetáculos tiveram palavras e/ou trechos proibidos.

Há, no entanto, uma particularidade nos textos dos críticos destinados a comentar essas peças. Isso porque, apesar de grande parte delas ter sofrido uma censura tão marcante, há apenas um texto – entre os 34 encontrados – que cita a ação censória. Trata-se da nota intitulada *A temporada teatral* (Garcia, 2006, p. 436), de Clóvis Garcia, que foi publicada em 23 de novembro de 1957 e menciona a interdição de *Perdoa-me por me traíres*. A peça foi totalmente vetada em 1957, tendo passado por diversas tramitações dentro do aparato censório, o que gerou grande repercussão pública do caso, com setores da sociedade civil manifestando-se, por meio de cartas, como favoráveis à censura do espetáculo.[6]

5. Em muitos casos, são impostos a uma mesma peça diferentes tipos de pareceres de censura, como, por exemplo, determinação de classificação etária simultaneamente a cortes de palavras.

6. Esses documentos constam do prontuário DDP 4469, referente a essa peça.

Mas por que, entre todas as peças comentadas pelos críticos nos textos que levantamos, apenas a censura de *Perdoa-me por me traíres* foi mencionada? Em primeiro lugar, podemos pensar que isso se deve ao fato de que o veto à obra de Nelson Rodrigues representa a forma mais severa de ação censória dentro do conjunto analisado. Mas há, além disso, outro fator importante: a grande repercussão pública gerada pela interdição de *Perdoa-me por me traíres*. Logo, aos olhos do crítico, tratava-se de um acontecimento que, pelo furor que causara, tornava-se digno de nota. Justificava-se assim seu comentário, ultrapassando-se, no caso, as dimensões da censura teatral que, por si só, representava uma ação cotidiana, habitual.

Ainda assim, a menção à proibição da peça de Nelson Rodrigues não recebeu grande destaque dentro do breve texto em que aparece, o qual, tampouco, expressa tom crítico ou analítico em relação à prática censória. O que Clóvis Garcia faz é limitar-se a noticiar a interdição, apenas mencionando-a.

Posto isso, podemos apontar uma sintomática ausência de referências e discussões sobre a censura no conjunto das críticas teatrais publicadas nos livros estudados de Clóvis Garcia, Décio de Almeida Prado e Miroel Silveira. Há, portanto, uma postura de silêncio por parte da crítica teatral em relação à censura ao teatro. Esse silêncio evidencia uma atitude que não visa à crítica ou à ruptura com relação à censura. É, antes, uma forma de abordar a censura como um tema de pouca relevância, habitual e cotidiano, que não corresponde aos critérios de noticiabilidade ou, ainda, que não deve ser abordado no espaço destinado à discussão artística do teatro. Essa conduta assumida pelo jornalismo deve ser entendida dentro de fatores conjunturais da época em que foi detectada, fato que retomaremos adiante.

O caso de Max Nunes e do teatro de revista

Max Nunes é um autor com presença substancial no AMS, pois aparece como autor ou coautor de 58 peças (correspondentes a 59 representações) avaliadas pelos censores da Divisão de Diversões Públicas entre 1949 e 1964. Sua trajetória profissional é marcada por passagens pelo rádio e pela televisão, pela dedicação ao humor e, notadamente, ao teatro de revista – gênero que, somado à categoria de comédia, perfaz uma maioria entre as peças presentes no Arquivo.

Como se pode verificar nos documentos do AMS, as peças de Max Nunes sofreram uma censura marcada por forte preocupação de cunho moral, com a imposição de cortes a uma parcela considerável das peças. Na imensa maioria dos pareceres de censura às suas peças consta determinação de classificação etária (91,8%), enquanto 14,7% fazem restrições quanto ao local de apresentação dos espetáculos. Mas também é alta a incidência de cortes de palavras e/ou trechos das peças: 31,1% dos pareceres indicam esse tipo de censura.[7]

Não obstante a incidência significativa da censura sobre peças de Max Nunes, podemos apontar a existência de um total silêncio com relação a tal prática censória nos principais jornais de São Paulo, entre 1949 e 1964. Nas seções de cultura, artes e espetáculos dos jornais *Folha da Tarde* (que, entre 1960 e 1967, foi fundida aos demais jornais do grupo Folha, passando a ser publicada como *Folha de S.Paulo*) e *O Estado de S. Paulo*, não foram publicadas quaisquer referências à censura a espetáculos de Max Nunes, um dos principais autores de teatro de revista na época.

Ao mesmo tempo, observamos uma presença razoavelmente elevada de referências ao autor em espaços menos nobres dos jornais – como notas e quadros de programação teatral –, em contrapartida a uma ausência de menções em espaços considerados mais "conceituados", como colunas, críticas e reportagens.

Das 59 apresentações teatrais de obras de Max registradas no Arquivo, 32 delas (54,2%) foram mencionadas em notas de programação teatral na *Folha* e/ou no *Estado*, enquanto 27 (45,8%) não foram mencionadas pelas publicações. A única peça comentada em crítica teatral foi *O assunto é mulher*, abordada na matéria intitulada "Quando o silêncio comanda a revista", publicada no jornal *O Estado de S. Paulo* em 9 de abril de 1960. O texto faz críticas negativas ao espetá-

7. Como mencionado anteriormente, em muitos casos são impostos a uma mesma peça diferentes tipos de pareceres de censura.

culo, sobretudo a alguns elementos comuns às revistas, como a fragilidade do fio condutor do enredo e as recorrentes piadas maliciosas.

Essa postura dos principais jornais de São Paulo em praticamente não dedicar espaços à análise e discussão da obra de Max Nunes (e, tampouco, do teatro de revista) não se deve ao descaso com relação ao teatro de modo geral. Isso porque, na época em questão, o teatro (bem como outros temas ligados à cultura) já dispunha de certo espaço na imprensa. Além disso, é possível encontrar longos textos e críticas dedicadas a obras de autores mais conceituados, ligados ao cânone ou à vanguarda teatral. Ou seja: nota-se que o foco dos veículos estava, sobretudo, nos espetáculos, dramaturgos e companhias que representavam uma vertente moderna do teatro, então em ascensão, ou a grandes clássicos da dramaturgia nacional ou estrangeira – em suma, ao chamado "teatro sério".

Nos anos 1950, as revistas ainda faziam sucesso, mas foi nessa época que também teve início a decadência do gênero. Isso é fundamental para que se conheça o contexto no qual foi encenada a imensa maioria das peças de Max Nunes pertencentes ao AMS. Aos poucos, o sucesso das revistas ficava para trás, ao mesmo tempo que a modernidade chegava aos palcos brasileiros. Esse quadro tinha reflexos sobre o modo como se articulava a escolha de pautas nos jornais no período observado – seleção que se associava a critérios de relevância que privilegiavam o que havia de mais "novo", além de artística, estética e intelectualmente mais valorizado no teatro.

Durante as décadas de 1950 e 1960, artistas e intelectuais brasileiros buscaram definir e desenvolver uma cultura nacional e popular – e nacional porque popular. Por outro lado, o que enxergavam as elites intelectuais brasileiras, de acordo com Teixeira Coelho, "era, de um lado, o teatro burguês – do qual o mítico Teatro Brasileiro de Comédia apresentava-se como expoente máximo – e, de outro, o nada" (1991, p. 5). Segundo o autor, o teatro de revista tinha a função de ser um espaço para tudo o que não tivesse lugar em outros palcos e telas: "o grotesco, o miserável, a estupidez, os sentimentos soltos numa cascata de emoções que os modernos, herdeiros do Homem renascentista senhor de seus atos, chamavam 'de mau gosto'" (idem, op. cit., p. 7).

Assim, sempre houve no Brasil posições de desprezo com relação às revistas teatrais. Segundo Neyde Veneziano, mesmo em seu período áureo, quando foi "vivo, atuante, amado e apoiado pelo seu público e por seus atores", o gênero não foi levado a sério pela elite intelectual brasileira (1991, p. 15). Nesse sentido, Delson Antunes afirma que as elites econômicas e intelectuais brasileiras não consideravam o teatro de revista como um gênero artístico, mas, sim, como "representante de uma tradição atrasada e indesejável" (Antunes, 2002, p. 11). Por isso, as revistas eram vistas com preconceito pela crítica, que, de acordo com Roberto Ruiz (in Veneziano, op. cit., p. 11-2), reduzia-as a uma "arte menor" dentro da dramaturgia teatral brasileira.

Por outro lado, a razoável frequência de menções aos espetáculos de Max Nunes em notas de assuntos teatrais eram evidência que as peças do autor eram presentes e significativas em termos de público e de relevância para o cenário cultural da época – embora, como dissemos, a elas não fossem reservadas discussões ou comentários aprofundados. Reforça-se, assim, a existência de uma visão, por parte da crítica e das elites intelectuais e artísticas, que consideravam as revistas uma "arte menor".

Nessa forma de relação entre a imprensa e o teatro de revista, parece-nos evidente que o descaso quanto à discussão e análise das peças em críticas teatrais se estenda, também, à censura imposta às peças de Max Nunes. Mas esse silêncio a respeito da prática censória – ainda que, no caso, não possamos deixar de considerá-lo tendo em vista suas relações com o tratamento conferido pelos jornais ao gênero em questão – não constitui um dado isolado, como mostra, inclusive, a postura expressa nas críticas teatrais.

Considerações finais: o silêncio no jornalismo

Os estudos apresentados neste artigo, assim como outras pesquisas que temos desenvolvido, apontam para uma relação entre imprensa e censura teatral que é marcada por uma ausência de menções nos jornais (e, sobretudo, de menções críticas) à prática censória. Como mostramos – seja no caso das críticas teatrais de Clóvis Garcia, Décio de Almeida Prado, seja no caso do tratamento conferido pela imprensa à obra de Max Nunes e ao teatro de revista –, os textos jornalísticos, em sua quase totalidade, não noticiavam a censura. Quem lesse apenas esses conteúdos, poderia pensar que não havia, na época, censura ao teatro no Brasil.

Esse silêncio no jornalismo é muito significativo, sobretudo porque, na época, a imprensa não estava previamente proibida de falar sobre a ação censória. Como vimos, no período de redemocratização transcorrido do final do Estado Novo até a ditadura militar, a censura à imprensa tornou-se menos sistemática e foi acionada apenas em situações específicas. Na verdade, nos estudos aqui discutidos, esse silêncio acerca da censura deve ser compreendido tendo-se em vista fatores conjunturais da época em que foi identificado, ou seja, de 1947 a 1964.[8] Isso porque é de fundamental importância levar em conta o entendimento corrente na época sobre a censura e o papel do jornalismo frente a essa prática.

A ausência de menções à censura na imprensa atrela-se, em primeiro lugar, ao entendimento de que a ação censória fosse algo "extrateatral", isto é, de que a crítica teatral, bem como as notícias e textos destinados na imprensa a assuntos teatrais, não constituíam um espaço para se discutir política. De modo mais amplo, não havia o entendimento de que a imprensa devesse falar sobre a censura.

Nesse sentido, há outra questão que deve ser ressaltada. Trata-se do fato de que a censura sempre existiu e consiste em um mecanismo de regulação da ordem social. Por isso, fora de situações extremadas, como regimes autoritários, a ação censória é concebida como natural. E é esse o caso do período de 1947 a 1964, em foco neste estudo. Como a censura é justificada perante a sociedade pela função de zelar pela manutenção da moralidade, assume uma aparência de naturalidade, legitimada pela ótica paternalista de que é a proteção dos cidadãos

8. No caso do primeiro estudo apresentado neste artigo, referente ao levantamento junto a críticas teatrais de menções a autores considerados como representativos do acervo do Arquivo Miroel Silveira, o material levantado data de 1947 a 1963. No caso do segundo estudo aqui apresentado, relativo ao rastreamento de citações a peças de autoria de Max Nunes nos jornais *Folha de S.Paulo* e *O Estado de S. Paulo*, o período observado vai de 1949 a 1964. Por isso, quando considerarmos conjuntamente as constatações obtidas a partir dos dois estudos, será levado em conta o intervalo de 1947 a 1964.

função do Estado. Por isso, a censura pode até ser concebida, por certos discursos circulantes, como algo positivo. Ela visa à manutenção do decoro e calar manifestações da sexualidade é algo tradicionalmente aceito na sociedade.

Por outro lado, vale ressaltar que em regimes autoritários – como foi o caso da ditadura militar brasileira, sobretudo a partir de 1968 –, a censura adquire outra dimensão: ela passa a ser entendida como explicitamente política, além de violenta, no sentido de mutilar a arte, a liberdade de expressão, o direito à informação. Dessa forma, ainda que possa ser proibido falar sobre a censura, passa a existir necessidade de se trazer o assunto à tona. A própria proibição de se falar sobre a ação censória indica que a censura não era mais um mecanismo "normal" ou apenas moralizante. Mas é importante reiterar que esse contexto difere fundamentalmente do momento histórico compreendido pelos estudos em foco neste artigo, período democrático em que a censura, de cunho predominantemente moral, encontrava amplo respaldo no discurso circulante.

A ideia de uma função "moralizante" da censura torna-se particularmente evidente no que diz respeito à censura ao teatro de revista e no caso da censura à obra de Max Nunes. Como vimos, não houve menções à censura à obra desse autor de 1949 a 1964 nos jornais *Folha da Tarde* (ou, nos anos mais recentes, *Folha de S.Paulo*) e *O Estado de S. Paulo*. Pode-se apontar, portanto, a existência de um total silêncio sobre censura à obra de Max Nunes nos jornais em questão.

A censura às peças desse autor é, acima de tudo, de ordem moral: a partir de uma análise dos cortes de palavras e /ou trechos de espetáculos de sua autoria impostos pela censura,[9] verifica-se que 54,7% dos vetos são desse tipo. Parece-nos claro, assim, que no caso de Max Nunes a censura é concebida, de modo particularmente

9. Como parte da pesquisa em que se inserem os estudos apresentados neste artigo, foram analisados todos os cortes determinados pela censura de palavras e/ou trechos das peças de Max Nunes pertencentes ao Arquivo Miroel Silveira. Nessa análise, adotamos uma classificação já empregada em estudos anteriores desenvolvidos junto ao Arquivo Miroel Silveira, sobretudo no eixo de pesquisa *O poder e a fala na cena paulista*, que é liderado pela Profa. Dra. Mayra Rodrigues Gomes. Foram adotados, assim, quatro grandes grupos temáticos, nos quais podem ser classificadas as intervenções dos censores: censura de ordem moral, política, religiosa, e social.

nítido, como algo natural e totalmente previsível. E, uma vez que tal forma de censura não representava novidade, é lógico pensar que ela não correspondia aos critérios de noticiabilidade da imprensa da época. Assim, a visão acerca da censura enquanto mecanismo natural de regulação social torna-se emblemática no caso do teatro de revista, e a indiferença dos jornais com relação ao assunto reforça tal percepção.

Com o silêncio sobre a censura teatral no jornalismo – seja na crítica teatral, seja em jornais de grande circulação e papel decisivo no debate público, a imprensa expressa uma postura que é de abstenção quanto à discussão ou denúncia das ameaças à liberdade de expressão que se configuram na prática censória. Logo, o jornalismo mostra-se colado aos discursos circulantes que concebiam a censura como algo normal e aceitável, deixando de fomentar o debate público sobre tal questão. Voltamos, portanto, a um dos pontos de partida deste texto, com a reiteração de que o posicionamento da imprensa diante da censura não foi homogêneo ao longo da história brasileira e os jornalistas, tampouco, combateram em bloco essa arbitrariedade imposta pelo poder.

Referências bibliográficas

Antunes, Delson. *Fora do sério: um panorama do teatro de revista no Brasil.* Rio de Janeiro: Funarte, 2002.

Bucci, Eugênio. *Sobre ética e imprensa.* São Paulo: Companhia das Letras, 2006.

Coelho, Teixeira. "O teatro invisível". In: *São Paulo em Revista: uma viagem ao umbigo da cidade.* São Paulo: Centro Cultural São Paulo, 1991, p. 5-10.

Costa, Cristina. *Censura em cena: teatro e censura no Brasil – Arquivo Miroel Silveira.* São Paulo: Edusp/ Fapesp/ Imprensa Oficial, 2006.

Garcia, Clóvis. *Os caminhos do teatro paulista: O Cruzeiro (1951-1958): A Nação (1963-1964).* São Paulo: Prêmio, 2006.

Kushnir, Beatriz. *Cães de guarda: jornalistas e censores, do AI-5 à Constituição de 1988.* São Paulo: Boitempo, 2004.

Mattos, Sérgio. *Mídia controlada: a história da censura no Brasil e no mundo.* São Paulo: Paulus, 2005.

PRADO, DÉCIO DE ALMEIDA. *Apresentação do teatro brasileiro moderno: crítica teatral (1947-1955)*. São Paulo: Livraria Martins Editora S.A., 1956.

SILVEIRA, MIROEL. *A outra crítica*. São Paulo: Símbolo, 1976.

SOUZA, MAURÍCIO MAIA DE. *Henfil e a censura: o papel dos jornalistas*. Dissertação de Mestrado. São Paulo, Escola de Comunicações e Artes da Universidade de São Paulo, 1999.

VENEZIANDO, NEYDE. *O teatro de revista no Brasil: dramaturgia e convenções*. Campinas: Pontes/ Editora da Unicamp, 1991.

JORNAL

O Estado de São Paulo, 9 abr. 1960.

Eles não usam black-tie: entre memórias, lembranças e documentos

Cristina Costa

Introdução

> *Hoje a função da memória é o conhecimento do passado que se organiza, ordena o tempo, localiza cronologicamente. Na aurora da civilização grega ela era vidência e êxtase. O passado revelado desse modo não é o antecedente do presente, é a sua fonte.*
>
> (Bosi, 1979, p. 46)

Ecléa Bosi, em *Lembranças de velhos*, justifica a importância da memória na constituição da identidade e da história como aquilo que serve de base para as gerações jovens. Embora a autora privilegie em seu trabalho a memória oral dos velhos, plena de momentos, valores e de clima de época, capaz de recuperar todo um contexto histórico, faço uso de suas palavras para falar da importância da reconstituição do passado, quer através da memória oral e dos depoimentos, como da releitura de documentos e de todos os vestígios capazes de tornar presentes os momentos que nos precederam e nos deram origem.

Um dos livros mais significativos que li, e reli, em minha carreira acadêmica foi *O queijo e os vermes*, de Carlo Ginzburg, de 1987, em que o autor, a partir da análise dos documentos do processo inquisitorial ao qual foi submetido o moleiro Menocchio, no século XVI, pôde mostrar como o Tribunal da Inquisição interpretava as falas dos réus de maneira a levá-los a contradições e a condená-los. Desconstruindo os processos em minúcias, o historiador, como um investigador, busca reconstituir o passado e, mais que isso, identificar o que pensavam e o que motivava as pessoas de uma determinada época. Em um livro posterior, *Mitos, emblemas e sinais*, Carlo Ginzburg (1989, p. 150) compara sua metodologia de trabalho ao exercício de outras profissões investigativas, como a medicina, a psicanálise e a investigação policial. O importante para nós, no âmbito deste ensaio, é o fato de que o autor propõe a reconstrução histórica do passado através de vestígios que podem ser encontrados não só na oralidade, como também em diferentes documentos nos quais os envolvidos deixam marcas importantes e reveladoras de suas disposições mais íntimas. Diz ele: "pistas talvez infinitesimais permitem captar uma realidade mais profunda, de outra forma inatingível" (1987).

É nessa linha que se desenvolve o presente trabalho – mostrar como é possível reconstruir o passado através da recuperação e preservação da memória dos fatos por meio de documentos e da memória oral. É nossa intenção também mostrar a importância desse trabalho na formação da identidade individual e coletiva e na possibilidade de dar ao presente maior transparência, tirando-o da opacidade. O passado e a memória existem para que o presente faça sentido e, assim, nossa existência não se transforme num voo cego, desnorteado e absurdo que nos leve sempre a começar do zero e cometer os mesmos erros.

Vamos aqui falar um pouco da confluência entre a arte, a memória, a censura e o teatro, evidenciando a participação do ABC paulista como uma região importante na solidificação das bases do teatro no estado.

Percurso na história do teatro brasileiro: de Anchieta a Gianfrancesco Guarnieri

O teatro no Brasil não nasceu como uma arte de elite. Ele foi introduzido pelos colonizadores para a evangelização dos nativos. Notícias sobre encenações em aldeias indígenas e em colégios de jesuítas fazem parte de relatos de viajantes e da correspondência trocada entre os religiosos nos primeiros séculos de colonização. Uma relação de títulos de peças, salva de um naufrágio, nos revela que encenações eram feitas no Brasil em priscas eras. Dela consta, por exemplo, *Diálogo, conversão do gentio*, de autoria do padre Manuel da Nóbrega, e *Na visitação de Santa Isabel*, cuja autoria é atribuída a José de Anchieta, autor também de outras sete peças arroladas. O teatro era, portanto, uma atividade artística voltada às populações menos valorizadas da Colônia.

Mas, se não era uma arte para as elites bastante reduzidas nessa época, o teatro esteve de qualquer modo ligado ao poder – sendo a iniciativa de se encenar peças sempre reservada aos sacerdotes e aos governadores. Desde o século XVII, há notícias de que as comemorações políticas e as festividades religiosas eram acompanhadas de encenações. Mas, é no século XVIII que as manifestações cênicas passam a ser mais constantes também no Rio de Janeiro e em Vila Rica (hoje, Ouro Preto), passando a contar com encenações mais significativas, como o Triunfo Eucarístico, de 1733, um misto de procissão, dança, declamação de poesia e interpretação teatral. Data de 1760 a construção do primeiro teatro no Brasil, na cidade de Salvador, por iniciativa do vice-rei marquês do Lavradio. Ao final do século XVIII, havia já algumas casas de espetáculo nas capitais das províncias, onde se encenavam autores europeus, alguma produção dramatúrgica local e até mesmo os dramas de Pietro Metastásio, tão em voga em Portugal na época.

No século XIX, a vinda da família real portuguesa ao Brasil acelera a transformação do teatro em entretenimento regular da corte portuguesa e da elite nativa. No recém-fundado Real Teatro São João, eram recebidas companhias de ópera que apresentavam peças em cenários produzidos pelos pintores da Missão Francesa. Além das óperas, os dramas sacros ou mitológicos e as comédias faziam o gosto da plateia da capital e das demais cidades da província, que se esforçavam por erguer casas de espetáculo. A riqueza advinda do cultivo do café e as estradas de ferro tornavam esse sonho possível.

De meados do século XIX até a República, a vida teatral brasileira se torna cada vez mais ativa, com a fundação de teatros, a lenta profissionalização das companhias e a produção de textos, que já não eram encenados copiando-se a pronúncia lusitana. Um dos principais nomes dessa época é João Caetano, um dos profissionais responsáveis pelo abrasileiramento do teatro no país. A escola realista de teatro, especialmente com Martins Pena e Artur Azevedo, vai criar condições mais favoráveis a uma produção teatral mais brasileira, enfocando a realidade nacional.

É só no século XX que as artes e a cultura brasileiras encontraram as condições necessárias para pleno florescimento: a riqueza surgida com o café permitiu o desenvolvimento das cidades e da vida urbana, a crise europeia coloca em decadência o modelo europeu, a República abre espaço para o debate político e o desenvolvimento das universidades fomenta o pensamento crítico. Em 1922, acontece a Semana de Arte Moderna, em que poetas, músicos e artistas plásticos se apresentam com propostas artísticas que dão início ao Modernismo no Brasil. Entre suas propostas estavam o nacionalismo formal e temático, a independência e a autonomia da criação artística.

Mas foi somente na década de 1940 que o teatro apresentou um esforço grande de renovação nos seus temas, nos textos dramatúrgicos e na encenação dos espetáculos. Diversos acontecimentos dão conta dessas transformações ocorridas principalmente em São Paulo: o surgimento do TBC (Teatro Brasileiro de Comédia) com as primeiras companhias regulares e profissionais, a criação da Escola de Arte Dramática (EAD), a fundação do Teatro de Arena e a criação de companhias de teatro amador e estudantil. A vinda dos imigrantes, fugitivos da Segunda Guerra Mundial, engrossou o movimento, pois trouxeram em sua bagagem textos teatrais por meio dos quais procuraram manter os laços com a cultura de origem, com o idioma e com os ideais políticos que percorriam a Europa.

Entre esses imigrantes, havia um que marcou sua época e o teatro brasileiro: Gianfrancesco Guarnieri. Depois dele, o teatro no país se voltaria, como nas suas origens, para os que não usam *black-tie*.

Gianfrancesco Guarnieri não usava *black-tie*

Guarnieri, como era chamado, acostumou-se ao teatro desde pequeno, quando acompanhava os pais nas temporadas líricas, o que fez com que encarasse a arte como coisa doméstica e "sem muita cerimônia" (apud Peixoto, 1978, p. 12), como ele mesmo dizia. Foi também à toa, e como quem não quer nada, que ele escreveu sua primeira peça no Rio de Janeiro, para o Colégio Santo Antonio Maria Zaccharia. Foi um sucesso. Depois disso, entrou para o Teatro Paulista do Estudante onde estreou como ator. Aparece pela primeira vez nos palcos do Teatro de Arena em *A rua da igreja*, ganhando o prêmio de intérprete amador, em 1955. Em 1956, ganha o prêmio de revelação, já como profissional. Quase em seguida veio o grande sucesso, o divisor de águas – *Eles não usam black-tie* – escrita também "sem querer".

> Escrevi *Black-tie* rapidamente. Levantava-me à noite para escrever. E divertia-me muito com as personagens que surgiam... Fui o primeiro a chorar com o final do terceiro ato. E minha admiração por Romana foi sempre imensa. Elas estavam lá – as personagens – e eu aqui. Intuitivamente ia colocando no papel uma série de vivências, as preocupações que me afligiam estruturavam-se no ato de escrever (idem, op. cit., p. 22).

A peça estreou no Teatro de Arena,[1] em 1958, sob direção de José Renato, colocando no palco o drama de uma família operária em que o pai, Otávio, se contrapõe ao filho, Tião, durante uma greve na fábrica onde ambos trabalham. O pai, um ativista, participa da greve e é até preso pelas forças policiais, enquanto o filho fura a greve, opondo-se ao pai e a seus companheiros de luta. Otávio, um homem idealista, revolta-se ao saber da atitude do filho e o expulsa de casa. As personagens são fortes, cheias de drama e de humanismo, especialmente Roma-

1. Faziam parte do elenco, além de Guarnieri, Lélia Abramo, Miriam Mehler, Flávio Migliaccio, Celeste Lima e Milton Gonçalves.

na, esposa de Otávio, que sofre com a fraqueza do filho e com seu necessário afastamento da família. Maria, a noiva grávida de Tião, frustra-se com o noivo e decide não acompanhar o rapaz em seu "exílio". Os diálogos são ágeis e refletem o naturalismo que passará a ser usado nas falas dos palcos brasileiros.

Eles não usam black-tie é um texto revolucionário, consegue afastar-se de uma tradição burguesa que encena nos palcos os dramas da classe média e a herança europeia, assume a luta de classes e o movimento operário como um assunto nacional, tem por cenário e tema o operariado visto com idealismo, mas sem exotismo. É um teatro politicamente engajado que rompe com séculos de silêncio e de subterfúgios, colocando em cena os trabalhadores, seus conflitos, esperanças e ideologia. Tinha início, efetivamente, o teatro político que passou a ocupar as plateias até o final do século.

O autor disse na estreia: "[...] se tive alguma pretensão em minha peça foi a de impregná-la de amor e de transmitir amor". Mas, certamente, o que ele fez foi mais do que isso. Os críticos enfatizam o talento com que Guarnieri conseguiu driblar a panfletagem com flagrantes do cotidiano, com personagens bens construídas e com apelo à simplicidade e à vida cotidiana. Sábato Magaldi afirma: "[...] a linguagem acompanha fielmente a descrição natural da favela. As cenas de maior gravidade se alternam com os diálogos do saboroso coloquialismo, que mantêm a peça em permanente vibração". E, assim, exalta a "excessiva liberdade" do autor em conduzir as falas (1962, p. 229).

Para concluir, é preciso acrescentar que a criatividade formal incluiu ainda na peça um samba-enredo homônimo composto por Adoniran Barbosa, alinhavando os atos, as personagens e as falas.

Ele acha, o seu pai, que você é ainda mais filho da mãe!

O ponto alto da peça, de maior tensão emocional acontece quando Otávio retorna para casa, depois de Romana ter conseguido libertá-lo da prisão, e na sala entra Tião, querendo conversar com ele. Eles ficam a sós e o rapaz começa: "Papai...".

Otávio responde: "Me desculpe, mas seu pai ainda não chegou".

A partir daí, o diálogo é duro, com Otávio falando de si, de sua decepção, como se fosse outra pessoa: "Me desculpe, mas seu pai ainda não chegou. Ele deixou um recado comigo, mandou dizê pra você que ficou muito admirado, que se enganou. E pediu pra você tomá outro rumo, porque essa não é casa de fura-greve!".

Ao que Tião responde: "Eu vinha me despedir e dizer só uma coisa: não foi por covardia!".

Otávio continua: "Seu pai me falou sobre isso. Ele também procura acreditá que num foi por covardia. Ele acha que você até que teve peito. Furou a greve e disse pra todo mundo, não fez segredo. Não fez como o Jesuíno, que furou a greve sabendo que tava errado. Ele acha, o seu pai, que você é ainda mais filho da mãe! Que você é um traidor dos seus companheiro e da sua classe, mas um traidor que pensa que tá certo. Não um traidor por covardia, mas um traidor por convicção".

Pouco depois, Tião retruca: "Eu queria que o senhor desse um recado a meu pai... Que o filho dele não é um 'filho da mãe'. Que o filho dele gosta de sua gente, mas que o filho dele tinha um problema e quis resolvê esse problema de maneira mais segura. Que o filho é um homem que quer bem!".

A partir daí, a saída de Tião é inevitável e, enfim, vai embora, despedindo-se da noiva e da mãe e deixando em suspense o público que se sensibiliza com o desfecho. A última fala de Otávio é: "Enxergando melhó a vida, ele volta".

O espectador fica dividido diante da ruptura, mas a peça ganha em complexidade ao mostrar que as oposições não existem apenas entre as classes sociais, mas penetram nos grupos sociais menores e na família. Outras contradições aparecem entre a favela e a cidade, entre a solidariedade das camadas mais pobres e a insensibilidade dos mais ricos. Harmoniosamente costuradas, essas oposições enriquecem o texto.

Eles não usam black-tie, como outras peças de sucesso da dramaturgia brasileira, foi adaptada também para o cinema. Estreou em 1981, numa versão de muito sucesso, em que Gianfrancesco Guarnieri veste mais uma vez a pele de

Otávio, dividindo a cena com a atriz Fernanda Montenegro no papel de Romana, Carlos Alberto Ricelli como Tião, e Bete Mendes como Maria. O diretor foi Leon Hirszman.

Foi também reencenada diversas vezes, dadas suas qualidades como texto dramático e politicamente engajado, capaz de envolver diferentes públicos por sua simplicidade e humanismo. Muitas dessas reencenações foram feitas por companhias de teatro amador em diferentes cidades.

Eles não usam black-tie, o DDP 4551

No prontuário da Divisão de Diversões Públicas, os processos de censura prévia da peça *Eles não usam black-tie* foram reunidos sob o número 4551. Encontramos o requerimento do diretor José Renato Pécora para estreia no Teatro de Arena, em 1958. Há outro requerimento relativo à peça, datado de 1962, assinado por Mario Kuppermann, para encenação no mesmo Teatro de Arena. Em 1965, Arthur Francisco Peduto, presidente da Sociedade Artística de Santo André, assinava requerimento para nova montagem. Um ano depois, Hamilton Figueiredo Saraiva requeria autorização para levar a peça aos palcos, encenada pelo Teatro Jambaí de Comédia. O último requerimento foi feito por Geraldo Nunes Filho, no mesmo ano, quando pretendia apresentar *Eles não usam black-tie* com o Grupo Acadêmico de Teatro Amador do Centro Acadêmico Pirajá da Silva da Faculdade de Ciências Médicas e Biológicas de Botucatu.

Não podemos afirmar se foram todas essas as apresentações da peça em São Paulo, pois sabemos que, em muitas leituras dramáticas e em muitas encenações de grupos itinerantes, textos polêmicos eram apresentados sem a prévia apresentação ao serviço de censura, driblando, assim, o controle estatal. Eram textos politicamente engajados, que criticavam o capitalismo e a falsa moral burguesa. Na verdade, da década de 1950 em diante, o teatro deixava de ser entretenimento para se tornar uma forma de ativismo e de discussão política, abordando não só o capitalismo e a luta de classes, mas também as modificações da sociedade e da cultura, o alargamento dos costumes e da moral vigente.

Mas o que se percebe pelo processo 4551 do Arquivo Miroel Silveira (AMS) é que *Eles não usam black-tie* passou do Teatro de Arena aos grupos amadores mais afastados do centro das atenções, no ABC e interior de São Paulo. Sinal do endurecimento do regime e da censura.

Para entender como funcionava a censura e como agiam os autores e produtores no intuito de preservar sua independência e autonomia, utilizamos em nossa pesquisa não só a documentação existente, mas também entrevistas com pessoas envolvidas nos processos: autores, diretores, produtores e censores. Um dos entrevistados foi João Ernesto Coelho Neto, engenheiro que começou sua vida artística ligado a grupos de teatro universitário e foi presidente da Federação Paulista de Teatro Amador. Chegou a atuar junto a artistas de prestígio, mas, em determinado momento, achou que devia ser censor, podendo, segundo ele, ajudar na liberação de peças e na renovação do teatro em São Paulo. Muitos de nossos entrevistados confirmam que sua atuação foi mais favorável à liberdade de expressão do que à censura.

Coelho Neto que, como censor, fez o parecer existente no processo 4551, referente à censura de *Eles não usam black-tie*, nos diz que esse trabalho na Divisão de Diversões Públicas era muito simples: "Você lia, se tinha palavrão, cortava. Se tinha uma frase com duplo sentido, tinha que cortar. Se tinha um trocadilho, então, tinha que ser treinado para descobrir que isso é do autor...".

Com relação à peça de Guarnieri, ele conta:

> E eu chego na censura e o ascensorista diz: "O diretor está procurando o senhor". No Gabinete, a mesma coisa: "Ele até ficou na hora do almoço para falar com você". O diretor era um advogado muito bom, muito correto e me disse: "Olha, infelizmente, eu acho que eu só posso confiar em você para isso. Qualquer outro vai me ser um transtorno. O Dops recebeu essa peça aqui que tem que ser cortada inteira". Eu ainda vi a peça, era do Guarnieri, *Eles não usam black-tie*. Eu fiquei frio e falei: "E agora?". "É que acho que só você tem mesmo autoridade para fazer isso." Eu falei: "Mas qual é o problema?". Ele

disse: "É grevista, comunista, aquelas coisas todas". O Guarnieri era militante do Partido Comunista na época. Eu falei: "Será que eu não poderia falar com eles?". "Mas o senhor teria coragem?" Respondi: "Por que não? Eu vou tentar argumentar. Deixa eu ler a peça primeiro, que eu não conheço". Então, três dias depois, fui lá no Dops. Achei uma coisa terrível, nunca tinha entrado lá, três homens me receberam: "Qual é a proposta?". Eu falei: "Eu queria discutir com os senhores o seguinte: a peça não é revolucionária. É um grevista que o filho fura a greve e tem um conflito romântico, ele perde a namorada...". "Mas você não acha que isso é subversivo? Veja essa frase: 'Otávio foi preso?' 'Para onde ele foi?' 'Para o Dops'. Um personagem comentava: 'Tá perdido'". "O senhor não acha que é?" Eles olhavam coisas pontuais. Isso e muitas outras coisas – o fato de o cara ser socialista, de haver, pela primeira vez, no teatro brasileiro, a história de uma greve, uma greve que foi furada e há uma condenação do cara que furou a greve.

Eu propus: "Essa aqui do Dops eu acho horrível. No lugar disso, põe assim: 'Minha Nossa Senhora'". Os homens aceitaram esse corte e alguns outros que eu propus, que não mexiam na peça. Tinha dois ou três palavrões, eu amenizei. Ao final, disseram: "Fica a seu critério. O senhor fala lá com o seu diretor e nós concordamos". Voltei, falei com Guarnieri e ele disse: "Pode aceitar. Bate o martelo". Foi assim que foi estreada *Eles não usam black-tie*, que revelou o Guarnieri, que mudou o teatro brasileiro e deu característica ao Teatro de Arena. Então, era esta a minha missão.

Esse e outros pareceres existentes no Arquivo mostram que, efetivamente, Coelho Neto participou da liberação de muitas peças, mesmo que isso demorasse meses, até anos, e que a peça recebesse inúmeros cortes. Cerca de 30% de toda a dramaturgia brasileira recebeu algum tipo de intervenção dos censores, que cortavam desde palavrões e cenas de nudez até o uso de fardas e batinas pelos personagens. A lista de proibições dependia da época: durante a ditadura Vargas, por exemplo, a peça *Ben-Hur*, de Hilário de Almeida, abordando a luta dos judeus contra o Império Romano, sofreu cortes em todas as falas que exaltavam o poder de Roma. Isso porque, em 1943, quando a peça seria encenada, Vargas procurava posicionar-se a favor dos Aliados, afastando-se dos países do Eixo – Itália e Alemanha. Uma peça exaltando os romanos poderia ser interpretada como sendo uma propaganda fascista. E lá foram para o lixo as louvações ao Império Romano.

E, se é verdade que o trabalho dos censores era simples, o dos autores se tornava cada vez mais difícil, à medida que o teatro deixava de ser mero entretenimento do público e se tornava um local para ampla discussão sobre a vida nacional, procurando analisar nos palcos os problemas sociais, os conflitos e a visão de mundo das classes mais desfavorecidas da população. Já não era apenas em nome da moral e dos bons costumes que, nas décadas de 1950 e 60, a censura intervinha nos textos, era também em favor de uma política militar que considerava o endurecimento do regime como uma questão de segurança nacional. Foi em nome dessa ideia que, mesmo em 1958, época da estreia de *Eles não usam black-tie*, período de relativa prosperidade e constitucionalidade, pensara-se em impedir a estreia da peça.

A guerra fria, que opunha Estados Unidos e União Soviética, estava no auge e a perseguição a tudo que parecesse ou lembrasse o comunismo era evadido dos livros, da imprensa, do rádio e dos palcos. Procurava-se, também, desviar a atenção das pessoas das discussões que se travavam na sociedade. Isso explica porque o processo do DDP 4551 foi parar no Dops, e o censor, que nunca estivera lá, para lá foi chamado.

Em 1964, com o golpe militar, inicia-se o período de pior conflito entre o governo e a classe teatral que, madura e organizada, produz as melhores páginas de sua história e manifesta-se abertamente contra a repressão, que procura apo-sentar um projeto político nacionalista e democrático. A contribuição do teatro na luta pela liberdade e pela democracia, sob a forma de produção de textos, apresentações e atitudes políticas assumidas pelos artistas ainda está para ser plenamente analisada.

A RESISTÊNCIA

A luta entre teatro e poder no Brasil data da introdução do teatro no país pelos jesuítas, que já viam nas artes cênicas uma possibilidade de evangelização dos indígenas. Assim, o teatro nascia a serviço dos que tinham o poder e o promoviam. Os mecanismos criados para institucionalizar esse controle foram muitos: desde o Tribunal da Inquisição, que executou Antonio José da Silva, o Judeu (1705-1739), dramaturgo nascido no Brasil e autor, em Portugal, de inúmeras peças, das quais a mais conhecida é *Guerras do alecrim e da manjerona*. Representantes do Vaticano, da coroa e do bispado português examinavam e decidiam o que podia ou não entrar e sair de Portugal, assim como entrar ou sair do Brasil. Depois da Independência, foram as instituições nacionais que se ocuparam da censura, o Conservatório Dramático Brasileiro e, quando necessário, a polícia, que tinha o poder de interromper um espetáculo e prender os artistas quando, por exemplo, os responsáveis pela ordem julgassem que a família imperial ou o público estivessem sendo ofendidos.

Com a República, outros mecanismos de censura foram criados para defender a família, a ordem, os bons costumes, o idioma português, a Igreja, as autoridades civis e militares e a religião cristã. A força policial continuou dando respaldo a essas arbitrariedades e dividindo o poder com os censores que, geralmente, ficavam sob a alçada do Ministério da Defesa e Negócios Interiores em seções de âmbito federal e nacional. Oficialmente, a censura foi extinta no país em 1988, quando se procedeu a uma reforma constitucional.

Mas, apesar de secular, a censura conviveu e tem convivido com diferentes formas de resistência por parte dos autores, produtores e diretores. Uma dessas formas de resistência é o chamado caco ou improviso, frases e expressões que não constam no texto, mas que os artistas falam quando estão em cena. Alguns artistas se tornaram famosos pela improvisação, caso de Dercy Gonçalves, cuja participação em musicais e comédias era garantia de divertimento, de improvisação e de frases picantes e uso de expressões de baixo calão. Entrevistada pelo projeto que estuda o AMS, ela disse não ter o que reclamar da censura, assim como muitos censores reconheceram ser impossível controlá-la. Procópio Ferreira era outro que se caracterizava por não decorar ou ensaiar seus papéis e improvisar na hora suas falas. Há quem diga que o único papel que ele fazia era *de si mesmo*. Assim, driblava-se a censura na primeira metade do século XX.

Na segunda metade do século, especialmente quando a ditadura militar levou a censura à condição de arma de defesa nacional, os artistas também improvisavam, utilizando como subterfúgios o experimentalismo formal. Época de grande renovação nas artes, os palcos exibiam não só encenações de textos, mas também performances em que os artistas encenavam a partir de uma ideia e não de um texto. Ficava cada vez mais difícil controlar o que seria dito, mesmo que continuasse vigorando a prática da censura fiscalizando o ensaio geral, aquele que precede a estreia. Assistir ao ensaio geral era um recurso também secular: os censores, tendo em mãos o texto com os cortes indicados, verificavam se as sugestões haviam sido respeitadas.

Também nesse momento havia possibilidade de alguma forma de resistência. Atores e diretores contam passagens anedóticas em que tossiam e riam no momento exato em que deviam ser ditos alguns palavrões, procurando minimizar o impacto aos ouvidos dos censores.

Outras formas de resistência podem ser notadas nos processos de censura que analisamos, como a troca de títulos e o uso de pseudônimos por artistas que, por suas vinculações políticas, acabavam sendo perseguidos pelos órgãos censores. O processo DDP 0483, referente à peça *O sindicato dos malucos*, de Ado Benatti, de 1949, indica que o título foi alterado para *Clube dos malucos*. Certamente, a palavra "sindicato" poderia soar mal aos ouvidos das autoridades. Idibal Pivetta, ex-presidente da UNE, militante do movimento estudantil, diretor e dramaturgo, resolveu mudar seu nome para César Vieira, quando percebeu que nenhuma peça de sua autoria seria liberada. No processo referente à censura de seu texto *Os sinceros*, até mesmo uma cópia de sua ficha no Dops foi anexada.

As relações pessoais com autoridades ou pessoas influentes também era uma forma de resistência. Nidia Lycia, em entrevista concedida ao projeto, contou que durante a ditadura militar, Cacilda Becker tirou Cleyde Yaconis da prisão graças ao uso de suas relações com o governo. Isaías Almada relatou que Ruth Escobar conseguiu autorização para que ele saísse do país e se apresentasse na Europa graças às suas relações com as autoridades instituídas.

A itinerância dos grupos teatrais também era uma forma de resistência. Na primeira metade do século XX, uma das formas mais eficientes de divulgação do teatro era o circo, que mambembava pelas cidades do interior, levando peças a lugares em que encenações eram apresentadas pela primeira vez. Depois dos números cômicos, do malabarismo e do trapézio, havia um número de circo-teatro, cujo texto também tinha que ser submetido à censura. Obviamente, a itinerância dos grupos facilitava a burla aos cortes. Outra forma de resistência foi a organização de inúmeros grupos de teatro amador que, por não serem profissionais e se apresentarem para um público numericamente menor, eram menos fiscalizados e, portanto, gozavam de mais liberdade. Justamente durante a ditadura militar, quando os teatros se tornaram alvo das forças repressivas, era nos grupos amadores de teatro operário e estudantil que havia maior possibilidade de ação, experimentação e criação.

Mas a forma clássica de resistência era a negociação, ou seja, o jogo que se estabelecia entre autores e censores para que algumas expressões fossem cortadas enquanto outras, toleradas. Essa era uma forma de negociar a liberação de peças, de justificar a existência dos censores e de submeter os artistas ao poder. Como se vê pelos processos do Arquivo Miroel Silveira, essa era a resistência mais comum e usada.

Eles não usam black-tie no ABC

Respaldando nossas análises esteve sempre a pesquisa a respeito de São Paulo – o desenvolvimento da capital, o êxodo rural, as elites ilustradas. Isso porque certas formas de arte, especialmente o teatro, não se desenvolvem no vazio – é preciso uma formação urbana sólida, o desenvolvimento da educação e forças produtivas amadurecidas. E, embora o teatro no Brasil tenha se favorecido, no período colonial, da proximidade com o poder, tendo surgido prioritariamente em Salvador, Vila Rica (Ouro Preto) e no Rio de Janeiro, a implantação da indústria veio reverter esse quadro. Foi em São Paulo, graças ao crescimento da população operária e imigrante, ao comprometimento das elites intelectuais, políticas e econômicas e ao enriquecimento trazido pela industrialização que o teatro brasileiro alcançou sua maior pujança. Mas essa importância não ficou restrita à cidade de São Paulo e a seu centro, espalhou-se pelos bairros e pelas cidades do entorno. A região do ABC, compreendida pelas cidades de Santo André, São Bernardo e São Caetano, também viu surgir e amadurecer centros de produção teatral. E os processos do Arquivo Miroel Silveira comprovam isso.

O processo 4551, referente a *Eles não usam black-tie*, mostra que, em 1965, plena ditadura militar, Arthur Francisco Peduto assinava requerimento para encenar a peça pela Sociedade de Cultura Artística de Santo André, a SCASA. Segundo depoimentos coletados pelo Gipen (Grupo Independente de Pesquisadores da Memória do ABC), a fundação dessa instituição, em 1953, representou o início de novos tempos no teatro amador da cidade e os primeiros passos para o surgimento do Teatro Municipal (Assumpção, 2000, p. 18). Importante lembrar que a SCASA surge na indústria como teatro operário, criado no Departamento de Cultura do C. A. da Rhodia. A vida artística estimulada pelos movimentos sociais, pelo crescimento de Santo André e das cidades vizinhas, e pela organização política dos operários, deu origem não só à criação do Centro Popular de Cultura de Santo André (CPC), como à construção do Teatro de Alumínio, que abrigou memoráveis encenações.

Eles não usam black-tie fez parte do III Festival de Teatro Amador apresentado no Teatro de Alumínio com elenco da SCASA. Seis anos depois, o teatro fecha as portas e é desmontado, provavelmente, em razão do próprio crescimento da cidade. Mas o espaço que ocupou num momento tão delicado da vida política e cultural de São Paulo não pode ser esquecido. Frente à abjeta repressão que fazia com que uma peça de Plínio Marcos demorasse 20 anos para ser liberada, nos palcos do ABC, Guarnieri continuava tendo espaço para falar àqueles que não usam *black-tie*, o que sempre foi seu objetivo. E, na memória dos que viveram esse momento, essas encenações aparecem como elemento fundador. Há significativa lembrança da encenação da peça, assim como da censura e da autocensura que já se instalava entre todos.

Ivone Vezzá Caieli, que participou do teatro amador no ABC, conta essa experiência inovadora e revolucionária numa cidade que começava a crescer. Diz ela: "Comecei a ver algumas coisas do Teatro de Alumínio quando a gente começou a fazer teatro amador". Ela lembra que a abertura trazida por essas experiências iniciais foi importante incentivo de desenvolvimento cultural e pessoal, para ela e para outras pessoas que iam assisti-los e que pisavam num teatro pela primeira vez. Menciona também como a censura penetrava na intimidade da ação, nas cenas mais importantes da peça, como em *Eles não usam black-tie*. No diálogo que é o ponto culminante do texto, quando Otávio e Tião se enfrentam, ela cobra do diretor um palavrão não dito. Vejamos o que Ivone diz:

> Em *Eles não usam black-tie* eu tive uma decepção brutal com o Chiarelli, brutal, porque ele fazia o papel do pai que era líder grevista, o filho fura a greve, e na hora que ele descobre, ele vira para o filho e fala: "Seu filho da mãe!". Um negócio que soou falso para danar, muito falso, em teatro, principalmente no teatro moderno, como era o Gianfrancesco Guarnieri, um teatro atualíssimo na época. O cara descobre que o outro é furador de greve e ele vai chamar de filho da mãe? Não! Ali cabia um sonoro palavrão, cabia, eu não falo palavrão, não, mas no momento que ele falta a coisa desmorona. Ele não teve coragem, depois a gente falou: "Chiarelli, ali faltava um palavrão!". Ele falou: "Eu não tive coragem, não tive coragem".[2]

Talvez Ivone não soubesse que o texto da peça impresso e publicado pelo Círculo do Livro, assim como o original mimeografado apresentado aos censores

2. Depoimento prestado em 2003, a Vilma Lemos e Daniela Macedo da Silva, como parte do Projeto *Memórias do ABC* do Centro Universitário Municipal de São Caetano do Sul – Imes.

e que consta do processo 4551 do Arquivo Miroel Silveira, também trouxessem a expressão "filho da mãe" com a qual Otávio se dirige ao filho. Se essa opção pelo texto mais brando não foi uma exigência da censura, certamente foi uma tentativa de conceder nesse ponto, para que o drama da classe operária em luta pudesse ser encenado nos palcos paulistas. No prefácio do livro *Censura em cena* (Costa, 2006, p. 17-22), Guarnieri menciona a negociação que havia com os censores para a liberação da peça, a mesma negociação a qual o censor Coelho Neto faz referência em seu depoimento. Mas ambos só se lembram de terem eliminado a referência ao Dops. Os documentos do Arquivo Miroel Silveira mostram que outras palavras foram eliminadas. São elas: *deixa mudá de regime*; *Presidente da República*; *senão ele entra na pancada*; *dedo-duro da polícia*; *só uns tapinhas*. Mas, dentro do princípio de negociação que era uma forma de resistência, temos que concordar que é melhor levar ao palco dessa forma do que engavetar a peça. Que falta nos teria feito *Eles não usam black-tie*...

Provavelmente, Antonio Chiarelli, que foi diretor artístico da SCASA, também temesse que, ferindo essas negociações de uma década, pusesse a perder seu empenho em contribuir para o fortalecimento do teatro em sua cidade. Tudo isso faz parte das lembranças de uma prática artística que se desenvolveu sob os olhares permanentes da censura.

Conclusão

Usamos neste trabalho a memória recuperada em diversos suportes e linguagens, depoimentos coletados e gravados por dois grupos de pesquisa – o Projeto *Memórias do ABC* (Imes) e o Núcleo de Pesquisa em Censura e Comunicação (ECA-USP) –, bibliografia e documentação original dos processos de censura pertencentes ao Arquivo Miroel Silveira. Usando técnicas propostas tanto por Ecléa Bosi, como por Carlo Ginzburg, procuramos recuperar o que foi o século XX e a importância do teatro brasileiro nessa época. Procuramos também apresentar como atuava a censura e como ela repercutia entre as pessoas, na produção artística, criando ambiguidades difíceis de serem resolvidas ou dissolvidas no tempo.

Foi nossa intenção mostrar como o teatro produzido na cidade de São Paulo refletia nas demais cidades do estado, e como os palcos paulistas estavam interligados pelos mesmos problemas e as mesmas questões, além de alertar para os malefícios da censura, que impedem a apresentação livre da beleza da obra de arte em toda sua verdade.

Plínio Marcos recebeu uma homenagem quando sua peça *Abajur lilás* foi liberada, 20 anos depois ter sido proibida. Ele disse que não aceitava nenhuma forma de desagravo, pois o que queria ter dito não fora escutado e que, então, era tarde. Inúmeras formas de censura ainda persistem impedindo que a obra de arte chegue a seu público. Para evitarmos isso, nunca será demais relembrar os prejuízos que ela impõe às gerações.

Além de todos os cortes e supressões aos quais já nos referimos, em todas as vezes que *Eles não usam black-tie* foi a público, ela foi proibida para menores de 18 anos. Quantos jovens foram privados de sua mensagem e de sua discussão? Quantos jovens não puderam se emocionar com as incertezas de Tião e com os conflitos entre ele e Otávio? Como disse Guarnieri: "É hora de rever tudo isso e vasculhar essa memória".

Referências bibliográficas

Assumpção, Paschoalino. *O teatro amador em Santo André: a Sociedade de Cultura Artística (SCASA) e o Teatro de Alumínio*. Santo André, SP: Alpharrabio, 2000.

Bosi, Ecléa. *Lembranças de velhos*. São Paulo: T. A. Queiroz, 1979.

Costa, Cristina. *Censura em cena: teatro e censura no Brasil – Arquivo Miroel Silveira*. São Paulo: Edusp/ Fapesp/ Imprensa Oficial, 2006.

Ginzburg, Carlo. *Mitos, emblemas e sinais*. São Paulo: Companhia das Letras, 1989.

____________. *O queijo e os vermes*. São Paulo: Companhia das Letras, 1987.

Magaldi, Sábato. *Panorama do teatro brasileiro*. Rio de Janeiro: Difusão Europeia do Livro, 1962.

Peixoto, Fernando (org.). *Gianfrancesco Guarnieri*. São Paulo: Círculo do Livro, 1978.

Perdoa-me por me traíres: censura, teatro, filme e livro

Barbara Heller

Perdoa-me por me traíres: texto original e censura

A peça conta a história de Glorinha, órfã de mãe aos 2 anos, levada, aos 16, por sua amiga Nair ao prostíbulo de Madame Luba, onde tem sua primeira experiência sexual com um deputado de idade bem mais avançada. Assim que saem de lá, Nair revela que está grávida e pede à amiga que a acompanhe ao ginecologista e faça com ela um pacto de morte, pois temia falecer durante o aborto. Quando Nair percebe que morreria vítima de hemorragia durante o procedimento e sem a companhia da amiga, sente-se traída. Por isso, pede a visita de Raul, tio e tutor de Glorinha, e denuncia, nos minutos finais de sua vida, a ida da enteada ao prostíbulo. Na sequência, Raul, enciumado, convoca a sobrinha para uma conversa reveladora. É quando lhe desmente a versão do suicídio de Judith, sua mãe, e confessa tê-la envenenado. Conta-lhe, com riqueza de detalhes, que, com essa ação, pretendia salvar a honra do irmão, seu pai, a quem Judith havia traído, mas dá a entender que se tratava também de vingança pessoal contra a cunhada, que nunca o olhou, mas por quem sempre sentiu forte atração sexual.

Raul, transtornado pelas lembranças, confunde Glorinha com Judith e quer convencê-la a morrer envenenada, por ter traído sua confiança. Glorinha finge concordar, mas repete a estratégia de Nair, pedindo-lhe para que morressem juntos.

Ele aceita a proposta, mas Glorinha engana-o, e ele toma o veneno sozinho. Mal o tio falece, ela vai, livre e espontaneamente, mais uma vez, à casa de Madame Luba.

Como o leitor poderá perceber, *Perdoa-me por me traíres*, como era próprio do estilo de Nelson Rodrigues, trata de temas-tabus: virgindade, infidelidade feminina, taras sexuais, loucura, decadência da instituição familiar e do casamento, prostituição, aborto etc. Talvez seja por isso que a peça, composta por três atos, recebeu 33 documentos censórios reiterando a proibição da apresentação em 1957, emitidos pelos funcionários ligados à Secretaria de Estado dos Negócios da Segurança Pública, Setor de Órgãos Auxiliares Policiais, Divisão de Diversões Públicas do Estado de São Paulo. Embora tivesse sido encenada no Rio de Janeiro, em São Paulo foi censurada na totalidade, graças não só à pressão dos censores, como da sociedade paulistana, especialmente das senhoras da Ação Católica de São Paulo,[1] autoras de um abaixo-assinado com muitos milhares de assinaturas contra a montagem, além de despachos trocados entre os censores e o então governador de São Paulo, Jânio Quadros.

A diversidade dos documentos censórios, bem como de seus assinantes, mostra que a censura, a partir de 1945 até o golpe militar em 1964,[2] permitia, em certa medida, negociações em diversos níveis: da classe teatral com a censura; da censura com o governador; da sociedade com os censores, da Igreja com o governo,[3] e assim por diante.

Isso quer dizer que, aplicando os conceitos de Jesús Martín-Barbero, os textos censórios funcionaram como *mediações* de interesses entre o autor do texto teatral (ou matrizes culturais, na terminologia de Martín-Barbero) e o Estado, preocupado em controlar os receptores.

1. Grupo conservador, composto exclusivamente por mulheres, ligado à Igreja católica.

2. A ditadura no Brasil ficou mais severa após dezembro de 1968, quando entrou em vigor o Ato Institucional n. 5 (conhecido como AI-5), que fechou o Congresso e endureceu ainda mais a censura, entre outras medidas. O AI-5 vigorou até dezembro de 1978.

3. Conforme Roseli Figaro: "A censura no Brasil não é apenas uma prerrogativa do Estado. É um amplo processo de aliança entre o governo, a Igreja católica, setores conservadores da sociedade e da elite obscurantista para coibir o pensamento crítico e a livre expressão artística" (2007).

O Estado, mesmo em regimes não ditatoriais, interessado em preservar a ordem vigente em momentos de instabilidade política, tenta fazer a mediação entre seus interesses e os dos autores. A esta mediação, Martín-Barbero dá o nome de institucionalidade, isto é:

> [...] uma mediação **densa de interesses e poderes contrapostos** [grifos nossos], que tem afetado, e continua afetando, especialmente a regulação dos discursos que, da parte do Estado, buscam dar estabilidade à ordem constituída e, da parte dos cidadãos – maiorias e minorias – buscam defender seus direitos e fazer-se reconhecer, isto é, reconstituir permanentemente o social (2001, p. 17).

O conflito de interesses entre Estado e autores pode ser reconhecido no documento transcrito a seguir, de 22 de outubro de 1957, do governador do estado de São Paulo, Jânio Quadros. Embora ele tenha manifestado a decisão de liberar a peça, terminou por censurá-la, para "evitar graves danos à sociedade":

> Reformo despacho anterior para proibir, como proibido tenho, a representação da peça "Perdoa-me por me traíres", mantendo, assim, a primitiva decisão da censura. Ao reformar decisão anterior, procuro acertar. Não me constrange rever as próprias decisões, modificando-as, quando erradas.
>
> Alertado pela representação de fls., de senhoras da Ação Católica, li o trabalho na íntegra, e desejando conferir meu julgamento, submeti o mesmo trabalho à idônea Comissão, que o condenou no pronunciamento de dois de seus ilustres integrantes. Não vai nessa proibição nenhum demérito para a ilustre Comissão Estadual do Teatro, que se limitou a aparar os excessos mais escandalosos da peça em apreço e o fez a meu pedido, tendo em vista o intuito do Governo de ensejar, se possível, a liberação da mesma. Não obstante, ainda com os cortes propostos, essa representação é impossível, sem graves danos à sociedade.
>
> Cumpra-se
>
> Jânio Quadros

Numa clara demonstração de que os grupos sociais representados pela Ação Católica eram mais próximos da cultura hegemônica que a Comissão Estadual de Teatro (CET)[4] – composta por intelectuais conhecidos por suas posições mais combativas, como Sábato Magaldi e Décio de Almeida Prado –, Jânio Quadros decide-se pela censura integral da peça. Mas, antes, embora apenas dois censores tenham-no apoiado na decisão, torna públicos os nomes dos três que formaram a referida "comissão": Sr. Prof. Lourival Gomes Machado, da **Faculdade de Filosofia**; o jornalista Herculano Pires, **Presidente do Sindicato dos Jornalistas Profissionais** e o Sr. Francisco Silva Júnior, da **Sociedade Amigos da Cidade** [grifos nossos].

Nomeando, portanto, professores, jornalistas e membros da sociedade civil, o governador, que representa o Estado (ou as lógicas de produção, na terminologia de Martín-Barbero), dá mostras da intenção de dividir o ônus da responsabilidade do veto com determinados atores sociais e, assim, aliviar um possível desgaste político. Vê-se, portanto, já por meio desse único documento, que a censura era arbitrária, não atendia a um código definido de regras, e que os censores poderiam ser nomeados pelo governador, sem que tivessem, para isso, um treinamento específico.

À medida que nos debruçamos na leitura dos textos censórios, essas mediações entre Estado e sociedade tornam-se mais instigantes ainda, principalmente quando nos deparamos com as propostas elaboradas pela CET, redigidas apenas 19 dias antes do decreto de Jânio Quadros, isto é, em 3 de outubro de 1957, a pedido do próprio governador, mas por ele também recusadas. O documento da CET compõe-se de seis propostas de cortes ou de modificações, analisadas na sequência.

> a) A cena do aborto, representada integralmente no Teatro Municipal do Rio de Janeiro, passar-se-ia no escuro, mantendo-se apenas os rostos iluminados.

A proposta de modificação merece análise porque a ideia do aborto – que é o que efetivamente agride a fé religiosa – manteve-se. Ocultar-se-iam os corpos,

4. Criada em 31 de agosto de 1956, pelo decreto 26.348, com o objetivo de tornar o teatro mais acessível à população.

mantendo-se visíveis os rostos, e quase todos os diálogos, exceto o transcrito abaixo, no item "b":

> b) Supressão da fala: "Põe gaze, entope isso de gaze!".

A fala seria proferida no momento em que Nair começa a sofrer forte hemorragia e "entupir isso de gaze" era a única forma possível, na situação em que a cena se passa, para estancá-la. Provavelmente, a sugestão da supressão desta deve-se mais ao verbo "entupir", semanticamente próxima ao mundo dos encanamentos e dos vazamentos, que à palavra "gaze", do universo dos cuidados médicos. O pronome indefinido "isso", provavelmente acompanhado por um gesto, substituiria a vagina de Nair. Os diretores da CET possivelmente achavam que, sem o enunciado, o texto não reforçaria a ideia de aproximar o corpo feminino a um objeto, a uma "coisa que pode ser entupida" e que a cena do aborto, ainda que na penumbra, poderia ser autorizada.

> c) Supressão da fala: "Te lembras de quando eu te pedia para por tua saliva na minha boca? (No ouvido da mulher) Eu quero beber na tua boca".

O enunciado seria proferido pelo personagem masculino Gilberto, pai de Glorinha, nas cenas em *flashback*, em que ela toma conhecimento da traição de sua mãe e do amor que ainda assim seu pai sentia pela esposa. O que a CET provavelmente pretendeu foi suavizar a forte carga erótica da ideia de o marido beber a saliva da esposa. Sem essa passagem, o comportamento do casal, apesar de ainda atípico, pois maridos traídos raramente perdoam esposas traidoras, fica mais próximo do aceito social e publicamente, pois o corpo e suas secreções, para a moral vigente, devem ficar restritos à intimidade do lar. Mais uma vez, a CET optou por eliminar passagens que evidenciassem o corpo, mesmo que apenas pelo discurso.

> d) Supressão da fala: "O verdadeiro defloramento é o primeiro beijo na boca".

O enunciado, que também seria proferido por Gilberto, é tipicamente rodrigueano. Não há nele nenhuma expressão fortemente erótica ou contrária aos costumes; apenas a afirmação de que o primeiro beijo não é inocente. Parece que, ao propor o corte, a CET tentou desviar a atenção dos censores de outros trechos mais controvertidos.

É bom lembrar que tanto esse enunciado, como o anterior, foram proferidos por um personagem masculino sobre o comportamento erótico da mulher ou do casal heterossexual. A tentativa da CET parece ter sido, mais uma vez, a de "higienizar" o discurso, eliminando passagens que deixavam o corpo e suas secreções à mostra.

e) Supressão da fala: "Imagina tu que ela própria me disse que fazia higiene íntima três vezes por dia, se tem cabimento!" (página 50) [Essa é a fala da mãe de Gilberto, sobre a nora Judith.]

O enunciado seria dito por uma personagem feminina – a mãe de Gilberto – sobre sua nora, a traidora de seu filho. Ao eliminar o trecho, a CET, mais uma vez, elimina a manifestação verbal de uma prática corporal: a higiene íntima feminina. O que o texto rodrigueano deixava subentendido e a CET suprimiu é que, ter contato três vezes ao dia com a região genital, ainda que por higiene, configurava erotismo e desvio de comportamento da personagem, funcionando como uma espécie de explicação para sua libido e consequente traição.

f) Supressão da fala: "Beijo de língua?".

Mais uma vez, a manifestação da libido, por uma ação corporal – beijo de língua – foi proposta para ser suprimida, pois ela seria pronunciada pela protagonista Glorinha. Como se pode observar, tudo que dizia respeito a beijo, boca, saliva, língua e vagina, se ligado à atuação de uma personagem feminina, era proposto para corte, o que mostra coerência argumentativa da CET: "descorporificando" o discurso, mas mantendo-se os desvios de conduta – aborto, incesto, traição, assassinatos – acreditavam poder convencer a censura de que colaboraram para a manutenção da moral vigente e, assim, conseguirem a liberação da peça, pelo menos para maiores de 21 anos, como se lê no trecho abaixo:

> Com esses cortes, crê a Comissão que a peça se despojaria de excessos eventualmente inaceitáveis para a plateia, sem prejuízo de sua integridade artística e do caráter de denúncia que o autor quis imprimir-lhe.
> Seria oportuno, também, restringir a audiência, além do limite de 18 anos de idade. Em face das características do texto e em virtude do alarde publicitário já levantado, propõe a CET a Vossa Excelência que recomende, ao órgão competente, a proibição do espetáculo para menores de 21 anos.

Em 1957, ano ao longo do qual *Perdoa-me por me traíres* foi escrita e submetida à censura, Juscelino Kubitschek estava recém-empossado depois do suicídio de Getúlio Vargas, mas o que os censores reclamavam eram as passagens que manifestavam desvios de conduta da jovem Glorinha e de seus familiares, bem como as que evidenciavam o corpo e suas secreções. A crise política do país não era nem o assunto das peças, nem a argumentação dos censores, o que mostra que a censura predominante era de ordem moral, isto é, a que privilegia a proibição de palavrões, de termos relacionados ao sexo e ao erotismo, de palavras que ferissem os bons costumes (Gomes; Martins, 2008, p. 2).

A peça não chegou a ser encenada em São Paulo, nem mesmo com a troca do governo: em 1959, o sucessor de Jânio Quadros, Carvalho Pinto, também a veta na totalidade.

Perdoa-me por me traíres: o filme e a censura

É necessário explicitar, antes da análise propriamente dita do filme, a dificuldade em adquiri-lo ou mesmo de apenas assisti-lo. Dos vários lugares especializados em que procuramos por ele – Cinemateca de São Paulo, Biblioteca da Escola de Comunicação e Artes da USP, Itaú Cultural – e nas locadoras comerciais na cidade de São Paulo, não havia um único exemplar. Foi por meio da Internet, no *site* "Quebarato!

Anunciar aqui é grátis" (www.quebarato.com.br), que conseguimos realizar a compra, depois de *e-mails* trocados com um sujeito que, supostamente, vive de cópias de filmes raros e garantiu a boa qualidade da reprodução, não sem antes se desculpar pelas sequências mais escuras, as censuradas! Acreditando na preciosa informação – a de que era possível reconhecer as sequências censuradas das demais – analisamos o filme que chegou às nossas mãos em poucos dias.

No filme, de 1983, a história que se conta é bastante próxima dos originais de Nelson Rodrigues, mas muitas sequências, principalmente as eróticas, que explicitam o que fica subentendido no texto – a masturbação do deputado no primeiro encontro com Glorinha na casa de Madame Luba;[5] o relacionamento amoroso de Judith, mãe de Glorinha, com um de seus amantes, mal eles se conhecem numa procissão religiosa; e boa parte das memórias da vida sexual do casal Gilberto e Judith, a se acreditar na informação que recebemos, foram censuradas, porque são as mais escuras.

Nas sequências não censuradas, em que Glorinha vai à casa de Madame Luba para seu primeiro encontro com o deputado, sobressaem-se as cores vermelha, rosa e branca, sugerindo, ao mesmo tempo, erotismo (vermelho), infância (rosa) e pureza (branco). Os uniformes escolares de Glorinha e de sua amiga Nair – blusa branca e saia cinza muito curta, meias brancas do tipo soquete e sapatos sem salto – reforçam, ainda mais, no ambiente, o contraste entre a vida de estudante, supostamente inocente e ingênua, e a prostituição feminina de menores de idade, uma vez que na casa de Madame Luba só trabalhavam meninas de 14 a 16 anos.

As atrizes que representam Nair e Glorinha, Zaira Zambelli e Lídia Brondi, respectivamente, são muito jovens e convencem, pela aparência e figurino, que têm menos de 18 anos e, portanto, não era na casa de Madame Luba que deveriam estar. Mas, como se trata de um filme que tenta ser fiel ao original, os desvios de conduta, bem como os outros temas rodrigueanos, como os já expostos no início do texto, deixam claro que o espectador encontraria muito erotismo e

5. É preciso explicar que a masturbação é sugerida pelo movimento de braços, pelo zíper aberto da calça, bem como pela respiração ofegante do ator. Mas, ainda assim, o filme é mais explícito nessa sequência que o livro.

nudez, mas não teria acesso aos diálogos analisados no item anterior, porque já tinham sido objeto de negociação com a censura décadas antes.

Mas não foi bem isso o que ocorreu. Além da ausência dos diálogos, muitas sequências eróticas foram censuradas, especialmente as de nudez feminina, como veremos adiante, nas tabelas 1 e 2.

Isso não nos surpreendeu muito, pois alguns fatos políticos em 1983 sugerem uma censura tão ou mais severa que nos idos de 1957, quando JK presidia o Brasil. Embora em 1983 o Brasil já tivesse deixado o AI-5 e a população, pela primeira vez desde a instalação da ditadura militar em 1964, foi às praças públicas pedir eleições diretas à presidência, com o movimento Diretas Já, no mesmo ano, o Dentel, órgão responsável pela fiscalização das emissoras de rádio e televisão, lacrou os transmissores da rádio Bandeirantes de São Paulo

> por não ter "obedecido" a um recado telefônico, solicitando que a greve dos petroleiros paulistas não fosse divulgada. Oficialmente, entretanto, os transmissores foram lacrados porque, segundo declarações do porta-voz presidencial da época, "a emissora estava em desacordo com as normas técnicas de operação e foi descoberta em erro" (Mattos, 2005, p. 124).

Como se vê, apesar de o artigo 5º, inciso IX, da Constituição de 1988 ter extirpado a censura, com a criação de um departamento de classificação indicativa de diversões públicas e de programas e rádio e de televisão, ainda se proibiam programas, notícias etc.

Três anos mais tarde, isto é, em 1986, o mesmo Dentel solicitou às emissoras, uma semana antes de uma anunciada greve geral (prevista para o dia 12 de dezembro daquele ano), que os noticiários "inflamados" fossem evitados (idem, op. cit., p. 125).

Pode-se dizer que a censura aos meios de comunicação de massa persistiu até 1995, quando o então presidente Fernando Henrique Cardoso extinguiu, "de direito, o já extinto, de fato, Conselho Superior de Defesa da Liberdade de Criação e Expressão" (idem, op. cit., p. 129).

Parece que a severidade dos censores dos anos 1980 foi maior que a dos anos 1950, no aspecto moral, porque além de terem cortado sequências que expunham a nudez do corpo feminino – mas não a do masculino –, suprimiram diálogos considerados "impróprios", como veremos nas tabelas comparativas a seguir.

Tabela 1

Descrição e duração das sequências censuradas no filme

Descrição da sequência	Duração
Primeira investida do deputado para ter relações sexuais com Glorinha. Ante sua negativa, o deputado começa a se masturbar na sua frente, mas Glorinha foge. É contida por Pola Neri, funcionário homossexual de Madame Luba, que traz Glorinha de volta ao quarto e acaricia-lhe os seios, enquanto o deputado termina a masturbação.	(de 15'30" a 20'30") - Cinco minutos
A representação, sugerida, do aborto de Nair.	(de 26'05" a 28'44") - Dois minutos e 39 segundos
Nair começa a morrer. A enfermeira e o médico da clínica de aborto rezam por ela, mas parecem possuídos por um espírito.	(de 31'11" a 32'11") - Dois minutos
Troca de carícias entre Gilberto e Judith (*flashback*). Trata-se do início do casamento de ambos, sugestão dada pelo apartamento em obras e pelo jornal na mão de Gilberto, com classificados de imóveis. Nessa sequência, a censura vetou as mãos de Gilberto nas coxas de Judith, tocando seus genitais. No entanto, o corpo nu de Gilberto, mas mostrado de costas, representado por Nuno César Maia, é permitido.	(de 59'45" a 1h35") - Um minuto e 50 segundos

Descrição da sequência	Duração
Judith tomando banho juntamente com Gilberto (*flashback*).	(De 1h02'25" a 1h03'47") – Um minuto e 22 segundos
Primeira traição explícita de Judith com um amante anônimo, que ela conheceu em uma procissão.	(De 1h08'49" a 1h11'59") – Três minutos e dez segundos

Tempo total de sequências censuradas: 16 minutos e 1 segundo

Tabela 2
Comparação das sugestões de cortes (diálogos) da CET e sequências censuradas no filme

Sugestões de corte da CET (1957)	Filme (1983)
Cena do aborto. De explícita para sugerida.	Cena do aborto. De explícita para sugerida.
Supressão da fala: "Põe gaze, entope isso de gaze!" .	Ausência da fala: "Põe gaze, entope isso de gaze!".
Supressão da fala: "Te lembras de quando eu te pedia para por tua saliva na minha boca? (No ouvido da mulher) Eu quero beber na tua boca".	Ausência da fala: "Te lembras de quando eu te pedia para por tua saliva na minha boca? (No ouvido da mulher) Eu quero beber na tua boca".
Supressão da fala: "O verdadeiro defloramento é o primeiro beijo na boca".	Ausência da fala: "O verdadeiro defloramento é o primeiro beijo na boca".

Sugestões de corte da CET (1957)	Filme (1983)
Supressão da fala: "Imagina tu que ela própria me disse que fazia higiene íntima três vezes por dia, se tem cabimento!". [Essa é a fala da mãe de Gilberto, sobre a nora Judith.]	Embora o enunciado tenha sido filmado, foi censurado aos 1h24'91" do filme.
Supressão da fala: "Beijo de língua?".	Ausência da fala: "Beijo de língua?".

Inicialmente, podemos concluir, a partir da tabela 2 (que mostra a quase totalidade de coincidência dos cortes propostos pelos censores em 1957 com o filme de 1983), que o diretor ousou pouco. Afinal, há apenas um único enunciado dos censurados que foi rodado. Isso nos levaria a pensar que Braz Chediak incorporou, sem questionar, a censura de 26 anos antes. Mas, se atentarmos à tabela 1, a das sequências censuradas do filme, veremos que todas são de forte carga erótica e nudez feminina, como se fosse uma tentativa de o diretor explicitar no filme o que era subentendido nos originais rodrigueanos. Isso merece destaque, pois pode indicar o contrário da primeira impressão: Braz Chediak teve, sim, ousadia, quando acatou o que sabia que não seria liberado e propôs, no seu lugar, o que julgava poder liberar. Em outras palavras: o diretor também fez *mediações* com a censura que, como pudemos perceber, ainda se mostrava bastante atuante em 1983.

Perdoa-me por me traíres: o livro e a censura

Publicado em 2004 pela editora Nova Fronteira, o livro tem como capa uma fotografia de Nelson Rodrigues, com olhar cabisbaixo, mãos apoiando o queixo.

Tal escolha de capa não é aleatória, afinal, foi o próprio Nelson Rodrigues quem representou o personagem Raul na montagem do Rio de Janeiro, e associar seu rosto ao livro já configura uma estreita identidade entre aquilo que o leitor lerá ao que o espectador assistiu nos idos de 1957. É como se fosse um

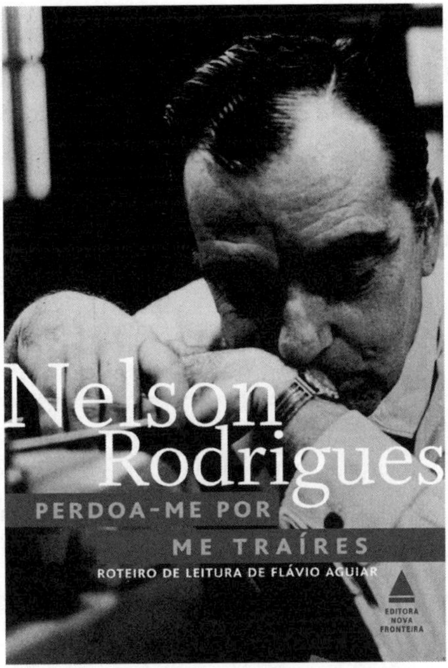

atestado de fidelidade ao texto original, hipótese que parece se confirmar com os resultados da tabela 3, que compara as propostas da CET para cortes e a versão em livro do texto rodrigueano.[6]

Tabela 3

Comparação entre propostas de censura da CET e o livro

Propostas da CET	Livro
Supressão da fala: "Põe gaze, entope isso de gaze!".	Médico – Essa bestalhona não para de gemer! (para a enfermeira) *Põe gaze, entope isso de gaze!* [p. 31]

6. Grifos nossos.

Propostas da CET	Livro
Supressão da fala: "Te lembras de quando eu te pedia para por tua saliva na minha boca? (No ouvido da mulher) Eu quero beber na tua boca".	Gilberto (sem cólera e apenas espantado) – Sair? E eu? Estou aqui, de novo. Não compreendes que eu voltei? *Que é minha ressurreição? (sôfrego) Te lembras quando eu te pedia para pôr a saliva em minha boca? (no ouvido da mulher) Eu quero beber na tua boca, vem!* [p. 49]
Supressão da fala: "O verdadeiro defloramento é o primeiro beijo na boca".	Gilberto – [...] Não damos importância ao beijo na boca. E, no entanto, vê se eu tenho razão: (com grave ternura) *O verdadeiro defloramento é o primeiro beijo na boca.* [p. 52]
Supressão da fala: "Imagina tu que ela própria me disse que fazia higiene íntima três vezes por dia, se tem cabimento!". [Essa é a fala da mãe de Gilberto, sobre a nora Judith.]	Mãe: Como é limpa, como é cheirosa! Imagina tu que ela própria me disse que fazia a higiene três vezes por dia, se tem cabimento! Tanto asseio não havia de ser para o marido, duvido! [p. 59]
Supressão da fala: "Beijo de língua?".	[Enunciado não localizado]

Na tabela 3, diferentemente das duas anteriores, o que vemos é a manutenção de quase todos os enunciados que haviam sido propostos para corte pela CET. A única falta – "Beijo de língua?" – é muito pouco significativa para nos impedir de concluir que, em 2004, como já foi explicitado anteriormente, o Brasil já não sofria mais a mesma pressão da censura, como de fato pretendeu Fernando Henrique Cardoso.

Mas, embora em 2004, o presidente em exercício, Luiz Inácio Lula da Silva, como lembra Mattos (op. cit., p. 130), durante a sessão solene dos 25 anos da Associação Nacional dos Jornais (ANJ), garantisse que

> "[...] a censura não voltará ao país, nem mesmo de forma dissimulada", enviou ao Congresso Nacional os projetos da criação do Conselho Federal de Jornalismo e a lei de regulamentação do setor de audiovisual. Nas palavras de Francisco Mesquita Neto, ex-presidente da ANJ, estes dois eventos "traduzem a perigosa tendência de adoção de ideias centralizadoras e dirigistas na produção intelectual do país" (idem, op. cit., p. 131).

Ou seja: apesar do discurso progressista, as ações do presidente Luiz Inácio Lula da Silva foram conservadoras. Se tomarmos *Perdoa-me por me traíres* como referência para pensar a censura em 2004, veremos que o texto de Nelson Rodrigues deixou de incomodar, não porque ficou obsoleto ou porque a censura deixou de existir, mas porque ela não era mais de ordem moral, mas política, isto é, a que proíbe expressões que possam implicar crítica ao governo, à nação e às suas relações internacionais (Gomes; Martins, op. cit., p. 2).

Reforçando o argumento, temos, como triste memória, a quase expulsão, também em 2004, do correspondente estrangeiro Larry Rohter, do *The New York Times*, por ter tornado público "o reconhecido hábito de beber" do presidente Luiz Inácio Lula da Silva...

Considerações finais

Tentamos mostrar ao longo do texto a instabilidade dos critérios de censura de censores, de autores, de determinados grupos sociais (como a Associação das Senhoras Católicas) e do próprio poder político desde 1957, quando a peça *Perdoa-me por me traíres* foi redigida e interditada em São Paulo, até 2004, quando o texto foi publicado em formato de livro, passando pelo filme homônimo, em 1983. Reconhecemos, portanto, no longo diálogo entre esses grupos sociais a prática do conceito de institucionalidade proposta por Martín-Barbero – uma mediação densa de interesses e poderes contrapostos, que tem afetado, e continua afetando, especialmente a regulação dos discursos.

Como um dos agentes que regula os discursos é a censura, destacamos como ela se fez presente, seja de maneira explícita, seja de maneira implícita, mesmo em regimes democráticos, como durante o governo de JK, de Fernando Henrique Cardoso e de Luiz Inácio Lula da Silva. Vimos, também, que o que mudou foi apenas o tipo de censura: da *moral*, dos anos 1950 e 1980, para a *política*, nos anos 2000. E mais especificamente em 2004, quando veio a público o texto em formato de livro, embora não tivéssemos reconhecido trechos censurados nessa versão, jornalistas brasileiros ainda viviam a ameaça de perda de seus registros profissionais.

A análise que propusemos de *Perdoa-me por me traíres*, por fim, reforça também a opinião de Mattos para quem, até hoje, a "legislação censória brasileira [...] é dispersa e desatualizada" (op. cit., p. 17) e de Martín-Barbero, para quem os meios de comunicação (no caso, textos censórios, originais de Nelson Rodrigues, filme e livro) constituem-se em "espaços-chave de condensação e intersecção de múltiplas redes de poder e de produção cultural" (op. cit., p. 20).

Referências bibliográficas

FIGARO, ROSELI; JACOB, MARIA MARTA; LAET, MARIA APARECIDA. "Comunicação e censura: a dissolução de fronteiras". In: Anais do 30º Congresso Brasileiro de Ciências da Comunicação (Intercom), Santos, 2007.

GOMES, MAYRA RODRIGUES; MARTINS, FERDINANDO. "Comunicação e interdição: a censura moral sobre o corpo e a palavra". In: Anais do 31º Congresso Brasileiro de Ciências da Comunicação (Intercom), Natal, 2008.

MARTÍN-BARBERO, JESÚS. *Dos meios às mediações*. Rio de Janeiro: Editora da UFRJ, 2001.

MATTOS, SÉRGIO. *Mídia controlada: a história da censura no Brasil e no mundo*. São Paulo: Paulus, 2005.

Site

ENCICLOPÉDIA ITAÚ CULTURAL DE TEATRO. Disponível em: <www.itaucultural.org.br/aplicExternas/enciclopedia_teatro> . Acesso em 27 jun. 2012.

PARTE III

RELATOS DA RESISTÊNCIA

A noiva vestida de preto: mensagem de três mulheres artistas no período de censura durante os anos obscuros no Uruguai: Gladys Afamado, Leonilda González e Ana Salcovsky[1,2]

Josseline I. Cabanne

É um prazer estar aqui no país de vocês, agora, neste maravilhoso momento em que ressurgem jovens, plenas de força, pujantes as democracias em nossos países: vocês têm o Lula, nós, o Pepe. Na América Latina, as coisas estão mudando, a democracia vai se reinstaurando com fortes raízes, a cada dia, e os processos eleitorais têm como resultados presidentes "de esquerda", com uma visão distinta da dos antecessores. Nos campos político, social e econômico, vivem-se transformações. Mas ainda está presente em nossa memória coletiva o tenebroso período de escuridão que nossos países viveram durante os governos ditatoriais. Naqueles sombrios anos, em nossos sofridos países, imperou a censura.

Como escrevem Cristina Costa e Roseli Figaro:

> A censura é uma violência na expressão de pessoas e grupos. É uma forma de poder e controle utilizada pelo Estado, pelas elites no poder e por institui-

1. Apresentação realizada no Seminário Internacional Comunicação e Censura, no dia 17 de agosto 2010.
2. Tradução de Wilson Alves Bezerra.

> ções das mais diversas índoles: da Igreja à Escola, à Empresa. A censura em sentido amplo é coerção, pressão, força utilizada para que alguém ou algum grupo social modifique sua atitude. E nestes termos, coerção (com violência física ou não) para a adesão, para a adequação a um *status quo* (in Arboniés, 2010, p. 459).

Ao procurar a definição de coerção, encontramos: "é a ameaça de utilizar a violência (não só física, mas de qualquer tipo) com o objetivo de condicionar o comportamento dos indivíduos".

Vou começar com este trabalho de recuperação da memória, trazendo uma seleção de três artistas uruguaias, donas, cada uma delas, de um personalismo e de uma inconfundível linguagem expressiva. Elas manejam uma linguagem cheia de significado e transcendência, com um profundo trabalho de pesquisa.

Gladys Afamado e Leonilda González pertencem ao Club de Grabado de Montevideo [Clube de Gravura de Montevidéu], do qual Leonilda é fundadora. Ambas fazem parte de uma plêiade de artistas plásticos, pintores, escultores, gravuristas, escritores, músicos populares uruguaios, constituindo um fenômeno complexo do manejo de múltiplas linguagens artísticas em um pequeno país como o Uruguai, com uma população média em torno de 3 milhões de habitantes. As linguagens por eles manejadas estão constituídas por profundos significados, expõem o sentir individual, mas, ao mesmo tempo, são porta-vozes de um sentir e um pensar coletivos.

Afamado começa com a linogravura para depois incursionar em diversas disciplinas. Atualmente, trabalha com meios eletrônicos, Photoshop, gigantografia etc. A artista mais jovem, Ana Salcovsky, atua com desenho, pintura, escultura, técnicas de gravura, serigrafia, para alcançar uma arte inconfundivelmente própria com suas instalações às quais denomina "Itinerários".

> A linguagem não tem razão de ser se não significa [...]. Tal como ocorre com a Arte. [...] Nossa época teve um grande mérito. Devolveu à imagem a consciência de sua verdadeira natureza: a de se expressar diretamente mediante

> seus elementos constitutivos (linhas e cores) pela ação imediata destes sobre a sensibilidade, e de provocar um choque nervoso que, por reação, suscitará sentimentos e estados de ânimo (Huyghe, 1965, p. 100-1).

O artista, então, torna-se esponja de um sentir coletivo, mas está dotado – diferentemente de outros homens – do poder de expressar em pinturas, em gravuras, em poemas, em canções, um momento, um sentimento da sociedade à qual pertence.

É oportuno levar em conta a opinião de uma importante referência em Arte e Educação que é a bacharel Ana Mae Barbosa:

> Através da arte temos a representação simbólica dos traços espirituais, materiais, intelectuais e emocionais que caracterizam uma sociedade ou grupo social, seu modo de vida, seu sistema de valores, tradições e crenças. A arte, como uma linguagem que permite a representação dos sentidos, transmite significados que não podem ser transmitidos através de nenhum outro tipo de linguagem como as linguagens discursivas e científicas [...] Entre as artes, a arte visual, que tem a imagem como matéria-prima, torna possível a visualização de quem somos, onde estamos ou como nos sentimos. [...] A arte supera o estado de despersonalização, inserindo o sujeito no lugar ao qual ele pertence.[3]

As três artistas possuem, cada uma, uma linguagem inconfundível, com a qual transcendem, que chega ao espectador carregada de "seu sistema de valores, suas tradições e crenças". Para parafrasear Ana Mae, a arte nos emociona, para posteriormente instalar no espectador sensível uma atitude reflexiva que nos instala na atitude questionadora sobre "quem somos, onde estamos e como nos sentimos" (idem, ibidem).

3. Disponível em: <http://pt.scribd.com/doc/23417505/Arte-Educacion-y-Cultura-Ana-Mae-Barbosa>. Acesso em: 22 jun. 2012.

Clima social imperante no Uruguai durante os anos de 1973 a 1985

Como afirmei em outra ocasião, lembro que, se levarmos em conta a população total do Uruguai (que não chegava a 3 milhões de habitantes nos anos 1970), esses artistas formam um numeroso e efervescente movimento que deixou uma marca muito especial durante os anos da feroz ditadura que nosso país sofreu (de 1973 a 1985) (Cabanne, 2010, p. 509).

Naqueles anos, a ditadura exerceu um total domínio no campo político, educacional e cultural, entre outros, na trama social e, apesar disso, em muito duras condições, enganando a censura, em um exercício no qual se reuniam a criatividade e a luta, e quando todas as condições externas eram adversas, fez-se presente a liberdade criadora.

Diante dos primeiros indícios de repressão, que logo se consolidaram com o regime autoritário militar, surge uma resposta criativa que implicou na maioria dos músicos assumindo um compromisso de contrapeso a uma das piores ditaduras de nossa América. América na qual, quase em uníssono, dá-se a triste e feroz coincidência de ditaduras na Argentina, no Brasil, no Chile, permanece a do Paraguai e, no Uruguai, é o período mais tenebroso de sua história. O regime militar, exercendo um forte controle sobre os meios de comunicação em massa (que apoiaram o regime, difundindo canções ultradireitistas como "Disculpe", à qual os artistas do Canto Popular respondem com a música "Está disculpado" e outras de conteúdo similar), as perseguições, as *razzias*[4] com as *chanchitas azules* (sirenes barulhentas). A prisão de autores e músicos obrigaram muitos a um exílio forçado, mas teve como contrapartida, quase generalizada dentro da esquerda – e dentro de boa parte do povo –, compreensão e atitude de reconhecer no Canto Popular um lúcido e claro espelho que refletia a identidade como contrapeso.

4. Batidas, ataques. [N. E.]

Gladys Afamado

O almanaque a seguir, de 1974, que apresenta na capa uma gravura de Afamado, foi censurado e retirado de circulação pelo governo ditatorial.

Gladys Afamado – "Canción"

Com a letra de "Canción" como *leitmotiv*, Gladys Afamado compõe, no ano de 1974, uma gravura de mesmo título, o que motivou a detenção de todos os integrantes do Club de Grabado de Montevideo, um longuíssimo interrogatório e o empastelamento do almanaque. A detenção gerou nos artistas um estado de grande incerteza sobre o futuro. Realmente não sabiam o que ia acontecer com eles, quanto tempo duraria a prisão, onde seriam levados etc. Os interrogatórios foram longos e exaustivos, foram questionados sobre os motivos de suas obras, se sua intenção era subverter a ordem de alguma forma. Quem os prendia temia o poder subversivo, iconoclasta da arte em geral, e da arte desses gravuristas em particular. Obscuramente pressentiam que a mensagem dos gravuristas tinha a capacidade de chegar a um grande público. Esse público espectador captava a mensagem das gravuras, que, apelando à sua mensagem expressiva e sua sensibilidade, o deixavam comovido, emocionado, faziam-no refletir, criando assim um forte vínculo entre espectador e obra.

Os artistas presos especulavam sobre o futuro, não sabiam ao certo qual seria a decisão que seus algozes tomariam. Alguns faziam piadas, o que irritava os repressores: "Isto aqui não é para brincadeira, para conversa. Fiquem virados para a parede" – a pressão exercida sobre eles era, sobretudo psicológica, pois passavam por uma época em que se poderia esperar qualquer coisa. Às quatro da manhã, foram soltos, sem que lhes dessem sobreaviso – "saia, não fale com ninguém, não comente com ninguém que esteve aqui". Nessa época, havia um sentimento de temor contínuo, havia escassez de alimentos, e as pessoas faziam filas para conseguir carne, leite; a censura era muito forte, assim como a autocensura; nas filas para conseguir alimentos não se falava com ninguém, imperava o temor, a desconfiança.

Os organizadores de uma mostra coletiva – que incluía Afamado – intitulada *Testimonios* [Testemunhos], no departamento de Maldonado, expressam:

> Este é um testemunho e um resgate dos Prêmios de Artes Plásticas acontecidos entre os anos 1970 e o começo dos 80, dos quais, infelizmente, não restam registros. Não restam dados dos anos exatos em que ocorreram nem de quem compôs o júri. Resta, sim, o mais importante: as obras de excelentes artistas,

o que atesta a qualidade e transcendência daqueles salões que aconteciam em diferentes regiões, às vezes de modo descontínuo ou alternado, mas como vital resposta de homens e mulheres que para além das circunstâncias em que se encontrava o país, não abandonaram sua busca nem calaram suas vozes.[5]

A singularíssima trajetória de Gladys Afamado desdobra-se em um arsenal de variadas linguagens: musical (tocando violino), plástica, poética (ela foi ganhadora de importantes prêmios), gravurista (imprime sua arte nos "criptolitos" ou pedras pintadas).

Pois bem, Afamado é dona de uma original e refinada sensibilidade estética. Com essa obra, fruto dessa época, permeia o sentir de boa parte de sua sociedade, a ponto de que os soldados que mantiveram presos gente humilde, do povo, confessam com estranhamento aos artistas presos: "Mas se em casa nós tínhamos discos com estas canções...". Entretanto, as canções que desfilam no almanaque de 1974 são canções de protesto e, aos olhos da censura, constituíam armas poderosas.

> O artista, como todas as pessoas do nosso tempo, deve abordar os problemas que se apresentam a seus semelhantes, mas com a diferença de que ele deve se antecipar, e como ser antecipado lhe são atribuídas as características de um "agente de mudança", situação que favorece o deslocamento sobre ele de todos os ressentimentos, fracassos, medos, sentimentos de solidão e incerteza dos demais, como se ele fosse o porta-voz de tudo o que subjaz e ainda não emergiu. Automaticamente, ele é escolhido como o perturbador de uma tranquilidade anterior. O artista, então, tanto o plástico quanto o poeta, é um ser em antecipação que é vítima de verdadeiras conspirações organizadas contra a mudança, contra o novo, contra o inédito (Pichon Rivière, 1984, p. 99).

5. Disponível em: <www.correo.com.uy/index.asp?pagVal=35&g=1,28&tipo=gral>. Acesso em: 17. jul. 2012.

O artista toma material de seu meio, como o trabalho criativo de outros artistas, como as canções do Canto Popular que se escutavam naquele momento, tecendo uma complexa obra de arte. É oportuno recordar que a palavra "complexo" em sua origem significa "trançar, enlaçar, tecer conjuntamente vários fios". Seus fios estão constituídos por letra e música de outros homens, artistas como eles, que recolhem e expressam um sentir coletivo. Pois bem, de alguma forma, quem está diante do aparelho da censura na ditadura, adivinha, pressente o efeito antecipador do "agente de mudança" ao qual alude Pichon Rivière, e de modo autoritário, violento, pretende cortar pela raiz qualquer manifestação artística que tenha implícita a mensagem do novo, do inédito, da transformação.

Leonilda González

Dissolvido o Club de Grabado de Montevideo, alguns de seus integrantes irão se exilar, como é o caso de Leonilda González. Ambas as gravuristas se encontram expondo juntas fora do país, recorda Afamado, quando são convidadas a expor na Colômbia, em um salão com uma parede para cada uma (Galeria Partes, Medellín, Colômbia, 1978).

O genial Goya é quem utiliza pela primeira vez a gravura, de um modo soberbo, como meio de reprodução em massa de imagens com qualidade. Graças à gravura, começam a se difundir popularmente novíssimas ideias carregadas de crítica social. Goya busca causar impacto e comover um público que pode ter acesso a uma arte de reprodução em massa com imagens de qualidade; graças às suas gravuras, começam a ser difundidas ideias renovadoras de regeneração social e moral.

> Na América Latina, a gravura, ao mesmo tempo que conquista sua autonomia expressiva, torna-se uma narrativa da resistência... Movimentos como a Oficina da Gráfica Popular do México e os clubes de gravuras de Porto Alegre e de Bagé, inspirados naquele primeiro, marcam um caminho estratégico dentro da esquerda política, gerando uma resposta sociocultural.

> Estes movimentos que surgem nas artes gráficas em contato com os setores sociais médios, asseguram uma reprodutibilidade técnica a baixo custo e procuram não perder de vista as correntes criativas populares, mantendo uma "linguagem artística" de fácil decodificação, predominantemente figurativa (Rocca, 2007, p. 30).

Em uma entrevista relizada pelos críticos Olga Larnaudie e Alfredo Torres, a própria Leonilda recorda:

> Nós termos uns 2.500 sócios que se aproximam fundamentalmente através da Feira de Livros e Gravuras. Mas também tem gente que desaparece. Desde 1953 até agora calculamos que devemos ter tido já uns 10 mil sócios, o que leva a supor que em cada casa umas dez pessoas veem as gravuras. Podemos pensar então que o trabalho de difusão chegou a umas 100 mil pessoas (apud Rocca, op. cit., p. 48).

Esses dados, apresentados neste Seminário, dessa forma, têm seu alcance, mas para o Uruguai, com uma média de população que faz anos oscila entre os 3 milhões de habitantes, ao se falar em 200 mil pessoas, estamos nos referindo a uma excelente divulgação. "O alcance das ramificações da produção simbólica do CGM em suas primeiras décadas de funcionamento (1953-1973) dentro e fora das fronteiras nacionais é bastante amplo" (idem, op. cit., p. 31).

Nessa linha, continuando na rica tradição instaurada por Goya de utilizar a gravura para chegar a amplas camadas da população, nossa gravurista esgrime com as ferramentas pontiagudas, cortantes, empunha as goivas como uma arma, com elas "fere" a madeira, criando obras de arte. Essa madeira ferida, transformada, vai, por sua vez, "ferir" a sensibilidade do espectador, ao buscar transformar, em sua obra aliada à alta qualidade gráfico-plástica, e transcende a função social da mesma. Luta e alcança em boa medida a inserção social da arte.

Da vasta produção artística de Leonilda – que tem na gravura um alto e merecido lugar dentro e fora do Uruguai –, escolhi falar de suas "Noivas revolucionárias".[6]

Em junho de 1968, nasce um dos primeiros exemplares da série de "As noivas de preto": uma gravura em madeira. A seguinte, da qual temos notícias, é uma gravura na qual aparecem representadas duas mulheres, seu título é "Noivas muito irritadas" e leva data de outubro de 1968. Suas noivas nasceram vestidas de luto, com os olhos bem abertos, umas de olhar desmesurado, outras com olhos cheios de receio, olhando de soslaio, de bocas bem abertas surgem gritos que clamam por compreensão e pelo compromisso do espectador.

Para o crítico Thiago Rocca,

> A série das "Noivas revolucionárias" indica um ponto alto na produção de conteúdos alegóricos de denúncia social, já que antecipam em alguns anos, com uma sutil resolução formal, o desigual enfrentamento de uma sociedade civil desarmada contra a violência militar que encurrala e frustra em pleno ato nupcial, vale dizer, no momento de maior compromisso afetivo e iludida promessa de vida (op. cit., p. 30).

Subscrevendo plenamente o pensamento de Herbert Read, Leonilda propõe em sua obra plástica que "a cultura não pode ser imposta de cima, que a cultura é consequência da atividade produtiva natural da população [...] a regeneração começará de baixo, no seio da família, na escola, na oficina, no bairro, no município" (1968, p. 92). Ao escolher a roupa preta para vestir suas noivas, Leonilda entra em ação tergiversando uma secular tradição ocidental, de brancos e vaporosos vestidos de noiva.

De acordo com o antropólogo uruguaio Daniel Vidart:

> A palavra preto evoca as espionagens noturnas, sugere o satânico, nomeia o lado sombrio do homem e das coisas: uma alma preta, um céu preto, uma

6. Utilizaremos os nomes das obras de arte em português. [N. E.]

> ingratidão preta. Por extensão, um corpo preto, ao ser contemplado pelo olhar do orgulhoso "caucasiano", evoca o sujo, o abjeto, o chamuscado pelas almas do inferno. O preto repele e o branco atrai. O preto é a fúnebre cor da desgraça, e da tristeza, da ignorância e da cegueira, a cor da negação dilacerante e do luto mortuário. O branco, por outro lado, é a cor da virgindade, da pureza, da inocência da adâmica pele do Paraíso (2010).

O artista acostumado a lidar com a emoção, a submergir nas profundezas do espírito, resgata aquilo que emerge, aspectos que permanecem ocultos e, resgatando-os, incorpora-os à sua obra. Sabiamente, Leonilda veste suas noivas de preto.

Pois bem, ao produzir-se o encontro do espectador com essas mulheres, especialmente em uma cerimônia de passagem, como é o casamento, a cor da vestimenta surpreende. Essa imagem "desloca" emocionalmente o espectador, que associa o preto à "fúnebre cor da desgraça, e da tristeza [...], da negação dilacerante e do luto mortuário". O espectador, impactado pelos trajes, olhando essa imagem carregada de *pathos*, questiona-se, entrando em uma espécie de relação dialogal e vinculante com a obra. Retornando ao que Vidart escreve sobre a origem da palavra roupa: "o interessante da palavra roupa é que ela está vinculada com o roubo e o ato de roubar. No antigo francês, o despojo da guerra era chamado de *robe* e *rober*, significando roubar" (Loy; Vidart, 2008, p. 16).

Ao observar essas gravuras, o espectador se vincula à obra e "sente" que assiste à representação de uma mulher que lhe "foi roubada", foi objeto de uma usurpação. Seu protagonismo de noiva se desloca, o lugar central é ocupado por outros significantes, a roupa preta, os olhos de expressão desconfiada, as mãos que em muitas dessas gravuras portam uma arma, se erguem desafiadoras e suplicantes clamando por justiça diante de roubo, diante do ato de vandalismo de que foram objeto.

Ao exercer esse popular, por antonomásia, ofício de gravurista, ela inaugura uma firme trama entre estética e ética, do que dá testemunho sua série – entre tantos outras de sua autoria – "Noivas revolucionárias, suas noivas vestidas de preto".

Leonilda González – “Novias revolucionarias” II – 1968

Seu compromisso social como mulher, como artista, manifesta-se em sua obra gráfica, mas Leonilda manifesta seu sentir, sentir que a torna parte da classe trabalhadora à qual pertence, e com a qual está firmemente consubstanciada. Em seu livro autobiográfico *Esta soy yo* [Esta sou eu], e falando sobre sua obra, manifesta:

> Que outra grande alegria pode ter uma artista além de que o próximo a aplauda motivado pela comunicação através da beleza?... É o toma lá dá cá em que sempre fundamentei minhas teorias: você colhe batatas para mim, eu produzo obras de arte para você. E este gozo da comunicação que tanto alegrou minha vida de mulher artista, também o tiveram todos os gravuristas cuja obra foi difundida no Club de Grabado dentro e fora das fronteiras.

O livro foi publicado no Uruguai, em 1994. Nele, ela se mostra como é, apaixonada, fervorosa, e transmite-nos boa parte de sua valente e comprometida vida em seu país – ao qual retorna um ano depois do fim da ditadura, em 1986, de seu exílio iniciado em 1976.

Nesses anos de exílio, Leonilda percorre vários países latino-americanos, países nos quais exibe sua obra e, ao mesmo tempo, promove o nascimento de vários clubes de gravuristas, continua trabalhando como gravadora, escrevendo, fundando um centro docente chamado José Guadalupe Posada, em homenagem a seu ilustre antecessor mexicano.

Ana Salcovsky

Ana é a mais jovem entre as três artistas, mas sua obra condensa maturidade, rigor técnico e profundidade conceitual.

Entrevistada pelo escritor Juan Mastromatteo, ao referir-se a seu processo criativo, a artista reflete:

> As diversas instâncias do processo criativo conformam uma excursão secular e quando alguém mais toma parte neste processo também sente um *click* nas

> tripas, no coração e na cabeça. É a questão do olhar... Nesse périplo que é a criação, pesquiso uma realidade que não sei qual é, e apenas mergulho nela. Não me expresso livremente, mas com angustia, sofrimento, é uma luta com a matéria e com as ideias, que nem sempre termina como um ato de amoroso deleite. É uma paixão. Às vezes fico com a sensação de não ter conseguido a imagem que a própria gênese da peça te havia destinado com seus tempos internos. Outras vezes, a resolução me causa um entusiasmo que não encontra limites no meu corpo, é um êxtase. Mas o ato criativo tem instâncias de reflexões profundas, nem tudo é emoção, instâncias de planejamento consciente, de recopilação de dados das realidades que te concernem (apud Mastromatteo, 2008, p. 4-5).

Analisando a obra de Ana Salcovsky, Angel Kalenberg escreve:

> Entre o rigor formal de seu desenho e o disforme dos materiais empregados se produz uma tensão, da qual emerge uma linguagem dramática. A pesquisa da artista que, até então, desdobrava-se sobre o plano do quadro, passará a se alojar no espaço, para o qual projeta instalações nas quais integra o auditivo e o visual. A conquista do espaço estará a serviço de um conteúdo também dramático e que tem a ver com o imaginário de um país pecuário, recém-saído de uma crise institucional (2001, p. 151).

A dor sofrida por seu país, ao que se soma a dor herdada pelas perseguições sofridas durante a Segunda Guerra Mundial pela comunidade à qual pertence, vão marcar uma profunda cicatriz de dor. Ana manifesta múltiplas feridas em sua obra: como mulher sensível, como criadora, como artista.

A obra que selecionei de Salcovsky é bem conhecida aqui no Brasil, foi apresentada em outubro de 2001 em Porto Alegre, por ocasião da celebração da III Bienal do Mercosul. Embora tenha sido realizada no período da democracia, traz na memória a dor e manifesta o horror extremo sofrido pelo Uruguai, seu país de origem.

A democracia estava fortemente instalada no país, que se diferenciava dos turbulentos processos sofridos por muitos países do continente. A sociedade uruguaia estava firmemente ancorada a um *status quo* inabalável. Mas os tempos de bonança começaram a se deteriorar. Indústrias fecharam-se, poderosos frigoríficos exportadores foram à falência, fecharam-se poderosas empresas de confecção e exportação de excelentes lãs; o desemprego crescente e a classe média começava a dar sinais de quebra.

Era preciso estar presente, ao menos parcialmente. "Memoria" é uma complexa obra plástica na qual se conjugam a letra da estremecedora canção "Guitarra negra", do músico e poeta uruguaio Alfredo Zitarrosa, e um lúcido poema do uruguaio Agamenón Castrillón. Salcovsky tece magistralmente o poema, obra gráfica na qual aparece o mapa do Uruguai "instalado em uma caixa", e se apresenta diante de nossos olhos puxado por cordas cheias de nós, as mesmas cordas que puxavam ou puxam as vacas gordas *for export*. Há outro mapa de papel, superposto, ostentando o poema facilmente legível.

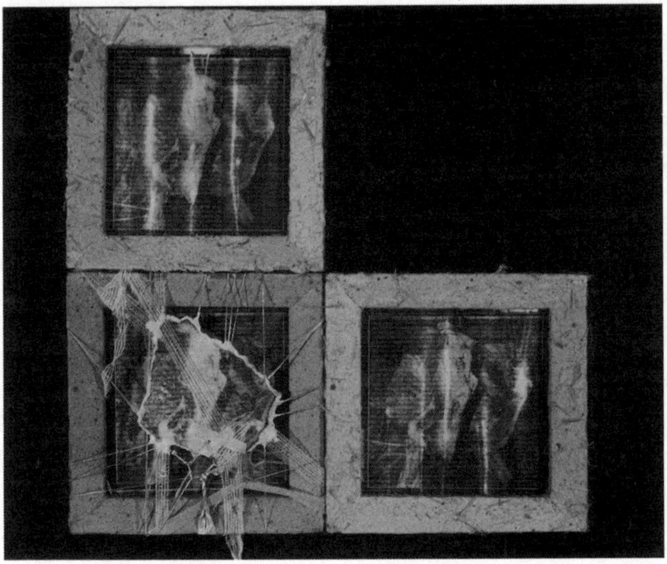

Ana Salcovsky – "Memoria" – Cyanotipia sobre papel manufacturado y pulpa de papel 50 x 50 cm – 1997

Salcovsky, diante da presença cotidiana do terrível, durante os sombrios anos da ditadura, torna-se permeável ao superar o limite do tolerável, a artista tomada pelo desgarramento como artista e como uruguaia. De sua própria descida aos infernos, regressa porta-voz da dor coletiva; devolve aos olhos de sua sociedade uma obra cheia de dramaticidade, dor, angústia.

Sua obra não é de fácil abordagem. Para apreciá-la devemos percorrer um caminho povoado de imagens literárias em conjunção com imagens plenas de simbolismo. No catálogo da III Bienal do Mercosul, Alfredo Torres propõe a seguinte análise:

> A obra que Ana Salcovsky decide apresentar na III Bienal do Mercosul é no âmbito das instalações outro rotundo ponto de inflexão. Mas é, além disso, uma espécie de proposição epilogal. Ao conjugar uma *media res* daquela primeira exposição ocorrida em 1989, ao reinterpretar visualmente o esteio oferecido por um magnífico texto do poeta uruguaio Agamenón Castrilón, ao procurar uma ressignificação espacial dentro do continente, parece querer estabelecer uma espécie de balanço da canção, tanto na extensão do gesto temático quanto na reflexão íntima sobre suas ferramentas criadoras (2001, p. IX).

Reflexão final

Diante da experiência do caos, os artistas respondem de diferentes maneiras, com diferentes obras de arte. A obra de arte transcende ao se formar e compor com figuras estéticas. Confrontam uma realidade e a devolvem transmutada em uma obra de arte.

Diante do doloroso período de nossa recente história, e como resposta aos sombrios anos de ditadura, três mulheres uruguaias plasmaram três diferentes mensagens. As três estão atualmente na plenitude de seu trabalho criativo. A obra de cada uma emite mensagens que se plasmam em diferentes suportes, com abordagens diversas.

As três artistas, diante do público, respondem com obras que comungam com os parâmetros citados. Quando as condições imperantes são duras, em seu contrapé, nascem com singular força simbólica que reflete uma visão plena de identidade americana.

Referências bibliográficas

BARBOSA, ANA MAE. *Arte, educación y cultura.* Disponível em: <http://pt.scribd.com/doc/23417505/Arte-Educacion-y-Cultura-Ana-Mae-Barbosa>. Acesso em: 3 jul. 2012.

CABANNE, JOSSELINE I. "'Cielo, cielito que sí. Cielo de la libertad'. Alfredo Zitarrosa y Eduardo Mateo. Libertad, identidad y creatividad en la musica popular uruguaya". In: Arboniés, Manuel Casado (coord.). *Escrituras silenciadas: historia, memoria y procesos culturales: homenaje a José Francisco de La Peña.* Alcalá de Henares: Universidad de Alcalá de Henares, 2010, v. 1, p. 509.

COSTA, CRISTINA; FIGARO, ROSELI. "Censura como política cultural. Na cena, o arquivo Miroel Silveira". In: Arboniés, Manuel Casado (coord.). *Escrituras silenciadas: historia, memoria y procesos culturales: homenaje a José Francisco de La Peña.* Alcalá de Henares: Universidad de Alcalá de Henares, 2010, v. 1.

GARCÍA ESTEBAN, FERNANDO. *Artes plásticas del Uruguay en el siglo veinte.* Montevidéu: Universidad Publicaciones, 1970.

______________________. *Dibujantes y grabadores del Uruguay.* Buenos Aires: Centro Editor de América Latina, 1975.

GONZÁLEZ, LEONILDA. *Esta soy yo.* Montevidéu: Productora Gráfica, 1994.

HUYGHE, RENÉ. *Diálogo con el Arte.* Barcelona: Labor, 1965.

JELÍN, ELIZABETH; LONGONI, ANA. *Escrituras, imágenes y escenarios ante la represión.* Madri: Siglo XXI, 2005.

KALENBERG, ANGEL. *Artes visuales del Uruguay: de la piedra a la computadora.* Montevidéu: Galería Latina, 2001, t. 2.

LOY, ANNABELLA; VIDART, DANIEL. *Cuerpo vestido, cuerpo desvestido.* Montevidéu: Ediciones de la Banda Oriental, 2008.

MATROMATTEO, JUAN. "Los espejos de Ana Salcowsky o el arte de transmutar el alma". *La Pupila*, v. 1, n. 13, out. 2008.

PICHON RIVIÈRE, ENRIQUE. *El proceso creador: del psicoanálisis a la psicologia social.* Buenos Aires: Nueva Visión, 1984.

READ, HERBERT. *Al diablo com la cultura.* Buenos Aires: Proyección, 1968.

ROCCA, PABLO THIAGO. "Apresentação". In: González, Leonilda. *Premio Figari 2006.* Montevidéu: Banco Central de Uruguay, 2007.

TORRES, ALFREDO. *Catálogo de la III Bienal del Mercosur.* Montevidéu: Editorial Dobleemme, 2001.

VIDART, DANIEL. "África: los nombres y los hombres". *Relaciones: revista de pensamiento*, Montevidéu, n. 313, jun. 2010.

A resistência do teatro político[1]

Iná Camargo Costa

Saber lidar com os aspectos da censura exercida pelo Estado é entender o que significa esse direito que os Estados se atribuem para dizer à sociedade o que pode e o que não pode. Então, o preâmbulo erudito é o seguinte: o primeiro Estado que proclama e reivindica o direito de censurar é o Estado romano. E, para entender o que a censura do Estado romano definia, o caminho é curto. Basta ir até a Faculdade de Direito, a mais antiga faculdade de São Paulo, dada de presente, por assim dizer, aos paulistas, por d. Pedro I, e constatar que a disciplina mais importante, naquela época, era a de Direito Romano. Ela era uma espécie de régua e compasso para o futuro advogado paulista e brasileiro. A censura começa a fazer parte do DNA da cabeça jurídica brasileira desde os seus 18 anos. Por isso, a ideia de que a censura é a coisa mais natural deste mundo. Esse é o primeiro ponto.

Agora, por que o Estado romano precisou ter essa instância? Porque foi o primeiro Estado em que a divisão de classes, patrícios e plebeus, era absolutamente clara. Os patrícios controlavam o Estado. Portanto, tinham de reprimir os plebeus e qualquer modalidade de reivindicação. A censura não era apenas nas artes. Aliás, estas compunham-se de arte grega esvaziada de qualquer conteúdo,

1. Conferência realizada durante o Seminário 1968 – Liberdade e Repressão, no dia 13 de outubro de 2008.

meramente imitada por poetas e artistas. O teatro romano, por exemplo, não era teatro. Era feito por escravos e outros que lutavam com animais e morriam. Ou seja, a arte romana, não era encenação, era para valer. Tanto que os artistas se dirigiam a César dizendo: "Os que vão morrer te saúdam!". Isto era o que a classe dominante apreciava. Havia censura e isso era legal!

Ao longo dos aproximadamente 2 mil anos que nos separam do primeiro Estado que instituiu a censura, muita água e sangue correram por debaixo da ponte, e o fato de hoje podermos discutir o assunto significa uma conquista notável.

É bom lembrar que o Brasil só deixou de ter censura oficialmente - mas não na prática - com a Constituição de 1988. Aliás, também na França a censura de Estado foi revogada em 1968 e, na Inglaterra, em 1966. No Brasil, como as vítimas da violência eram sempre índios, escravos ou descendentes, a classe dominante nunca se preocupou muito em revisar a censura. Na verdade os questionamentos só começaram a ser feitos quando nós, os descendentes de índios e escravos, passamos a reclamar dos maus-tratos.

Roda viva:[2] emblema das lutas teatrais em 1968

No ano de 1968, *Roda viva* tornou-se uma espécie de emblema do processo de lutas da frente teatral. Quando se fala em 1968, os contemporâneos lembram-se de *Roda viva*, pois esta era um assunto constante. O noticiário comentava quase semanalmente acontecimentos relacionados a *Roda viva*. No Rio de Janeiro, a peça estreou em janeiro e atravessou o ano de 1968 em cartaz, até mais ou menos outubro, quando foi definitivamente vetada.

Tenho motivos pessoais para falar dessa peça. Não só porque *Roda viva* é um emblema da perseguição ao teatro em 1968. Tomei conhecimento da peça, naturalmente, pela música, que já estava composta em 1967 e foi inscrita no Festival da Record. Era uma canção muito cifrada para mim, que tinha então 14

2. É a peça presente no prontuário DDP 6116 do Arquivo Miroel Silveira. A composição "Roda Viva" faz parte da peça e sua letra pode ser lida no site: <www.chicobuarque.com.br/construcao/mestre.asp?pg=rodavida_67.htm>.

anos e já havia enfrentado alguns episódios de censura no âmbito escolar. Tudo muito sutil e disfarçado, com pai e mãe no meio para não dar bandeira. Eu já havia sido censurada em dois ou três concursos de redação. Sempre fui "espírito de porco" e as minhas redações não coincidiam com o que os organizadores do concurso esperavam.

Todo aluno de primeiro colegial em 1967 já sabia que a ditadura não deixava fazer isso ou aquilo. Estou falando de repressão e censura no varejo. Fiz a minha oitava série no fim do mundo, numa cidade chamada Chavantes, no estado de São Paulo (a 370 quilômetro da capital). Fiz o primeiro colegial em Ourinhos e já tinha perfeito conhecimento do que era a violência da ditadura sobre os estudantes que, por sua vez, não faziam nada! Mudei para Botucatu, anos depois, onde os estudantes de Medicina da atual Unesp faziam grande agitação. Foi quando soube o que acontecia no país, a luta armada, o comunismo, a ditadura e os partidos políticos.

Voltando ao festival da Record, a canção "Roda viva", com a letra que dizia como a roda viva carrega a viola da gente na rua a cantar, mostrava uma experiência que já tive. Você tenta escrever o que dá na sua cabeça e a roda viva vem e tira a caneta da sua mão. Quando comecei a trabalhar como pesquisadora, já me interessava por teatro político, pois em Botucatu já havia participado de dois processos de festival de estudantes energicamente reprimidos pela polícia. O delegado argumentava que não era contra aquilo, mas se o festival acontecesse não seria bom para a imagem dele perante o governo. Esse foi o nível a que chegamos, com a ditadura e a repressão a varejo por todo o país. Comecei, então, a me perguntar o que de tão grave fazíamos no teatro, com peças como *Beijo no asfalto*, que eu achava tão babaca.

Quando virei pesquisadora, no fim dos anos 1970, desenvolvi uma pesquisa baseada na seguinte questão: em que medida o teatro tem um efeito político que justifique a violência da censura e da repressão?

Cheguei a uma reflexão do que aconteceu de 1950 até 1968 e, nesse último ano, a peça *Roda viva*, que ao mesmo tempo é emblema do processo e da maneira como as forças naturais foram aguçando a percepção, conforme a luta ia ficando mais clara e forte e, em contrapartida, os censores foram ficando mais informados e inteligentes.

No início dos anos 1960, a burrice dos censores era infinita. A ponto de delegado prender todo um elenco e não soltá-lo enquanto o autor da peça – no caso, Sófocles – não fosse à delegacia prestar um depoimento para esclarecer se era comunista ou não. E não foi só uma vez que aconteceu de os delegados quererem conversar com autores que já haviam morrido há mais de 500 ou 2 mil anos.

Como pesquisadora, também precisava esclarecer outras questões sobre a própria ideia de teatro político. Por isso estudei a fundo a história política do século XX. Cheguei à Revolução Soviética de 1917 e terminei lendo sobre a relação entre o teatro e a Revolução.

Percebi, com isso, que teatro político era muito mais do que fazíamos em Botucatu, ou mesmo no Teatro Arena e Oficina. É uma parte da intervenção política que depende de você fazer parte de uma organização política e ambicionar resultados concretos com a sua intervenção. É onde surgem o *agitprop* (agitação e propaganda) e milhares de grupos de teatro durante a Revolução Soviética. O primeiro grupo de agitação e propaganda surgiu no Exército Vermelho. Isto é, era uma ação de militares revolucionários. Então, não é apenas um espetáculo que você paga para assistir, não é uma mercadoria.

Como sou formada em Letras, a minha abordagem da questão começa no texto. Todo o processo é importante, o texto é o ponto de partida e de chegada. Como essa é a minha especialidade, consigo sentir quando a temperatura sobe ou desce nos textos. Por isso, no fim dos anos 1950, quando Gianfrancesco Guarnieri escreve *Eles não usam black-tie*, percebi a temperatura subir. Tanto que no meu Doutorado, o primeiro texto analisado é o dessa peça. O nome do livro, decorrente da minha tese é *A hora do teatro épico no Brasil.*[3] Nele mostro que a

3. Costa, Iná Camargo. *A hora do teatro épico no Brasil*. São Paulo: Paz e Terra, 1996.

subida de temperatura é decorrente do choque entre a forma dramática como Guarnieri queria escrever, a forma convencional das peças teatrais brasileiras, e o conteúdo épico.

Guarnieri queria tratar de um assunto nunca antes tratado – a greve operária – usando um método inadequado. Isso causou estragos na forma dramática. É justamente nesses momentos de erro que o Guarnieri é bom. Porque ele está avançando em relação a uma forma de ver o mundo, que é o modo burguês. Porque temos que pensar na luta de classes também na hora de escrever.

A minha paixão pela peça *Eles não usam black-tie* decorre dessa constatação de que Guarnieri, sem a ajuda de nenhum crítico, ou amigo, tropeçou no limite da forma do drama. Então, do ponto de vista dramático, a peça é um desastre. Mas, do ponto de vista épico, é o nascimento de uma criança para o teatro revolucionário. O fato de trabalhar com autores como Augusto Boal, Vianinha (Oduvaldo Vianna Filho), Chico de Assis, grandes nomes do teatro, fez total diferença. Selecionei peças desse período que davam um passo adiante com relação ao que Guarnieri já havia feito. A ditadura sabia perfeitamente quem eram os inimigos e como derrotá-los. A luta chegou à cena teatral em 1958 com a peça do Guarnieri, a meu ver, a primeira vítima da ditadura, com a derrubada do teatro.

No dia primeiro de abril de 1964, a primeira coisa que a ditadura fez foi botar fogo no prédio da União Nacional dos Estudantes (UNE) onde, se não houvesse acontecido o golpe, seria inaugurado o Teatro da UNE. A peça *Os Azeredos mais os Benevides*, do Vianinha, uma obra-prima da luta de classes, nunca tinha sido encenada num espaço convencional. Ela estrearia no Teatro da UNE.

Hoje, pouquíssimas pessoas têm informações sobre a peça, pois a ditadura passou um tanque de guerra sobre ela. Tenho a impressão de que ser vítima dos tanques da ditadura é mais grave do que ser vítima do pincel atômico da censura, pois este não destrói uma vertente da luta. Pode dificultar, é claro. Então, violência por violência, *Os Azeredos mais os Benevides* sofreu bem mais que *Roda viva* que, bem ou mal, ficou dez meses em cartaz.

O ponto alto do processo – tanto do avanço quanto da violência da contrarrevolução – foi em 1968, quando as últimas vítimas tombaram.

Fazendo essa análise, também estou atualizando uma tese de Walter Benjamin, que lançou, no fim dos anos 1920 e no começo de 1930, um texto chamado *A nova objetividade*. Trata da movimentação do pessoal da literatura e das artes plásticas e que estariam transformando a revolução em mercadoria. Vou citar o resumo que José Celso Martinez Corrêa fez da peça *Roda viva*, no programa original da peça:

> No Brasil, onde existe todo um esquema de necessidade de revolução social e política, a TV como se estrutura hoje, é um ópio do povo. É neste sentido que ela aparece em *Roda viva*. E ela passa a canalizar para o seu universo de conformismo de todas as revoltas latentes.
>
> Assim, no primeiro ato, todo o sentido religioso da TV fornecendo meios de satisfazer misticamente todo o anseio de consumo do povo que não poderá consumir. Ben Silver, o ídolo de prata, o ídolo é devorado enquanto representa aquele membro da comunidade que consome mais que todos.
>
> No segundo ato, a fossa do ídolo, o drama do ídolo vendido que alimenta toda a fossinha nacional, finalmente sua revolta política é logo canalizada para a festividade, para a bossa, poder jovem, para a grandiloquência do selo comemorativo. A TV capitaliza e vende a imagem bossinha e esquerdinha do ídolo, até vender sua morte.
>
> O espetáculo termina com mais uma mistificação: o hippie apalhaçado importado, o culto da margarida, e terminado o espetáculo ou programa de TV, tudo volta ao seu lugar. Nada se passa, a banda passa, e tudo continua na mesma. Muito barulho por nada.

Entendi a peça *Roda viva* de um modo radicalmente diferente. Acredito que o Zé Celso desprezou dois pontos muito importantes do texto de Chico Buarque: Ben Silver tem de ser pensado como um emblema dos sobreviventes do Centro

Popular de Cultura (CPC) da UNE,[4] daqueles artistas que se envolveram na militância política, numa perspectiva de revolução. Uma militância que foi atropelada pelos tanques.

Então, se não der esse peso a Benedito da Silva, que foi transformado pela indústria em Ben Silver, perdemos o eixo da discussão que o Chico Buarque está propondo, que é sobre sua própria trajetória. Embora o Chico não fosse do CPC, ele era assumidamente um militante boêmio da esquerda da Faculdade de Arquitetura e Urbanismo (FAU/USP).

Como a música, o que a peça *Roda viva* sintetiza não é uma discussão sobre a televisão, embora tudo aconteça num programa televisivo, mas sobre a indústria cultural. E a confusão de Zé Celso vem da figura do Ibope - apresentado sob os signos da religião católica, personalizando-o num bispo, o Bispo Ibope - que determina isso e aquilo e as mulheres de Santana, macacas de auditório, repercutem.

A peça do Chico conta de maneira extremamente elaborada, do ponto de vista literário, o processo que levou aquele artista Ben Silver a admitir que foi comunista. Quando o Mané (consciência de Ben Silver) diz que ele se vendeu, Ben explica que realmente acreditava no comunismo.

Foi o que o Zé Celso perdeu completamente e, por isso, estragou a montagem. Se eu pudesse, refaria a peça diametralmente diferente. Primeiro, ele dividiu-a em atos, o que já é um erro primário de percepção, porque *Roda viva* não é dividida em atos, mas tem movimentos de avanço e de recuo. Como Zé Celso não entendia de teatro épico, ele não sabia que podia ter *flashbacks*.

Não sei se o Chico Buarque teve contato com a obra de Walter Benjamin. Mas ele mostra, da maneira mais radical e a sangue-frio, o que acontece com o artista ao se vender para o mercado, que destrói a obra e depois o próprio artista, no sentido físico, por razões comerciais. A roda viva é o mercado, é a indústria cultural.

4. O Centro Popular de Cultura da UNE foi um projeto de ação cultural e engajamento artístico para produção de obras de teatro, poesia, cinema e música. A ação expandiu-se para todo o Brasil. O caráter político - democrático, socialista, revolucionário e populista - provocaram a ação repressiva mais radical do Estado.

O Zé Celso reduziu tudo à discussão de uma tese primariamente elaborada que desfigura esse pensamento, que é do Marx. O raciocínio de Marx é o seguinte: a religião é o ópio do povo porque ela é o bem-estar num mundo onde não há o bem-estar. A religião é a verdade num mundo que não tem verdade. Então, se você não for capaz de mudar o mundo e colocar a verdade no mundo, você não tem o direito de combater a religião. O Zé Celso, esquerdista de orelhada, conclui então que, se a televisão é o ópio do povo, a televisão é a religião de hoje.

Como na época eu era menor, fui impedida de ver a montagem, liberada apenas para maiores de 18 anos. Mas, pelos depoimentos dos amigos, não consigo entender como é possível alguém gostar de uma peça na qual uma mulher pode ser bolinada, um homem agredido pelo elenco, ou os espectadores podem sair sujos. Essa é uma relação de desrespeito e até mesmo de opressão com o público.

Em minha opinião de adepta ao teatro político de verdade, um valor que não pode ser revogado sob nenhuma circunstância é o respeito pelo interlocutor na sua integridade física e mental. Sempre existe uma conversa de igual para igual. Não é o que acontece em *Roda viva*, que é antipolítica e mimetiza a violência que a ditadura vinha distribuindo no varejo e no atacado. Várias vezes, em entrevistas, Zé Celso afirmou que "é na porrada que se aprende".

É evidente que não quero apagar a história. Nem posso revogar o fato indiscutível da complexidade de *Roda viva*, como música e como texto. Junto de *Sem fantasia*, uma obra-prima de Chico Buarque, e o espetáculo de Zé Celso, destaco a repercussão na imprensa, que é parte da indústria cultural. E a luta da indústria cultural/ imprensa, assim como a ação da censura.

Maria Della Costa e a censura portuguesa[1]

Tania Brandão

Propus-me a refazer a história da companhia Maria Della Costa, pois ela estava completamente à margem, suprimida dos livros de história do teatro, ainda que fosse referência importante para toda a classe teatral. O meu percurso é híbrido, na crítica e na Academia: já fui crítica, já trabalhei com alguns grupos, então tenho uma vivência um pouco ambígua, entre a Academia, o jornal e o teatro. Em função disso, eu sabia que Maria Della Costa era um grande mito do teatro brasileiro, respeitadíssima por todos de sua geração, não por sua beleza física, mas por um trabalho sério e muito forte de teatro. Ao mesmo tempo, essa beleza, essa força, era sempre acompanhada por uma problematização: "Maria Della Costa era maravilhosa, mas o Sandro Polloni...".[2] Havia um mistério que eu gostaria muito de esclarecer: quem é esse Sandro? E durante a pesquisa apareceram muitas surpresas. Primeira: descobri quantas Marias Della Costa existem, quantas facetas, e como foi feita essa construção, como surgiu essa mulher. Fiquei surpresa ao ver o quanto Maria Della Costa foi uma construção deste homem, o Sandro, que era seu fã número 1, e era um homem que podia pegar em armas para transformar essa atriz, com o potencial que apresentava,

1. Seminário interno realizado em 31 de maio de 2010.

2. Ator e produtor de teatro. Fundou a Companhia Maria Della Costa, atriz com quem foi casado. Também a ajudou a criar o Teatro Maria Della Costa, inaugurado em 1954.

no grande acontecimento que foi. Ele lutou para conseguir verbas para o teatro e até contra a censura.

Ainda que não tivesse pesquisado em Portugal, posso sustentar que a Companhia Maria Della Costa desempenhou um papel revolucionário naquele país, de uma importância que nós brasileiros não sabemos, porque somos ignorantes a respeito de nós mesmos. A Companhia Maria Della Costa fez uma revolução, mudou muita coisa em Portugal. Pesquisei o arquivo da companhia, que foi doado pelo casal Maria e Sandro para a Funarte, do Rio de Janeiro. Trabalhei principalmente com a história do espetáculo e menos com o texto das peças, pois poucos deles ficaram no acervo. As peças foram doadas pelo Antonio Mercado (filho do casal) para a Faculdade de Uberlândia, onde na época atuava como professor. De qualquer forma, eu tinha uma percepção dessa mudança em Portugal. Comecei a estudar me concentrando nas duas grandes viagens que a companhia fez a Portugal, em 1957 e 1959.

Minha primeira pergunta: por que a escolha de Portugal? E essa questão já é delicada. O primeiro casamento oficial da Maria Della Costa foi com o Fernando de Barros, um português. Então, existe uma proximidade familiar por conta desse casamento. O Fernando de Barros estava em São Paulo, onde trabalhou como jornalista da *Playboy* e revelou várias mulheres bonitas nas décadas de 1940 e 1950, como a Tônia Carrero e a própria Maria Della Costa. Escreveu livros sobre a elegância feminina, trabalhou no cinema como maquiador, fez programas de rádio. Quando a Maria Della Costa foi descoberta no Rio Grande do Sul – pois era muito bonita –, o jornalista que a encontrou pensou que apenas Fernando de Barros poderia cuidar dela, porque ela era muito "jeca". Fernando de Barros viajou do Rio de Janeiro para Porto Alegre para conhecer Maria Della Costa e apaixonou-se perdidamente por ela. Levou-a para o Rio, onde ela se destacou como manequim e como *girl* do Copacabana Palace. Criou uma fama horrível, porque a classe teatral detesta modelo, manequim e *girl*. Quando Maria Della Costa foi ser atriz, enfrentou essa oposição e decidiu estudar em Portugal – justamente no país menos aconselhável para se estudar teatro, porque não era um centro de criação, de conceituação. Enquanto Tônia Carrero foi estudar em Paris, Maria Della Costa ficou um ano em Portugal.

Então, há uma aproximação por causa do ex-marido e porque ela estudou um ano nesse país. Quando ela estava lá, Fernando de Barros, que era especialista em *marketing* e promoção pessoal, tornou-a conhecida no Brasil como "a bela moça que foi estudar em Portugal". Saíram matérias no jornal sobre ela, ainda que não tivesse feito nada.

O Sandro Polloni, por vias familiares, também tem uma aproximação com Portugal, porque era sobrinho da Itália Fausta, que estudou lá. E o teatro brasileiro também construiu uma história de viagens para Portugal. No final do século XIX, havia um intercâmbio muito forte, mas principalmente com uma relação de dominação, pois os portugueses vinham para cá, faziam temporadas, juntavam dinheiro e voltavam. Até que Leopoldo Fróes, para fugir da família, foi para Portugal, tentar sobreviver sem o sustento dos pais, e lá se tornou ator. O idioma falado na cena não era o nosso, o falar adotado nos palcos era o lisboeta. Fróes veio de Portugal, constituiu família e fez carreira. Fez diversas viagens e montou uma companhia mista com um grande ator português, Chaby Pinheiro. Vamos ter, depois, Oscarito fazendo uma companhia com a Beatriz Costa, e vamos ter Eva Todor indo diversas vezes para Portugal e fazendo enorme sucesso. Dulcina de Moraes e Bibi Ferreira, que é conhecidíssima em Portugal, também, mas com um teatro comercial, de *boulevard*, feito com um certo profissionalismo, hoje chamado de "teatro antigo" - um teatro que não passou pelas grandes transformações da encenação e do diretor no século XX.

A Companhia Maria Della Costa, quando surge, já é diferente desse espectro. Começa em 1948, tendo como diretor Ziembinski e como texto de estreia, *Anjo negro*, de Nelson Rodrigues. Era uma peça inteiramente proibida, considerada impossível de ser montada. Segundo relatos de Sandro e de Maria Della Costa, teria sido liberada graças à astúcia de Sandro como produtor. O estratagema usado foi fazer um recurso ao ministro da Justiça e dar o texto sem as rubricas para ele ler (o que chocava mais a censura eram as rubricas). O ministro leu o texto, não achou ruim e aprovou. Então, num segundo momento, o do ensaio para a censura, os atores fizeram o ensaio praticamente a zero, sem manifestações físicas explosivas. O texto foi aprovado, mas teve uma carreira conturbada devido à reação do público. Além da censura institucional, há também a resposta do público, às vezes conduzida pelas forças institucionais, às vezes instantânea.

Outro texto que a Companhia montou foi *A respeitosa*, de Sartre, e provocou uma das reações mais incríveis: os católicos ficam furiosos, porque odeiam Sartre, e fizeram passeatas contra, os atores foram "corridos" de algumas cidades do sul. Os católicos reacionários e os comunistas radicais unem-se contra Sartre, por considerarem o texto inadmissível, uns porque nega a religião e outros porque nega a ação humana.

São textos que a empresa monta, e de uma forma muito contundente na construção cênica. Sandro Polloni é um grande nome na composição de luz na estrutura da cena, aprendeu com Ziembinski. Na iluminação, Polloni também influenciou Flávio Rangel e Antunes Filho. Isto é, em como a cena vai criar impacto e força de comunicação com o tipo de desenho de luz que se consegue jogar naquele espaço.

Então, a cena consegue ter dois vetores de força muito grandes, um na questão da temática e da atualidade da dramaturgia, e outro, na atualidade da proposição cênica que é apresentada. Então, acredito que nas idas da Companhia Maria Della Costa a Portugal são essas duas forças que vão sacudir o palco português e criar fortes atritos com a censura no país.

As viagens de 1957 e de 1959 são marcadas por uma dupla chave e uma ambiguidade. Havia uma tradição do teatro brasileiro em Portugal, e o teatro brasileiro que chega com Maria Della Costa entra em choque com toda a tradição exposta até aquele momento. E isto se dá de forma bem curiosa. O primeiro exemplo é uma peça escolhida por Sandro Polloni, que era empresário sem ter nenhuma vergonha do fato. Enfrentou todas as pressões e, inclusive, deixou de lado uma possível carreira de ator. Para tornar o teatro algo importante na sociedade, usava duas estratégias muito inspiradas. Primeiro, fazia as "peças Midas", ou seja, peças feitas para ganhar dinheiro, descaradamente. E a outra era o uso do sucesso de escândalo. Não que ele fabricasse escândalos, mas, em vez de ir de encontro a uma adversidade, aproveitava para "montar o circo". Foi o que ele fez com *Anjo negro* e com *A prostituta respeitosa*. Com esses procedimentos, viabiliza um teatro inquieto, ousado, que dificilmente daria sucesso de bilheteria.

O primeiro exemplo é um texto muito engraçado, *Manequim*, uma "peça Midas", puramente comercial, apesar da inventividade do cenário. Estreia em fevereiro de 1957, em Lisboa, no Teatro Apolo. É uma peça que permanece muito tempo no repertório da companhia pelo seu sucesso comercial. A trama refere-se ao mundo dos ricos, da moda. Fala de uma modelo muito bonita, simples, honesta, elegante e inteligente. O dono da loja, que não era um sujeito venal, tinha um empregado apaixonado pela manequim. E há o grã-fino Roberto, que também se apaixona por ela. Aí acontece o conflito: como o milionário vai conquistar essa moça, e acabam se casando, e como o funcionário vai ser rejeitado, até o final, quando descobre que Roberto não é tão rico assim. O empregado enlouquece e se mata.

Não encontrei nenhuma rubrica falando de intervenções da censura sobre esse trabalho no Brasil. Agora, em Portugal, a censura achou que o texto realmente extrapolava. O acervo da Companhia, doado à Funarte, tem o texto com os cortes e as intervenções da censura portuguesa. Ela corta dois trechos referentes à homossexualidade, ainda que se tenha de fazer um esforço para entender que se referem à homossexualidade. No primeiro, Roberto justifica um comportamento estranho da modelo, dizendo que leu Sartre, entende o comportamento das mulheres e acha que a manequim deve ter algum problema com uma garota. Ou seja, ele pergunta a Moisés de uma forma muito velada se ela não era homossexual. O comerciante responde que a única "anormalidade" da moça era não ser ordinária. E, depois, num segundo trecho, Moisés está discutindo com o empregado maluco, fica insistindo com ele para sair com garotas e mudar de vida. O empregado nega, diz que não está interessado, e Moisés diz que só perdoava a indiferença dele pelas mulheres porque nunca o viu interessado por homens. Esses dois trechos foram cortados.

Outro texto apresentado em Portugal é *A rosa tatuada*, de Tennessee Williams, que foi uma montagem muito polêmica no Brasil, pois o diretor italiano Pollini colocou toda sua ousadia na peça: mudou, reescreveu e fez um espetáculo cênico com visual muito forte. Também havia um pessoal de cinema trabalhando com ele. O trabalho tinha uma concorrência com as "peças Midas" porque Sandro também montava "peças Midas" baseadas em filmes, explorando o modelo do cinema. No interior do país, dava muito dinheiro. Então, com frequência, quando havia um filme de sucesso, ele fazia a peça. Foi o caso de *A rosa tatuada*, que fez muito sucesso em Lisboa, numa espécie de concessão da censura portuguesa, que não permitia às companhias locais montarem as peças de Tennessee Williams, autor interditado. A Companhia Maria Della Costa conseguiu encenar e isso causou um impacto muito grande.

Uma polêmica interessante foi a de que os críticos portugueses estranharam que o cenário fosse igual ao da montagem americana. Nenhum crítico brasileiro comentou isso, com exceção do Miroel Silveira, que afirmou ser o cenário da montagem brasileira melhor que o da montagem original. Não sei se o motivo para essa crítica em Portugal se origine em um ressentimento, por causa da liberação dada a uma companhia estrangeira, ou porque foi anunciado que o cenário tinha ganhado um prêmio no Brasil. Consegui uma foto do cenário americano e comparei com a foto do cenário brasileiro. Temo que o crítico português estivesse com a razão: os dois eram iguais.

Depois disso, temos outra peça, considerada um texto menor de um autor brasileiro, que é *Moral em concordata*, do Abílio Pereira de Almeida. O texto já tem um ponto desestabilizador, que é o fato de Abílio ser um autor do Teatro Brasileiro de Comédia (TBC) e, na época, a Companhia Maria Della Costa ser a grande rival do TBC. E como a Companhia Maria Della Costa monta o Abílio? O texto havia sido recusado pelo TBC e transformado em filme pelo Fernando de Barros. E é um libelo contra a corrupção moral da sociedade brasileira. Narra uma situação complicada da classe média moralista: a protagonista Maria Della Costa é uma moça que sai muito à noite, se diverte, enquanto a irmã é uma mulher casada com um homem que bebe e bate nela, passa por uma vida de sofrimento até ser abandonada pelo marido e sair com a irmã para curtir a vida. Ela conhece um amigo da irmã, torna-se amante dele e vivem felizes para sempre. No Brasil, não tenho notícia de censuras ao texto, mas houve uma reação do público, que fez com que um juiz então ligado à Vara de Menores passasse a restrição da peça para os menores de 21 anos.

Certo dia houve uma grande comoção, porque uma comissária da Agência Brasileira de Inteligência (Abin) foi ao teatro para fazer cumprir a nova portaria, mas um número razoável de entradas já tinha sido vendido. Ela tinha o poder de obrigar o teatro a inutilizar os ingressos e impedir a entrada daquelas pessoas. Isso causou um enorme tumulto, porque, exceto a comissária, nenhuma das partes envolvidas estava interessada naquela solução da proibição para menores de 21 anos. A comissária deu ordem de prisão ao gerente e chamou os bombeiros do teatro para que viessem socorrê-la, como autoridade, para impor a ordem naquele momento. Só quando o Juiz de Menores chegou é que a paz se instalou, pois o pandemônio foi generalizado. Esse é o único instante de veto por parte da censura oficial que encontrei no Brasil. Mas não posso afirmar com muita certeza, pois trabalhei essencialmente com recortes de jornais. Enquanto que, em Portugal, a censura barra e obriga a alteração do final: ela teria de voltar para o marido. E a companhia aceita, pois é o único jeito de a peça ser montada.

Em 1959, há outro espetáculo em Portugal, *A alma boa de Setsuan*, de Bertold Brecht, que foi gloriosamente recebida no Brasil. Muitos dos que combatiam a Companhia Maria Della Costa deram a mão à palmatória, dizendo: "O Sandro realmente faz peças apelativas, comerciais, mas agora estão montando Brecht, e com uma qualidade de encenação memorável".

Os artistas da Companhia Maria Della Costa são os homens de teatro que vão montar Brecht em Portugal em plena ditadura, com uma direita profundamente articulada. Então, primeiro, vão ter uma recomendação da censura para que retirem do cenário os gráficos que mostram o aumento do custo de vida. É uma peça com vários planos de construção. No primeiro, há a ação propriamente dita. Atrás, os cartazes com marcas de multinacionais e, no fundo, painéis com a situação cotidiana econômica e social vivida naquele momento naquela sociedade. Ou seja, diminuição salarial, preço da cesta básica. É uma montagem rigorosamente brechtiana. Então, a censura pede que todos os aparatos sejam retirados do cenário, os gráficos com a situação econômica de Portugal. E não se pode falar sobre isso, qualquer manifestação do elenco é proibida.

A carreira da peça em Lisboa foi bastante tumultuada. Como a apresentação foi aprovada, a direita resolveu se unir. O Sandro descobriu que o teatro ia ser empastelado. Aí reuniu diversos amigos progressistas e montou uma estratégia de contraposição. Chamou o embaixador do Brasil em Portugal, Adeniron de Lima, chamou autoridades, montou um engessamento da redação. E a história é meio anedótica, porque quando começa o espetáculo, começam as vaias da plateia. A estratégia da direita era ir vaiando e criar um tumulto até o quebra-quebra. Sandro viu que não ia ter como contornar e chamou todo o elenco para a cena. Como ele era ator, fingiu ter um "piripaque" em cena, como se fosse morrer, e assim conseguiu acalmar a situação.

Eles acabaram tendo de pedir asilo, com o socorro de autoridades brasileiras, porque a situação em Portugal ficou incontornável. Eles tinham uma apresentação em Paris, de *Gimba*, de Guarnieri, uma peça que também teve problemas com a censura, e conseguem se retirar. Só que, como a viagem era de navio, eles tinham de voltar a Portugal para pegar parte dos cenários, pois não tinham como levar todo o cenário para a França. Então as autoridades avisaram para que tomassem muito cuidado com o que iriam dizer na França, pois poderiam ser impedidos de entrar em Portugal. Eles ficaram na mão da censura portuguesa.

Um trecho do livro *Palavras proibidas*, de Mayra Gomes,[3] me chamou a atenção: "estudiosos de diversos campos têm trabalhado com a premissa de que toda sociedade se organiza em torno de zonas de silêncio, tendo as interdições

3. Gomes, Mayra. *Palavras proibidas: pressupostos e subentendidos da censura teatral*. São José do Rio Preto: Bluecom/ Fapesp, 2008.

como base. Assim, todo discurso, [...] comporta uma dimensão política". Tenho duas conclusões provisórias a respeito dessa questão da censura e que têm a ver com as práticas brasileiras. A primeira é uma indicação da necessidade de se pesquisar a censura como um fato social denso em que convivem diferentes camadas de articulação do todo com o social. Parece uma coisa óbvia, mas, na verdade, estou querendo supor a existência de dois princípios norteadores da intervenção censória: um, a dinâmica do poder, e outro, as necessidades do senso comum. Então, suponho que esse fato social denso se faz como poder e como dominado. E esse jogo do dominado se articula um pouco como resposta e um pouco como necessidade de sobrevivência dentro de coordenadas dadas, que vão fazer um desenho de até onde é possível transgredir. Não que a transgressão seja consentida, mas se dá dentro de um espaço, de um jogo social, revestindo essas manobras. Cheguei a isso a partir de uma primeira necessidade extrema de estudo, que é a questão da Maria Della Costa, e a partir de um estudo sobre o teatro musical do século XIX, no qual o mesmo problema apareceu, as questões da interdição e da permissão, sob a forma do que é o canônico e o não canônico.

Fui tentar entender como surgiu o cancã, como chegou aos palcos do teatro. Ele veio dos bares mais sórdidos de Paris, que a elite frequentava disfarçadamente, na calada da noite, quando as mulheres levantavam as saias e mostravam algo que não deveria ser mostrado. Era uma imensa diversão, que acabou por se transformar numa dança. É o interditado que vai para o palco, onde se torna o teatro musicado oficial.

A segunda necessidade é de estudos sobre a história do poder; pesquisas a respeito de como o poder se constrói como trajetória histórica. A impressão que tenho, a partir das pesquisas sobre a Companhia Maria Della Costa e sobre o teatro musicado, é que a nossa censura vem da censura de Portugal. Fiquei surpresa ao descobrir isso pesquisando um sujeito aterrador, chamado José Agostinho de Macedo, uma das estruturas fundamentais da construção do pensamento autoritário ibérico.

Macedo foi um padre profundamente transgressor. É inacreditável o que ele fez dentro das ordens religiosas, tornando-se uma figura execrada, expulso de todas. Mesmo assim, talvez por saber de alguma coisa comprometedora, acabou conseguindo atuar regularmente como padre. Ou seja, o Vaticano permitiu que ele tivesse uma igreja, e ele era um orador tão brilhante que acaba sendo aclamado pelas populações que o ouvem e torna-se capelão confidente da rainha dona Maria, a Louca.

Toda a profunda reação política de direita em Portugal tem um débito ao padre José Agostinho de Macedo. A construção do pensamento autoritário português faz-se a partir dele. Ele tem panfletos admiráveis contra o pensamento liberal, a Revolução Francesa e a Independência do Brasil. Quando a corte veio para o Brasil, ele ficou em Portugal e as tropas napoleônicas não encostaram a mão nele. Há suspeitas de que alguns escritos dele sejam, na verdade, de Bocage. Depois, Macedo foi um dos mentores do combate à Revolução Constitucionalista do Porto e um grande inimigo de d. Pedro IV (o nosso d. Pedro I), e contra quaisquer tentativas de modernização de Portugal. Então, acho que hoje a leitura dos livros de José Agostinho de Macedo é prioritária, pois tem uma grande força no uso da palavra, que pode explicar esse extremo poder da direita, esse enrijecimento das estruturas de poder. Ele usa muito a retórica de desqualificação, e o poder ibérico tem muito isto, desqualifica o cidadão, o interlocutor. Macedo, na infância, fugiu da escola e trabalhou como guardador de burros de uma tropa de aluguel, até ser descoberto pela família e colocado numa escola mais rigorosa. Ele tem um poema, chamado "Os burros", que é a forma como ele trata o pensamento antagônico. Estudou profundamente as características e o comportamento dos burros, e transpõe esta "burrologia" para o universo humano: os burros somos nós, que nos opomos a ele.

A performance da memória como ato de resistência política – o teatro de Vianinha[1]

Maria Helena Vicente Werneck

O meu olhar sobre o teatro de Oduvaldo Vianna Filho, o Vianinha, surgiu da intenção de renovar a análise de sua obra. Concentro-me em refletir sobre os processos de vocalização do texto em cena e dos modos de provocar a escuta. Pergunto sobre as maneiras como a memória se relaciona com imagens sonoras e que tipo de escuta essas imagens sonoro-textuais provocam, nos dois sentidos, o de produzir e o de acessar a memória.

O texto é percebido, nas pesquisas de arquivos, como documento de escrita que tanto possui um potencial de encenação, quanto documenta um estado passado do espetáculo. Nesse sentido, os materiais textuais e os registros iconográficos sempre prevalecem na história do teatro e na formação dos arquivos. A escuta que decorre do texto em estado de vocalização fica em segundo plano à medida que o resíduo da encenação se concentra, em texto e imagem. No Arquivo Miroel Silveira há o material textual, mas não se considera que muitos dos pareceres foram baseados no impacto da escuta e da visão do censor.

Pensar a escuta de um texto é ir em busca do regime estético da arte teatral que se localiza na novidade da tradição. Segundo Rancière, reinterpretar aquilo

1. Seminário interno realizado em 31 de maio de 2010.

que a arte faz e o que faz a arte ser arte. A peça de teatro para se tornar uma obra de arte é produto do tempo. Isto é, da nossa experiência. Dessa interpretação, decorre a distinção de um novo regime de relação do antigo na tradição da dramaturgia, principalmente no que se refere a rever um dos pilares do drama, que é o diálogo interpessoal. Então, minha ideia é propor uma leitura do teatro de Vianinha a partir de uma vertente teórica diferente daquela que colocou uma perspectiva de teatralidade centrada na visão, como é feito o teatro de hoje.

A dramaturgia de Vianinha resiste à visão ou coloca dificuldades para a visão. É uma dramaturgia que se situa nesta classe: da relação entre espaço e tempo, entre visão e escuta, predominando a escuta. O que pretendo é superar algumas distinções que vigoraram até pouco tempo entre teatro de texto e teatro de imagem, e caminhar para novas maneiras de perceber a obra de autores do século XX.

Quando se trata das relações entre a encenação e o texto, a autonomia da arte teatral colocou o texto em perigo na medida em que encenar não significa organizar e dirigir elementos disparatados, mas pensar um texto. O encenador é aquele que vê a obra com seu olhar, fazendo com que, até o século XX, creia na visão como a única forma de liberar o texto da tirania da literatura para colocá-lo num patamar de variabilidade e se transformar em palavras que se concretizam.

O texto torna-se, então, paulatinamente, material a ser tratado, reescrito, montado, desmontado, adaptado. O texto existe como uma estrada que é preciso percorrer. De todo modo, a operação que esteve em curso foi a de tornar as palavras visíveis, palavras que geram imagens em cena. O texto em seu potencial de criar uma visão assombra o imaginário dos homens de teatro europeu do século XX, segundo Picon-Vallin. Enquanto o encenador fala aos olhos, o texto se dirige aos ouvidos, permanece enquanto texto. A instância olho, mais que ouvido, é necessária para se pensar a visão, a imagem diferentemente da ilustração, direcionando o trabalho do encenador, que se baseia em ultrapassar a palavra para tornar a imagem o fundamento e o devir do universo cênico. Ao definir a visão da cena como complexo de visualidade bruta, tal como aponta Luiz Fernando Ramos, acentua-se que o teatro contemporâneo vai progressivamente se desvinculando da construção do texto, ou seja, vai se desvinculando da funcionalidade narrativa. Diante de inúmeros exemplos de que o teatro busca distanciar o espetáculo do drama no século XX, a alternativa radical e o desafio continuam sendo buscar o espetáculo como performance. Nessa hipótese, segundo Ramos, a trama constitui uma semântica de superfícies, tessituras de cores e imagens em movimento, apresentação de objetos que apenas se articulam na organização sintática das diversas texturas que se alternam em transparência, opacidade, rugosidade, relevo ou outras quaisquer categorias da superficialidade e da forma dos objetos concretos que possam existir.

Essas duas vertentes historiográficas, que ora integram ora separam a visão e a audição, se radicalizaram durante o século XX, caminhando até o impasse em que tentamos ver a cena como campo de observação de materiais. Proponho outra vertente, sem essa força profética e um pouco apocalíptica da visão, que anuncia outra ordem de sentidos que não diz respeito mais à significação.

Existe, no teatro, uma relação tensa entre o visual e o textual. O que está por trás disso é que o olho e o ouvido reagem em ritmos diferentes. É o impasse entre dois ritmos – o visual e o auditivo – que se introduz no trabalho da imaginação. A citação é do encenador russo Vsevolod Meyerhold: "O que distingue o antigo teatro do novo é que as palavras são submetidas, cada uma delas, a seu ritmo próprio, e se divorciam mesmo na unidade" (apud Pavis, 2003).

Ainda quando não há divórcio entre visualidade e auditividade, ao longo do século XX, a voz vai se constituir como elemento destacado da teatralidade. E, ainda, quando independente da fala das personagens ou produtos sonoros articuladores de continuidades e descontinuidades temporais.

Trata-se, portanto, de perceber o texto enquanto fala, como um fluxo sonoro, o que coloca, como veremos, um problema para a história da recepção do Vianinha. Silvia Davini, em *Cartografías de la voz en el teatro contemporáneo*, baseia-se na percepção de Gilles Deleuze e Félix Guattari, quando os filósofos afirmam que a voz está além do rosto em termos de devir, de multiplicar o sujeito, de possibilitar diversos processos de subjetivação e individuação. Nessa perspectiva pragmática, torna-se decisivo pensar as relações entre corpo e sujeito. Como produção do corpo, a voz destaca-se pela capacidade de gerar significados complexos, cuja produção é impossível de ser controlada em cena. Silvia Davini considera a voz uma produção do corpo da mesma categoria do movimento. A voz tem uma capacidade de definição cognitiva várias vezes maior do que a do movimento. Escutar, um ato psicológico, diferentemente de ouvir, um ato fisiológico, depende da intenção de querer ouvir, portanto é um ato intencional de audição. Situa-se como um ato de decifração, de maneira que, para Rolland Barthes, a escuta funciona como a leitura, isto é, reportando-se aos olhos.

Mas há outra escuta, segundo Barthes, que não visa a uma espera vinda de quem ouve, mas vinda de quem fala, de quem emite. No caso, a escuta desenvolve-se num espaço intersubjetivo. "Escuto" quer dizer "escute-me". Quem fala pressupõe alguém que escuta e é capaz de dizer "escute-me". Desse modo, a escuta desenvolve-se num ambiente intersubjetivo. Dizer "escute-me" é colocar a pessoa num ambiente de profunda atenção e intencionalidade. Independentemente da escala de interiorização, dos segredos do coração e também do eu, a escuta põe em relação dois sujeitos, ainda quando um deles é uma multidão. A intenção de escutar uma interpelação total de um indivíduo ao outro coloca acima de tudo um contato que só existe entre dois indivíduos. "Escute-me" quer dizer "saiba que existo". Nessa escuta, diferentemente daquela que transforma o ruído em índice, cria-se uma dualidade na interlocução. O silêncio do ouvinte torna-se tão ativo quanto a fala do outro. Uso o apoio conceitual de Barthes para pensar a escuta na cena e, especificamente, na cena de *Rasga coração*, de Vianinha.

A estrutura dramatúrgica da peça ultrapassa os dois espaços de escuta na sociedade tradicional: a escuta arrogante do superior e a escuta servil do subordinado, por uma escuta livre. Entendo como escuta livre aquela que circula, que permuta, que desagrega, por sua mobilidade, a malha estabelecida imposta à palavra. Perguntamos como essa escuta livre se estabelece, no caso de *Rasga coração*, em decorrência da performance da memória no processo cênico e dramatúrgico de Vianinha.

Em 2004, assinalavam-se os 30 anos da prematura morte do autor. Num evento no Sesc Copacabana, a peça - *Rasga coração* - e outras, foram lidas por companhias de teatro da geração de Vianinha ou por jovens atores, que tiveram contato pela primeira vez com o texto. As leituras provocavam não só um encontro rememorativo, mas também o prazer da escuta, descortinando uma nova recepção da peça, diferente daquela oferecida na montagem histórica de 1978. É, portanto, nessa experiência de ouvir apenas que se baseiam meus comentários. Ali se esboçava uma experiência única de escutar o texto.

A história da peça é a de três homens, três gerações, avô, pai e filho, que, no início do século XX, nos anos 1930 e nos anos 1960, praticam distintas formas de se fazer política no Brasil. A peça, todos sabem, possui uma saga que se tornou referência para o teatro brasileiro. Foi concebida como projeto em 1972, quando o escritor já se sabia doente, e foi concluída nos últimos dias de sua vida, no hospital. Levou cinco anos para ser encenada. A circunstância limite na qual foi criada, somada à sua imediata premiação no IV Concurso de Dramaturgia do Serviço Nacional de Teatro, seguida pela interdição - ela foi proibida pelo parecer da censura em 1977 - foram elementos de uma narrativa heroica escrita por parte da imprensa. Essa trajetória foi mapeada em detalhes pela historiadora Rosângela Patriota e se fundamenta numa inédita operação intelectual em que o silêncio imposto pela censura se contrapõe a uma intensa luta política por parte da peça. Os documentos gerados por jornalistas, historiadores e críticos teatrais em defesa da obra passaram a ser percebidos, além de sua condição de fontes documentais, como forças dotadas de ação, constituindo, assim, práticas políticas de sujeitos atuantes. Rosângela Patriota lança mão, para a observação, de categorias dos historiadores Carlos Alberto Fiorentini que tentaram ler a luta para tirar a peça do processo do censor como uma ação política.

Quando, em 1979, a montagem foi liberada pela censura, cumpre-se a última etapa do processo de criação da obra de Vianinha, um notável fenômeno do teatro brasileiro do século XX. O significado simbólico do legado é enorme, combinado com uma legenda de resistência a um regime autoritário, a encenação foi percebida como um indício da irreversível abertura democrática.

A primeira encenação foi portadora de um significado especialmente epífano, de revelação das verdades a serem ditas. Um dos relatos mais pungentes sobre a estreia de *Rasga coração* é, sem dúvida, o de Flávio Rangel. O diretor registra a expectativa que se fazia da encenação como algo muito esperado, todo mundo querendo que o espetáculo fosse encenado, que a peça fosse vista e ouvida em tom alto, claro e muito forte. Havia uma forte e prévia expectativa: ouvir, de olhos abertos e ouvido bem atento, uma lição de meio século de história da política brasileira.

O principal crítico de teatro da época, Yan Michalski, intitula "Documento poético dos nossos becos sem saída" o artigo[2] que analisa o espetáculo no calor da hora e, na sua primeira frase, enfatiza a "função didática da peça". A peça já começa com uma missão, que é a de fazer ouvir uma lição de história. Num determinado momento, o crítico desencanta-se um pouco de ver aquela história cíclica, como se houvesse ali um determinismo trágico da repetição, mas se assusta com um elemento novo que percebe: o sentimento de desespero. Há alguma coisa que fugia a essa expectativa da lição: um sujeito desesperado não pode nos ensinar nada. Há algo perturbador nesse texto de Vianinha.

Ao introduzir a percepção do sentimento do desespero como componente inesperado, a leitura de Michalski desestabiliza a mensagem ansiada, abrindo a recepção da peça para significados que ainda hoje deslizam para fora da perspectiva da primeira encenação. Na estrutura dramatúrgica concebida pelo autor, apresentam-se duas concepções teatrais díspares: o drama, com ênfase em primeiro plano na vida familiar e privada do Manguari Pistolão (o personagem central), e a estrutura dramatúrgica do teatro narrativo, que expõe nos quadros seguintes os acontecimentos da juventude do protagonista e as lembranças confusas do pai. Essa mescla de estruturas dramatúrgicas foi vista

2. Publicado na obra de Rosângela Patriota, *A crítica de um teatro crítico*. [N.E.]

na época como virtuosismo dramatúrgico do autor, deixando-se de percebê-la como uma decorrência de outras experimentações que Vianinha vinha fazendo, e que são experimentações de alta potência temporal, já nas peças *Mão na luva* e *Papa Highirte*.

O que me interessou foi que estava ali uma experimentação de potência temporal, e era isto que perturbava a recepção da peça como lição, como alguma coisa que apontasse um caminho. Ao que parece, Vianinha já se indagava de que modos trazer o passado ao presente na cena, como se para entender o agora fosse imprescindível a reconstituição do ontem.

Na distância de 30 anos, sem a expectativa criada pela participação política do jornalismo, sem os artefatos materiais da encenação, o texto revigorou-se na leitura de 2004, encarnado por outras vozes e pontuado por outras questões. Escutar sempre visa a retirar lições. Vianinha estava propondo que escutássemos tirando lições, mas também que ensinássemos. É como se a peça pudesse se revigorar e ter uma dupla escuta. Haveria outra especificidade que não fosse exatamente o legado. Em que medida ele legaria para nós uma experiência mais sensorial de recepção? Então poderia se substituir o modelo de aula de História Política, conforme extensa pesquisa linguística, antropológica e histórica, pelo prazer da bricolagem, apontando para a necessidade de uma recepção lúdica, despertando o que não estava no horizonte das expectativas.

É interessante ver quais eram as expectativas projetadas pelos anos, do início da censura, da resistência contra a censura, de que maneira algumas peças extrapolam sua temporalidade. O que chamo de "recepção lúdica" seria isso, um componente que os próprios críticos perceberam. Yan Michalski percebe e, um pouco decepcionado, vê desespero nessa experimentação.

Quando a atenção da escuta deixa-se conduzir pelo alto teor fragmentado do texto, é possível identificar imagens a projetar linguagens e espaços estabelecidos numa rede de correspondências entre presente, passado e futuro, a tal ponto que se dá uma inversão do quadro inicial de abertura da peça e da recepção que a tomava como o legado político de Oduvaldo Viana Filho.

Durante a escuta do texto, sem o aprisionamento do volume da plasticidade cenográfica, as imagens dispersas nas falas das personagens funcionam como um fluxo de variedades sonoras da linguagem, que se descola da emissão psicológica e nos mergulham na experiência do tempo.

Percebe-se em Vianinha que as imagens lembradas se alargam e mesmo se desfazem da conformação espacial mais tradicional solicitada pelo autor na rubrica de abertura da peça, preocupando-se em definir a ação do presente no trabalho de rememoração. Quando Vianinha cria dois níveis espaciais na peça dele, o tempo presente da trama, o espaço do drama, o apartamento, o cenário, segundo a rubrica, reproduz de forma rigorosamente naturalista a sala, o escritório, o apartamento em Copacabana, sua janela, portas e saídas para o exterior. Ao contrário, a reprodução das cenas do passado é feita com a mais aberta criatividade. Na minha opinião, essa configuração de planos espaciais tem mais complexidade. O grande desafio de escuta que Vianinha coloca não é o das brigas de casal ou de pai e filho no apartamento de Copacabana. O grande desafio de escuta é, exatamente, a rememoração. O passado chega até nós fundamentalmente através da escuta e de algumas poucas imagens, pois na fala rememorativa é que estaria um arsenal imenso de imagens que vão exigir do espectador um esforço de imaginação pela escuta. Parece que *Rasga coração* acaba ultrapassando a capacidade ilustrativa do espaço cênico quando flui entre o tempo presente e o tempo passado, ambos dispostos na cena, em presença.

No contato com a leitura e a dramaturgia, sem as camadas do cenário materializado num meio geométrico, alguns imprevistos da relação presente e passado são progressivamente superados por outra estratégia. Ao mesmo tempo que as imagens produzindo temporalidades diferentes estabelecem uma conexão que é menos de ordem social e mais das práticas humanas no desenrolar da História, há um realismo cotidiano que é intensificado pela presença do passado. Os acontecimentos estão nos circuitos privados da memória das personagens. Isto é o que nos interessa hoje: ler o texto do Vianinha como um cruzamento de histórias e memórias.

As imagens do passado não são acionadas por mecanismos meramente determinados a estabelecer causalidade, mas aparecem como invasivas no espaço teatral. Há um trabalho de ficção da lembrança muito forte no texto de Vianinha, e essa ficção se faz predominantemente pela escuta, pela produção de imagens que não estão apresentadas em cena. Portanto, essa dramaturgia cria visão de menos e escuta demais.

O interessante nessa dramaturgia é perceber como é possível codificar a escuta por essas escassas imagens, as lembranças. Para tentar entender isso, tive de me valer do cinema e de um texto do Deleuze, que destaco porque o pensador, analisando um filme, faz uma redefinição do conceito de *flashback*. A rememoração pelo *flashback* não corresponde exatamente a um mergulho no passado. Os *flashbacks* instalam-se como circuitos que percorrem uma zona de lembrança e voltam a um estado cada vez mais profundo da situação do presente. O que diz Deleuze é que, quando nos lembramos do passado sob a forma de *flashback*, este incide sobre o presente. O *flashback* nutre o presente de uma espessura nova, não prevista no drama, cuja estrutura é encaminhada para que possa caminhar para o futuro com leveza.

O que acontece na dramaturgia de Vianinha é dar uma espessura nova ao presente, e não fazê-la caminhar com leveza em direção ao futuro. Nem é possível perguntar o que se passou para que o passado se rompa. Ao contrário, está aí para sinalizar às personagens que talvez estejam elas também participando da memória para antever tanto o futuro quanto o presente, quando o passado emerge. Esta é minha visão da ação política quando Vianinha traz esse efeito da rememoração: estar fazendo alguma coisa no presente se transformará num retorno constante a um antigo presente. No entanto, contrastando com o presente, esse passado agora presente ganha em soltura, por efeito das cenas musicais, criando alto contraste com as cenas domésticas. A música ajuda o espectador, portanto, a mergulhar nos fluxos temporais.

Vou me referir a alguns exemplos da relação entre escuta, imaginação e movimento temporal no texto de Vianinha. A cena do início da peça é interessante, pois Nena está narrando que se lembra de ter visto pela janela do apartamento um morto estendido no asfalto. Ela descreve as ações, mas longe de se aprofundar na dimensão do cotidiano; um movimento dramatúrgico integral dá a passagem para esse território do "me lembro". Ela narra o que aconteceu, reproduz os sons que ouviu, e a cena vai mudando. Passa-se muito suavemente da escuta de uma narrativa para a escuta de uma lembrança sonora.

O deslocamento espacial acompanha, portanto, o movimento temporal. A determinação de uma nova escuta funciona como meio de fuga do imediatismo. O tempo passado é que se almeja presente. O corpo estendido no chão prenuncia um determinismo novo, diferente daqueles repetidos ritos que a história anuncia. Ao contrário, o corpo protegido no apartamento, já está liberto para deixar a memória fluir. Assim, a fragilidade física é condição para se pronunciar uma voz elegíaca e apresentar num verdadeiro romance familiar as aventuras onde se lançam os ideais políticos.

Essas lembranças vão se avolumando, num trabalho interessante, que é a produção de uma camada do texto que não representa lição histórica, mas apresenta o corpo como mestre de lições do tempo. Quem lembra é o Manguari, e é ele quem reclama de dor. Então, o personagem "lembra" com um corpo que sente dor. O interessante é que ele nos convoca à lembrança a partir de um corpo que estaria muito fragilizado. Uma das principais lembranças da peça são os gemidos. Observei na escuta da peça, como o personagem geme, como ele reclama de dor. É esse personagem muito frágil e seu gemido que instauram uma interlocução muito diferenciada, ainda que, em algumas falas muito firmes, haja frases que funcionem como um legado.

É possível ir, pouco a pouco, mapeando na peça este movimento: o corpo magoado pela incompreensão humana resiste e produz lembranças, ação, aquilo que seus companheiros aguardavam que ele fizesse. O que os companheiros não aguardavam era o desespero, que para mim é uma dor elegíaca. Há algo de poesia do tempo nessa peça, que não é um legado da História, mas outro patamar de compreensão da História, de uma voz que passa pelo aprendizado de uma dor. Isto tem um peso muito forte na peça.

Deixando-se perder pelo passado, em nenhum momento o personagem de *Rasga coração* quer recuar diante do presente, muito menos se apresentar como um sujeito que emerge do passado como poder redentor.

Hoje os arquivos estão em alta, exatamente por conta da valorização da experiência e da memória no campo da História. Temos uma crença no poder redentor da experiência, do testemunho. Um livro que recomendo para quem trabalha com arquivos é o de Beatriz Sarlo (jornalista e crítica de cultura), chamado *Tempo passado*, em que a autora faz uma grande crítica a esse horizonte utópico de narração da experiência. Ela entende que é utópico porque se baseia na crença de que o testemunho dá conta da experiência do passado. Falando da Argentina, uma sociedade que fez um grande esforço para não esquecer os tempos de ditadura, a autora não se satisfaz com essas categorias contemporâneas, testemunho e experiência, portanto, apenas com memória. E pergunta: entre o horizonte utópico da narração e da experiência, e o da memória, que lugar resta para o saber do passado? É uma defesa do historiador. Então, devem-se considerar os depoimentos, os testemunhos, a memória, mas não se deve abrir mão do trabalho do historiador.

Desse modo, pensando no trabalho de ficção de memória que Vianinha fez, volto ao texto. Deixando-se perder pelo passado, o personagem principal de *Rasga coração* em nenhum momento quer recuar diante do presente, muito menos se apresentar como um sujeito que emerge das cenas antigas do passado com o poder redentor da experiência. Ele não é um personagem que viveu e quer nos contar aquilo que viveu, ou aquilo que seu pai viveu. O que me encanta nessa peça é a fragilidade: são homens frágeis que lembram. Em vez de privilegiar o testemunho, Vianinha escolhe para Manguari o desconforto da dor, só atenuado pela disposição em disseminar a escuta. Agir no presente é, portanto, disseminar a escuta. Não é, portanto, o desespero, como pensou Yan Michalski, mas o que move a obra de Vianinha é a perseverante vigília contra qualquer efeito apaziguador da memória.

Referências bibliográficas

Davini, Silvia. *Cartografías de la voz en el teatro contemporáneo*. Bernal: Universidad Nacional de Quilmes, 2007.

Deleuze, Gilles. *A imagem-tempo*. São Paulo: Brasiliense, 2005.

Patriota, Rosângela. *A crítica de um teatro crítico*. São Paulo: Perspectiva, 2007.

_______. *Vianinha. Um dramaturgo no coração de seu tempo*. São Paulo: Hucitec, 1999.

Pavis, Patrice. *Dicionário de Teatro*. São Paulo: Perspectiva, 2003.

Sarlo, Beatriz. *Tempo passado*. São Paulo: Companhia das Letras, 2007.

Picon-Vallin, Béatrice. *A arte do teatro entre tradição e vanguarda*. Rio de Janeiro: Letra e Imagem, 2007.

Ramos, L. Fernando. "Por uma teoria contemporânea do espetáculo: mimesis e desempenho espetacular". In: Werneck, Maria Helena; Brilhante, Maria João. *Texto e Imagem: estudos de teatro*. Rio de Janeiro: 7Letras, 2009.

Rancière, Jacques. *A partilha do sensível*. São Paulo: Editora 34, 2009.

Vianna Filho, Oduvaldo. *Rasga coração*. Col. Prêmios. Rio de Janeiro: MEC/ Seac/ Funarte/ SNT, 1980.

PARTE IV

CLASSIFICAÇÃO INDICATIVA É CENSURA?

Algumas considerações sobre a classificação indicativa

Mayra Rodrigues Gomes

Este pequeno texto pretende mostrar diferenciadas vozes sobre a classificação indicativa. Coloca sua categorização como processo distinto do de censura e, ao mesmo tempo, tenta desenhar perspectivas que a aproximam do exercício censório. As considerações aqui assinaladas têm origem tanto em reflexões teóricas quanto práticas, incluindo a daqueles que têm experimentado circunstâncias de restrição na atualidade.

A classificação indicativa, atribuição da Secretaria Nacional de Justiça (SNJ) do Ministério da Justiça, emite pareceres quanto à faixa etária a que devem ser destinados os produtos audiovisuais, incluindo aqueles do âmbito televisivo, de enorme alcance.

Segundo declaração do próprio guia prático, está consolidada como política pública, ou melhor, como contrapartida do Estado ao compromisso de observância do Estatuto da Criança e do Adolescente (ECA). O guia, logo de início, argumenta que a classificação indicativa serve de orientação para as famílias nas escolhas quanto aos produtos adequados a seus filhos, crianças ou adolescentes.

Sob esse aspecto, a classificação indicativa cumpre um papel social que é verdadeiramente reconhecido se julgarmos os resultados de pesquisas que têm sido conduzidas em nível de opinião pública.

Todos os entrevistados têm sido a favor da classificação indicativa. O argumento majoritariamente reivindicado para essa posição é, justamente, a possível proteção de nossas crianças, equivalente, portanto, ao que nos é apresentado no Manual da Classificação Indicativa.

Contudo, há outros ângulos sob os quais podemos examinar natureza, princípio e efeitos da classificação indicativa. O primeiro deles, que sempre retorna às conversações, está ligado à sua natureza: afinal ela é, ou não, censura?

Em virtude de sua função social avaliada positivamente nas pesquisas de opinião, argumenta-se que ela carece das características de uma ação censória, uma vez que essa deve ser pensada como processo à revelia da opinião pública.

Ora, o fato de que, pelo reconhecimento popular, se configure como genuíno serviço público, não a afasta de uma natureza censória, noção que se aplica, a rigor, a todo ato restritivo com o qual se administram as comunidades. Estas, por sua vez, se organizam e funcionam em certo equilíbrio, até mesmo para preservar a liberdade de expressão, em meio a uma série de determinações normativas que implicam constrições, sejam as de total interdição ou as de parciais restrições, como a da indicação etária.

Por outro lado, além de sustentar-se no argumento da adesão popular, a classificação indicativa justifica-se, em seu manual, pela aderência a propostas psicológicas, sociais, pedagógicas etc., advindas de estudos nesses campos. São esses estudos, não especificados no manual, que a orientam na consideração do que é adequado, ou não, para audiências de 12, 14, 16 ou 18 anos.

Mas, estudos especificados ou não, o resultado é que a classificação indicativa se diz orientada por dois vetores deles advindos, conforme o Manual:

> A Classificação fundamenta-se na análise de dois grandes conjuntos de temas – Violência e Sexo –, além do subtema Drogas. O modelo adotado leva em conta as chamadas "inadequações". Ou seja, os profissionais que analisam as obras audiovisuais voltam seu olhar para conteúdos potencialmente inadequados a crianças e adolescentes com base nas três temáticas (2006, p. 9).

Ora, estes são os vetores que se relacionam ao que se convencionou chamar de moral e bons costumes. Para esse aspecto que caracteriza a censura já nos alertava J. M. Coetzee:

> La censura estatal se presenta a sí misma como un baluarte entre la sociedad y las fuerzas de la subversión o la corrupción moral. Desechar por poco sincera esta explicación que da el Estado de sus propios motivos sería un error: es característico de la lógica paranoide de la mentalidad censora pensar que la virtud, como tal, ha de ser inocente, y por lo tanto, a menos que se la proteja, vulnerable a las artimañas del vicio (2008, p. 21).[1]

Também sob esse aspecto, ou seja, sob o de seus princípios, a classificação indicativa é genuinamente um dispositivo de censura bastante tradicional, pois advoga para si a tutela da virtude, vale dizer, sua conformação, acima de direitos humanos e do discernimento de adultos, pais e mestres.

Para mostrar um outro olhar sobre a classificação indicativa, e fazê-lo no contexto de situações reais, tomamos produtos televisivos como objeto de exploração.

Assim, devemos lembrar que na televisão a classificação etária se compõe com a dinâmica da programação e da publicidade que a sustenta. Ao determinar os programas considerados adequados para horários nobres, por exemplo, ela se alinha a complexas relações mercadológicas, ainda que essa não fosse sua intenção. Por extensão, tem o potencial de interferir até nas distribuições de verbas e salários.

A determinação da faixa etária cria uma hierarquia pela qual lutará o autor do conteúdo da programação, cuja única arma será conformar-se às notações de

---

1. A censura estatal apresenta a si mesma como um baluarte entre a sociedade e as forças da subversão ou da corrupção moral. Descartar como pouco sincera essa explicação que o Estado dá de seus próprios motivos seria um erro: é característico da lógica paranoide da mentalidade censora pensar que a virtude, como tal, tem que ser inocente, e portanto, a menos que seja protegida, vulnerável às artimanhas do vício. (tradução livre da pesquisadora).

intensidade pela qual são tomados os vetores da classificação indicativa com o intuito de enquadrar cada faixa. Para assumirmos um plano mais palpável e, ao mesmo tempo, absolutamente atual, citamos trechos de recente entrevista concedida por Aguinaldo Silva, celebrado autor de telenovelas, ao programa Roda Viva da TV Cultura, no dia 13 de março de 2012.[2] Ao ser interrogado sobre pressões no trabalho, ligadas a mandos e desmandos, ele diz:

> [a classificação de faixa etária] é uma ameaça constante para o autor. Por exemplo, houve um momento em *Fina Estampa*, quando a Teresa Cristina empurrou o mafioso pela escada, em que os caras disseram: "Vamos passar a novela para as 10 horas". O prejuízo que a emissora teria com isso seria terrível. Então a emissora é obrigada a dizer: "Olha, maneira um pouco na violência". Nas cenas de sexo das minhas novelas as pessoas transam de roupa. Vocês notaram isso.

Ao perguntarem se na novela *Senhora do Destino* houve problemas, ele responde que não tanto, acrescentando:

> [...] ouve momento em que veio a ordem, a decisão ou ameaça: "Ou você tira o cenário do bar, onde a Flávia Alessandra dançava no poste, ou você tira hoje, ou a novela passa para as 11 horas".
> Pergunta: Mas essa frase foi dita por quem?
> Transmitiram esse recado de Brasília e aí você tem que tirar, porque se a novela passar para as 11 horas a emissora vai ter um prejuízo monumental. E a novela não vai deixar de pagar o salário de todo mundo, claro, porque teve contratos de publicidade ali no meio da novela que foram assinados para que novela passasse às 9 horas. E aí eu tive que tirar, eles iam gravar no dia seguinte às 11 horas [da manhã] no cenário do bar e eu fiquei com a incumbência de

2. Disponível em <www.youtube.com/watch?v=o9dFLuKOo3M>. Acesso em: 5 jul. 2012.

> acabar com o cenário naquele dia. E aí eu bolei a história de um sujeito que comete um atentado e faz o bar explodir. Isso a partir de 11 horas da manhã até 9 da noite eles gravaram a cena. Então vocês veem essas ameaças que não são pressão da emissora. Na verdade, a gente tem uma forma de censura, continua existindo uma forma de censura que é esse negócio de classificação da faixa etária.

Comentando que no Brasil se vive um paradoxo, um país, segundo ele, dos mais permissivos em termos de costumes, no entanto não tolera falar sobre determinados assuntos. As pessoas ofendem-se quando se fala sobre fatos que são moeda corrente, ou sobre costumes há muito tempo assimilados. Aguinaldo Silva retoma, então, suas declarações sobre a classificação indicativa.

> Em *Fina Estampa*, eu não tive nenhum caso de adultério. Eu sempre arrumei as coisas todas para que quando os casais se trocassem, alguma coisa acontecia que provocava isso. Ou seja, as trocas eram feitas ao mesmo tempo. Mesmo assim houve um capítulo em que houve uma recomendação, também de Brasília, para que – era um capítulo em que vários casais transavam ao mesmo tempo, eu procurei fazer as trocas todas num capítulo só – e veio a recomendação: não faz mais isso senão a novela vai para as 11 horas.

O testemunho de Aguinaldo Silva a respeito de ocorrências atuais traz consigo todas as interferências reais, com suas implicações, em produções artísticas. Suas palavras bastam para nos fazer avaliar os efeitos em amplo espectro.

No entanto, não podemos deixar de assinalar o fato de que essas produções, que foram objeto de tanto escrutínio, retornam em outros horários. Mudança de hábitos, de forma de pensar? O fato é que um dia nos encontramos todos, espectadores e telenovelas, na sessão da tarde. Mas essa já é uma outra história.

Referências bibliográficas

COETZEE, J. M. ***Contra la censura: ensayos sobre la pasión por silenciar***. Barcelona: DeBOLS!LLO, 2008.

MINISTÉRIO DA JUSTIÇA, SECRETARIA NACIONAL DE JUSTIÇA, DEPARTAMENTO DE JUSTIÇA, CLASSIFICAÇÃO, TÍTULOS E QUALIFICAÇÃO. ***Manual da nova classificação indicativa.*** Brasília: Ministério da Justiça, 2006. Disponível em: <www.mj.gov.br/classificacao>. Acesso em: 5 jul. 2012.

TV CULTURA, RODA VIVA – AGUINALDO SILVA. Exibido em: 12 mar. 2012. Disponível em: <www.youtube.com/watch?v=o9dFLuKOo3M>. Acesso em: 5 jul. 2012.

Liberdade de expressão, liberdade de imprensa e acesso à informação: nuances e colisões[1]

Pedro Abramovay

A censura é um tema fundamental e precisa ser debatido constantemente. Nunca é demais debater qualquer processo de ponderação de direitos, e que, portanto, envolve a afirmação de direitos por um lado e a restrição por outro. Qualquer processo que envolva afirmação e restrição de direitos em um regime democrático tem que ser constantemente debatido, justificado, questionado. Os dedos têm que ser postos nas feridas porque, se tratarmos alguns temas como dogmas, certamente não estaremos atuando dentro de um processo democrático.

A Secretaria Nacional de Justiça (SNJ) cuida, além da classificação indicativa, das Oscip (Organização da Sociedade Civil de Interesse Público), do combate à lavagem de dinheiro, do combate ao tráfico de pessoas, de políticas de estrangeiros, são vários os assuntos. Mas acho que a classificação indicativa é um dos temas principais, sobretudo porque lida diretamente com a afirmação de direitos fundamentais. Um dos pontos principais é diferenciar qualquer tipo de regulação de mídia de censura, de liberdade de expressão, de liberdade de imprensa, de liberdade de informação ou de acesso à informação. São questões

1. Este depoimento, assim como o que se segue, de Valério Cruz Brittos, foram dados durante o Seminário Internacional Comunicação e Censura, realizado em 20 de agosto de 2010, na ECA/USP, em mesa temática que discutiu o que é a censura hoje.

muito diferentes e que precisam ser compreendidas para entendermos o que significa a classificação indicativa e como é possível existir alguma forma de regulação em um regime democrático que, especificamente no caso do Brasil, tem uma rejeição intrínseca a qualquer tipo de censura. Nosso regime constitucional não admite a censura. Até porque a Constituição não é um papel escrito, ela tem uma carga histórica. Uma Constituição escrita logo após um período autoritário com a prevalência da censura tão grande como foi no Brasil só pode ter ojeriza à censura. A única maneira de ler a Constituição é rejeitando qualquer forma de censura. Mas, então, como pode haver a classificação indicativa? Vamos pegar exemplos de censura e comparar com o que existe hoje. O primeiro exemplo é a do ponto de vista político: qualquer manifestação contra o governo seria proibida, na televisão, na música etc. Pensamos e já vem à cabeça o Chico Buarque negociando com o censor. A censura na época da ditadura não era apenas política, também tinha um processo, que todas as ditaduras tiveram, de defesa dos bons costumes, dos valores ligados à moral, à família. Muita gente associa essa defesa dos bons costumes com o que hoje é a classificação indicativa. Um exemplo é um caso que ficou muito famoso na década de 1970, dos programas do Chacrinha e do Flávio Cavalcanti. Em 1971, uma macumbeira chamada Cacilda apareceu nos programas recebendo entidades. Aquilo chocou o Brasil. "Como pode uma macumbeira na televisão?" A partir daquilo, houve uma radicalização do processo de controle, inclusive do que passava na televisão. Isso em função daquele "atentado à moral, à Igreja católica e aos valores cristãos brasileiros". A ideia foi de proibir qualquer programa ao vivo, de criar uma censura prévia de tudo o que passava na televisão. Será que isso tem alguma relação com o que hoje é tratado como classificação indicativa?

Antes de entrar nessa questão, é preciso discutir os conceitos de liberdade de imprensa, liberdade de acesso à informação e liberdade de expressão. A liberdade de expressão é construída historicamente como um direito individual, é um direito conquistado pelo cidadão, de poder expressar sua opinião. Existe no estudo dos diretos humanos uma diferença entre aquilo que é um direito individual e aquilo que é uma garantia para a democracia. Desse modo, a liberdade de imprensa não é um direito individual, ela é um direito para garantir a democracia. A imprensa livre – um país sem a imprensa livre com certeza não é um país democrático – é uma garantia para o processo democrático; ou seja, uma condição de possibilidade de um processo democrático. Além disso, ela alimenta o processo democrático, pois este se mantém democrático e se torna vivo democraticamente a partir da liberdade de imprensa.

Nem a liberdade de expressão nem a liberdade de imprensa são a mesma coisa que o acesso à informação. Este também é uma garantia para a democracia, e, ao mesmo tempo, um direito individual. Tanto o indivíduo precisa ter acesso à informação quanto a democracia precisa propiciar o acesso à informação. Liberdade de expressão é um direito individual porque você exige que o Estado não interfira naquilo. Para que haja liberdade de expressão – é um direito negativo, como se define – o Estado não interfere sobre a conduta das pessoas. No caso do acesso à informação, o Estado – e a sociedade em geral – precisa gerá-lo ativamente, além de não interferir para não violar esse acesso à informação.

Por que é importante separar essas questões? Porque não existe direito fundamental que seja absoluto. Não existe direito do qual se diga: “Esse direito é absoluto, completo e nunca vai esbarrar em nenhum outro direito”. Nem a liberdade de expressão, nem a liberdade de imprensa, nem o acesso à informação. A liberdade de expressão não é um direito absoluto, e aí acho que o exemplo clássico vem da Suprema Corte Americana. Se um sujeito entra num teatro e grita “Fogo!” e não está pegando fogo, ele está fazendo um exercício de liberdade de expressão. Mas ele tem o direito de fazer isso? Evidentemente que não: isso foi uma informação falsa, vai confundir as pessoas, tem uma série de consequências. É claro que esse é um exemplo absurdo, mas é usado na literatura para explicar que a liberdade de expressão tem limites, embora seja um direito individual. Portanto, como uma garantia para a democracia, a liberdade de expressão tem que ser vista como a liberdade de imprensa. Assim, além de ter esse limite na colisão com outros direitos, ela tem que ser vista como fomentadora do processo democrático: e não se trata de qualquer processo democrático, mas de um processo baseado num regime de valores de proteção aos direitos fundamentais como é o nosso.

No caso do Brasil, especificamente, há uma Constituição que tem um feixe de valores de direitos fundamentais que são garantidos, e a liberdade de imprensa figura e se alimenta nesse feixe de valores. Ela tem que ser vista a partir desse prisma. Não se pode falar de uma liberdade de imprensa desvinculada do processo democrático e da proteção desses valores.

Finalmente, o acesso à informação: deve ser amplo, irrestrito e ativo, mas evidentemente também tem limites na intimidade das pessoas. Discutimos no governo a abertura dos arquivos da ditadura. Eles têm que ser abertos. Mas também dizem respeito à intimidade, que deve ser preservada. Eu tenho o direito de saber se alguém que foi torturado delatou outra pessoa? Acredito que não. Evidentemente o que uma pessoa falou durante o processo de censura faz parte da intimidade dela e não deve ser divulgado. Então, como vemos, todo esse processo tem nuances e colisões entre direitos, o que tem que ser visto com muito cuidado. Isso porque é muito fácil usar o argumento: "Bom, há colisão de direitos, então eu posso fazer censura prévia, posso restringir, fechar um jornal que publicou alguma coisa que considero contra os direitos humanos".

Como ter um desenho que lide com as colisões de direito? Que ao mesmo tempo preserve esse feixe de direitos fundamentais no qual tanto a liberdade de expressão quanto a liberdade de imprensa e o acesso à informação estão incluídos? O primeiro ponto é observar os próprios desenhos que a Constituição deu para esse processo. O segundo ponto é que existem instituições, seja no Poder Executivo, seja no Poder Legislativo, que podem se controlar mutuamente. Com a separação de poderes e uma sociedade civil que também exerça o controle político e jurídico sobre esse processo, é possível discutir, rediscutir e redesenhar sua estrutura a partir da incorporação dos direitos e garantias.

Classificação indicativa e censura são coisas que não têm a mesma origem, nem o mesmo significado e nem a mesma consequência para a democracia. A Constituição fala que a manifestação do pensamento, a criação, a expressão e a informação, sob qualquer forma, processo ou veículo, não sofrerá qualquer restrição "observado o disposto nessa Constituição". Isso quer dizer que não sofrerão restrições dentro do desenho constitucional que essa Constituição prevê; as únicas quaisquer restrições que podem haver são as previstas nessa Constituição, ou seja, o limite do direito está na Constituição, dentro disso não pode haver restrição. A Constituição fala ainda que nenhuma lei ou dispositivo poderá constituir embaraço à plena liberdade de informação jornalística em qualquer veículo, observado o disposto, e enumera os artigos que tanto falam de liberdade de expressão quanto de direito à intimidade, privacidade, direito de resposta. Tudo isso está expressamente disposto na Constituição. Ela diz: "É vedada toda forma de censura de natureza política, ideológica e artística", ou seja, é muito clara ao dizer que não pode haver censura política, ideológica ou artística - qualquer tipo de restrição desse tipo é evidente e explicitamente anticonstitucional.

Em seguida, afirma: "Compete à lei federal regular as diversões e os espetáculos públicos, cabendo ao poder público informar a natureza deles, as faixas etárias a que não se recomendem, locais e horários em que sua apresentação se mostre inadequada". E, ainda: "Estabelecer os meios legais que garantam à pessoa e à família de se defenderem de programas ou programações de rádio e televisão que contrariem o disposto no artigo 221, bem como a propaganda de produtos...". O artigo 221 diz que o Poder Público tem que regular espetáculos públicos e diversões, estabelecendo faixa etária e dizendo em qual horário a apresentação é inadequada. O Poder Público tem que estabelecer meios legais da pessoa e da família se defenderem de programas que não cumpram o artigo 221. E este fala principalmente que "a produção e a programação das emissoras de rádio e de televisão atenderão aos seguintes princípios: preferência a finalidades educativas, artísticas, culturais e informativas; promoção da cultura nacional, regional e estímulo à produção independente que objetive a sua divulgação; regionalização da produção cultural e artística; e respeito aos valores éticos e morais da pessoa e da família". Isto não é algo etéreo, pois está claramente escrito na Constituição.

Essa conjugação colocou no Estatuto da Criança e do Adolescente a obrigação do Ministério da Justiça de regular especificamente as produções artísticas, as diversões etc. Essa regulação que fala em faixa horária, que fala das famílias, da sociedade se protegerem desses programas, deriva diretamente da Constituição. Acho que acertadamente não está em nenhuma lei que regule a Comunicação. A regulamentação derivou da Constituição para qual lei? Para a lei que protege a criança e o adolescente. A lógica da proteção, da regulação feita pelo Ministério da Justiça não é uma lógica de proibição, de proteção de valores da família, da moral etc., mas é uma lógica de proteção da criança e do adolescente, ou seja, o trabalho do Ministério da Justiça é promover a classificação da faixa etária desses programas.

No caso do cinema, essa classificação vai exposta. No caso da televisão, é veiculada juntamente com determinadas faixas horárias; dependendo da idade pode passar ou não em determinado horário. Então há diferenças: temos a Constituição, temos o Estatuto da Criança e do Adolescente, mas como se sabe que uma obra vai ser classificada numa determinada idade ou noutra? Isso é uma característica muito evidente da censura, que, por natureza, é arbitrária. A censura, como está vinculada à proteção de interesses políticos e interesses ideológicos, parte da lógica do amigo e do inimigo. Ela vai diferenciar quase sempre aquele que está próximo de quem censura daquele que está distante. No caso da classificação indicativa, por estar dentro do processo democrático, o ponto mais importante é a existência de critérios objetivos.

Não se pode promover a classificação a partir da vontade de um censor, como era na época da censura. Isso consta de uma portaria do Ministério da Justiça. Mas não foi uma portaria escrita dentro de quatro paredes, dentro de um gabinete. Ela passou por um amplo processo de discussão, de oficinas e de debates envolvendo a sociedade civil, com as emissoras e os produtores. Foram três anos de debates que chegaram numa portaria estabelecedora de critérios objetivos para a regulação do produto que vai para televisão, que vai para o cinema, daquilo que é criado. Essa regulação não tem o condão de, por exemplo, proibir determinado produto de ir ao ar ou ir para sala de cinema. Essa é uma diferença bastante importante: não poder proibir a liberdade de expressão. Nunca se proibiu nada. Ela classifica para qual idade é recomendada tal obra. Esses critérios são públicos e as pessoas podem verificar se foram bem ou mal aplicados. Os critérios são aplicados a partir de uma justificativa de que é pública da forma como é feita a classificação. Diz-se: "Determinada obra vai ser classificada em 16 anos porque contém cenas de tal e tal natureza, e conforme a portaria se enquadra nesse modelo". As emissoras, as distribuidoras e os autores podem recorrer dessa classificação em duas instâncias - para o diretor e, depois, para o secretário - e o que se nota é que raramente existe discordância. Em 95% dos casos, há uma concordância com a classificação estabelecida.

Por outro lado, existem muitas queixas por parte dos produtores e elas têm se intensificado recentemente, tanto os de cinema quanto os de televisão. É uma queixa difusa, abstrata, que chama a classificação de censura, que diz: "Olha, eu tive que mudar o conteúdo da novela, estou tendo a minha liberdade criativa tolhida por causa da censura do Ministério da Justiça". O que temos feito nesses casos é pedir para que a pessoa aponte exatamente qual é o problema, porque se discordam da Constituição, discordam da lei, discordam da portaria, discordam dos critérios ou da aplicação dos critérios, elas devem dizer o porquê. Algumas falam: "O que discordamos é que haja uma possibilidade de vinculação de faixa etária a horário". Isso está na Constituição e já houve uma decisão da Justiça que firmou, que pacificou, dizendo que a interpretação da Constituição é essa, que se vincula faixa etária a horário. Então esse assunto não se pode discutir. No entanto, podemos discutir se pode ou não haver uma emenda constitucional sobre isso. É outra questão, mas na realidade concreta do trabalho do Ministério, a discussão não é possível.

A outra discussão é se os critérios estão sendo bem ou mal aplicados. Ao pedir exemplos concretos, não consegui ver ninguém que apontasse: "Olha, em tal caso o critério foi mal aplicado". Então o que sobra? Sobra uma discussão sobre os critérios. São eles que estão errados? Não podemos dizer: "Aqueles critérios específicos são mal formulados". Foram critérios amplamente debatidos, pois numa democracia tudo deve ser debatido. O que queremos fazer agora é propor uma ampla discussão desses critérios, porque eles foram elaborados num momento em que ainda não haviam sido testados, e a democracia requer o monitoramento constante. Se isso é uma política pública de proteção à criança e o adolescente, ela deve ser monitorada, avaliada e corrigida eventualmente. O formato proposto para essa avaliação é parecido com o da consulta pública. Acho que o mais interessante nesse processo de consulta pública é que ela não é passiva, na qual somente se recebem as opiniões. Ele permite que as opiniões sejam confrontadas. A ideia é que os critérios da classificação indicativa sejam submetidos ao crivo dessa consulta popular do debate democrático para eventualmente corrigi-los.

Enfim, o que o Ministério da Justiça faz hoje não está relacionado com censura, pois não limita o direito de liberdade. Não viola a liberdade de expressão nem a liberdade de informação porque não proíbe nada de ser veiculado, apenas cumpre aquilo que a Constituição estabelece que é classificar, a partir de critérios objetivos, a idade para a qual determinadas obras são recomendadas. A própria Constituição fala que essa idade é vinculada a determinados horários, determinadas faixas horárias. Inclusive, nesse processo, uma das coisas que pode ser discutida é quais são essas faixas horárias.

Para terminar, conto um episódio que ilustra bem como essa discussão é distorcida em função de interesses específicos. A *Folha de S.Paulo* publicou uma nota na sua coluna *Outro Canal* sobre um autor de novela dizendo: "A sociedade brasileira já está pronta para o beijo gay, o que eu não sei é se a censura do Ministério da Justiça vai deixar". Isso expressa bem como o debate pretensamente democrático é no fundo um debate para proteger interesses de pessoas que, talvez por outros motivos, não querem colocar o beijo homossexual na televisão. Não posso acreditar que seja ignorância sobre os critérios. O mínimo que se espera é que uma pessoa que escreve novela para a Rede Globo conheça esses critérios. Nenhum dos critérios pode tangenciar a ideia de que o beijo entre pessoas do mesmo sexo é restrito para qualquer faixa etária. Um beijo homo e um heterossexual são a mesma coisa. Do ponto de vista jurídico, sobretudo, são a mesma coisa. Se vai ter uma cena de sexo explícito hetero ou homossexual, nenhuma das duas vão poder passar antes das oito horas da noite. E esse tipo de confusão acaba sendo provocativa. Porque talvez eles achem que, do ponto de vista do mercado, a sociedade não esteja pronta para fazer isso, mas têm vergonha de dizer isso para os pares e aí colocam a culpa no Ministério. Por isso, têm que alimentar a ideia de que existe uma censura no Brasil que os impede de colocar uma questão dessas na televisão. Quando, na verdade, não existe essa censura.

Propus uma reunião com os roteiristas de novelas e dizer: "Olha, é isso. Chega de críticas difusas e vamos ver quais são as críticas concretas, como a gente resolve esse problema. Temos uma Constituição vigente, temos portaria, temos uma lei. Vocês discordam do critério? Discordam da aplicação dos critérios?". E eles responderam que não tinham tempo para conversar com o secretário nacional de Justiça.

A liberdade de expressão e a liberdade de imprensa são requisitos importantes para a democracia, assim como a disposição para sentar e ouvir o outro. Então o que se espera é que as pessoas estejam dispostas a ouvir, colocar suas opiniões, para que seja construída uma regulamentação sobre a produção dessas obras. Sim, é uma regulação, mas uma regulação absolutamente, e cada vez mais, democrática.

Pensar a regulamentação da mídia é fundamental

Valério Cruz Brittos

Infelizmente há uma tendência a se identificar como censura qualquer tipo de intervenção ou de controle não privado. É importante repensar isso, nesse momento em que temos uma sociedade midiatizada, conformando modos de ser e estar sociais. Nesse sentido, me parece que pensar na possibilidade de regulamentação da mídia é fundamental.

Portanto, proponho a reflexão que envolve a preocupação com a censura, mas que se centra no direito à comunicação. Ou seja, esse direito envolve a liberdade plena - ou se essa liberdade efetivamente existe - de midiatizar, de tornar público qualquer coisa, a qualquer momento, e se isso atende ao direito à comunicação.

Essa reflexão consta do meu livro: *Comunicação na fase da multiplicidade da oferta.*[1] Portanto, como estamos falando em censura, vamos refletir se existe a possibilidade de intervenção a partir de interesse privados. Eu diria que a censura normalmente está ligada aos interesses privados, mesmo que tenha o Estado por trás, mesmo que existam agentes pseudopúblicos por trás. Quando esses interesses não estão sob a tutela dos efetivos interesses públicos, mas dos interesses privados, o que eles são? Aqueles diretamente mercadológicos. Ou não mercadológicos. Por exemplo, os interesses de um grupo de senhoras católicas, pela sua

1. Brittos, Valério Cruz (org.). *Comunicação na fase da multiplicidade da oferta.* Porto Alegre: Nova Prova, 2006.

própria formação específica, envolve a crença num tipo de sociedade e a intenção de impor esse tipo de sociedade a todos. Quando um grupo toma conta do Estado e acredita que ele é o Estado, ele crê que alguns temas devam ser midiatizados e outros não. Essa é a forma como normalmente se expressa a censura. Mas há hoje uma tendência de tudo ser visto como censura. A própria mídia contribui para isso ao defender que tudo é possibilidade de censura. E as pessoas acabam, muitas vezes refletidamente ou não, aceitando que se trata, de fato, de censura.

No início do governo Lula, entre outros instrumentos legais que foram propostos na área da comunicação, estava a "Lei do Audiovisual": uma proposta legal que passaria pelo Congresso Nacional, um projeto de lei que transformaria a Agência Nacional do Cinema (Ancine) na Agência Nacional do Cinema e do Audiovisual (Ancinav) que, por consequência, passaria a atuar sobre toda a cadeia do audiovisual, incluindo a televisão e uma série de possibilidades de controle público sobre aquilo que hoje é privado. Tudo era visto como um avanço pelos movimentos sociais, pelos setores da Academia que historicamente se debruçaram sobre o estudo das políticas públicas de comunicação. Houve, em função disso, uma campanha de parte da mídia contra a proposta. É evidente que o governo, exposto de maneira intensa à opinião pública, acabou refluindo, pois essa opinião pública acaba sendo conformada pela mídia.

Nesse sentido, temos que pensar na mídia como espaço de debate. Que se fizesse o debate, por exemplo, quando Jô Soares levou Fernanda Montenegro – e outros nomes importantes das artes nacionais – ao seu programa e, no meio da entrevista, colocou o tema. Os entrevistados, sem informação ou para concordar com Jô, que era o anfitrião, e mesmo sem fazer uma reflexão prévia, acabaram concordando. Até podiam realmente acreditar na possibilidade de censura, pois o pensamento pós-moderno acredita que qualquer tipo de intervenção é censura. Agora, quem é que foi lá no mesmo programa para mostrar o outro lado sobre o tema? Então não houve censura nesse caso?

Há casos emblemáticos. Lula foi censurado durante anos pela Globo; o Brizola, mais ainda. O tipo de cobertura dada à Conferência Nacional da Comunicação (Confecom) foi mínima e tendenciosa. Claro, havia problemas, diversos pontos de vista, mas foi um espaço amplo de debate da sociedade. Muito mais do que, por exemplo, as decisões serem tomadas pela Associação Brasileira de Emissoras de Rádio e Televisão (Abert) e pela Associação Nacional de Jornais (ANJ), como historicamente sempre foi feito, junto com o presidente da República e o ministro das Comunicações, este indicado por eles e por mais meia dúzia de parlamentares radiodifusores ou alinhados com o processo de radiodifusão. Eram eles que decidiam a regulamentação das comunicações até então.

Portanto, essas decisões são historicamente privadas. E estamos tratando de serviços públicos. Imaginem um evento na USP, que, por excelência, é um espaço público, pela sua constituição, pelos seus propósitos, pelos seus objetivos, pela sua prática. Se esse evento é transmitido pela IPTV, pelo sistema da USP, isso garante um nível de repercussão. Agora se esse evento rendesse uma matéria no *Jornal Nacional*, por exemplo, ele teria outro tipo de repercussão. Tudo que passa pela mídia tem um grau de expressão pública. Por que isso não pode ser regulamentado? Porque, insisto, quando se fala em regulamentação, especialmente de conteúdo, é tido como censura.

Parto de uma concepção específica de comunicação. O Instituto Milênio, que tem promovido o que chamamos de "Confecom do B" - ou seja, uma Confecom paralela e privada - tem uma concepção totalmente diferente do que é comunicação. Podemos ter um tipo de concepção de censura, a partir daquilo que pensamos sobre o que é esse fenômeno. Eu estou bem acompanhado, com Paulo Freire: uma concepção de que espaço de comunicação deveria, na realidade, ser um espaço de comunhão, de interação, de relação, de plena expressão do sujeito na sociedade. Isso é o que eu espero. É um idealismo. Mas se não pensar que a Academia é a possibilidade de superação social, que a Universidade é um espaço para a análise da realidade, de pensar uma outra realidade, de ver essa realidade como ela é, e como ela pode ser superada, como ela deveria ser, como podemos construí-la, então ela deixa de ser Universidade. Ela passa a ser um conjunto de cursos, algo assim. Nesse sentido, estou pensando comunicação com Paulo

Freire. Comunicação tem o mesmo conceito de educação. Comunicação não é uma transferência de saber, portanto, não é um espaço em que algumas pessoas iluminadas sabem e transmitem conhecimento, ou que transmitem a pauta do dia, o telejornal do dia. É uma forma de sujeitos e interlocutores buscarem a significação dos significados. Buscam, portanto, orientar-se. Hoje em dia é isso: queremos orientação nos espaços midiáticos, nos espaços ficcionais, talvez até com mais força, na televisão, no rádio, no cinema, na Internet. Essa última, aliás, é vista como a terra de todos, a grande terra do encontro, como se a tecnologia por si só tornasse isso possível, como se não existissem uma série de mecanismos de controle e de exclusões na própria Internet.

Vamos refletir sobre algumas predefinições. Primeiro: o que é censura? Censura é uma forma de controle? Sem dúvida. Agora, todo controle é censura? Controle sempre haverá, temos que ter um controle privado e um controle público. O que é o controle privado? Existe quando grupos privados dizem o que deve ser partilhado pela comunidade. Pode até parecer que estou propondo algum tipo de intervenção mais dura, não é isso. Os atos de midiatização não se dão por nada. Por exemplo, a questão da pedofilia na Igreja católica. Por que ela tem uma dimensão tão grande nos telejornais da Record, muito maior que nos outros canais? Porque ela tem um interesse específico sobre esse tema. Sempre há interesses envolvidos, e, no meio disso tudo, dessa disputa por audiência, por público, por consumidores, o cidadão acaba tendo a possibilidade de ter acesso a um conjunto de informações que não teria de outra forma. E tendo possibilidade inclusive de se expressar. Mas o interesse mercadológico, o interesse privado, vai sempre predominar.

Por exemplo, em Santa Catarina, um conjunto de jovens, do qual faz parte o filho de um diretor da RBS, que é o grupo que retransmite a Globo, teria estuprado uma moça. Todos são menores. Apesar de bárbaro, o crime não foi midiatizado. Por quê? Porque era alguém ligado ao grande grupo da Globo. Uma série de fatos que ninguém noticiava, até que, num dado momento, a Record furou o bloqueio e noticiou. De um lado, acho que foi importante, pois ela acabou midiatizando algo que tinha de vir à tona, que era um crime sério, bárbaro, cometido não só pelos setores mais pobres da população. Do outro, a Record tem um interesse muito específico, que é a disputa com a Globo. Com isso, aqueles sujeitos ficaram à mercê da disputa pela audiência.

A censura existiu por muito tempo e existe ainda hoje, não necessariamente controlada pelo Estado. Aliás, esse tipo de censura ou qualquer outro tipo deve ser combatido. A Constituição Federal proíbe a censura e este é o instrumento que deve ser usado por todos nós. A bandeira da não censura deveria ser a dos setores preocupados com uma construção social diferente. Da maneira que a questão é colocada, parece que os censores são justamente só os radiodifusores e os empresários em geral. Ao mesmo tempo, estamos tratando de direitos individuais e de direitos coletivos.

O que move a ideia da classificação indicativa e da intervenção do Estado é a questão da infância. Evidentemente, é uma fase extremamente delicada, de formação, suscetível a repercussões que atuam sobre os outros âmbitos. Então tem que haver uma preocupação muito grande com essa fase. Não se pode permitir que esse bem não seja tutelado pelo Estado. Podemos entregar unicamente às famílias? Em primeiro lugar, infelizmente, sabemos que nem todas as famílias têm a plena possibilidade de fazer esse tipo de discernimento por um conjunto de fatores, em grande parte econômicos. As pessoas não têm como controlar o filho o tempo inteiro. Muitas vezes não têm o discernimento mais pleno por dificuldades na sua própria formação educacional. Se tivermos a ideia de sociedade, de partilha, de que existem elementos que são divididos por esse agrupamento social, perceberemos que há, portanto, valores tutelados e que perpassam pelas famílias. E não pode ser aquilo de "cada família tem sua tábua de valores"; essa é a sociedade do "vale-tudo", a sociedade pós-moderna. É a sociedade que está aí que as pessoas condenam: "Olha, eu faço assim porque a minha liberdade está acima de tudo, então eu penso assim". Nessa sociedade pós-moderna, os valores multiplicam-se, coexistem e contrapõem-se. Ao mesmo tempo, são obrigados a conviver no mesmo espaço. Esses significados que perpassam essa teia social, muitas vezes acabam se chocando. Aí temos um grau de atrito muito grande. A diversidade é fundamental, mas respeitarmos a diversidade também é compreender que existem valores que a sociedade como um todo tutela. Se cada um tem sua própria tábua de valores, a sociedade deixa de ter o chamado horizonte cultural comum e ela não respeita efetivamente o outro. Para respeitar o outro, é preciso ter algum tipo de bom senso.

Estamos discutindo sobre interesses privados contra interesses públicos. A chamada censura moral e dos bons costumes era, na verdade, constituída por questões muito específicas. Não havia preocupação de que houvesse uma sociedade mais plena. O que se queria era que valores privados, valores de dados grupos sociais pudessem prevalecer. Daí o grau de imposição. A censura está muito ligada a isso, à imposição, quando um grupo tenta impor a outro valores que são dele, que acredita que devam prevalecer socialmente. Por quê? É preciso voltar à questão dos direitos coletivos e a possibilidade dos chamados consensos sociais. A expressão da hegemonia, que envolve a construção dos consensos deve ser do Estado. Prefiro ter a expressão da hegemonia no Estado do que num ente privado. Vejo mais legitimidade num governo federal, seja de que partido for, se eleito. Assim como vejo mais legitimidade para liderar um processo de discussão com a sociedade e construir regulamentos para essa sociedade de controle público sobre os atos de midiatização do que entregar isso, por exemplo, ao Silvio Santos, à família Marinho. Isso é o controle privado, a partir das lógicas deles. Isso pode suscitar problemas. O Estado, por ser essa expressão da hegemonia, é um conjunto de contradições. Como esse Estado vai conseguir liderar um processo de consulta de consenso sobre determinada temática se entrega o processo ao controle privado?

Ao mesmo tempo, há a questão do sujeito em relação à sociedade, que envolve sua livre expressão. Nos últimos 40 anos, a liberdade do sujeito cresce enquanto possibilidade não só de expressão, mas de respeito. Desde a segunda metade do século. Não estou falando do Brasil, que viveu sob uma ditadura, mas do mundo. Só que essa liberdade não pode ser o espaço da individualidade, porque muitas vezes deixa de ser o espaço de expressão do sujeito e passa a ser o espaço do consumo, ou um espaço que se contrapõe à sociedade. É recorrente: falamos de interesses privados, da possibilidade de consensos sociais, da contraposição de interesses pessoais e privados, e tudo isso envolve essa dicotomia.

Temos grandes atores sociais midiáticos. Se falarmos sobre censura, sobre controle, temos que considerar esses atores. Primeiro, os operadores da cultura, da comunicação. É a emissora de televisão, a emissora de rádio, o detentor físico da sala de cinema ou do teatro, o produtor de teatro. O Estado, que promove o consenso hegemônico, é o grande órgão que vai regular as relações sociais em geral. Quando entramos na área da cultura qualquer tipo de regulação é problemática. No entanto, todas as outras ações e relações são reguladas. O ônibus, o carro, por exemplo, respeitam um conjunto de regras para poder viver socialmente. Por que esse espaço que se chama comunicação, mídia, cultura, que tem um impacto enorme, não pode ser regulado? Tudo é censura: parece uma maneira fácil de criticar, colocar um rótulo.

O Brasil tem a tradição de ser um país repressor, um país de censura, de fato. A censura começou com a chegada da tipografia ao Brasil, junto com a família real em 1808. Sem tipografia no país, as ideias ficavam proibidas de circular, compondo um modo de censura. Num Estado com esse histórico, falar em qualquer tipo de controle realmente provoca um apelo. Quando os setores empresariais dizem que tudo é censura, encontram um eco social muito forte, pois essa é uma tradição do Estado brasileiro.

O segundo ator midiático são os anunciantes. O mercado praticamente é uma área demarcada pela publicidade. E não é só a televisão, o rádio, o próprio teatro hoje em dia, o cinema. Eles participam desse mercado, ou simplesmente emprestam seu nome. Se sou produtor cultural, conheço o que tem apelo para que eu possa procurar uma dada organização para obter apoio ao meu projeto. Essa sensibilidade eu tenho que ter. Mas isso repercute no ato de fazer. Nós, consumidores, participamos desse mercado. Se estamos falando em controle, percebe-se que todos exercem algum tipo de controle. Não vamos nos iludir. O mercado por si só não resolve. Ele o faria se existisse a chamada concorrência perfeita, que é um conceito econômico. É claro que a participação do consumidor é fundamental, ele empresta sentidos e acaba sendo um importante ator social no processo de regulação disso tudo.

Então não é só o Estado. Acho que é importante pensar o grau de complexidade desse fenômeno que é a censura, que é o controle.

Portanto, a sociedade está marcada por um conjunto de condicionantes que têm que existir no capitalismo contemporâneo, que é marcado por desigualdade, por exclusão, as chamadas flexibilidades, a convergência de unidades, o domínio do mercado sobre o Estado e a sociedade.

Se tivéssemos uma sociedade perfeita, onde todos os sujeitos midiáticos tivessem a mesma força, aí talvez fosse possível pensar a desnecessidade de algum tipo de controle. Mas, como nem todos os atores sociais midiáticos têm o mesmo tipo de força – sabemos o quanto díspares são essas forças –, o mercado acaba dominando cada vez mais a própria regulamentação. Muitas vezes ela é criada para legalizar um precedente já criado pelo mercado. Cada vez mais o neoliberalismo faz isso. Ao mesmo tempo, a sociedade civil, o movimento social, estão reposicionados.

Há 20 anos, na área de comunicação, o atual grau de articulação não existia. Claro, podemos pensar que o movimento social tem uma série de problemas e que grande parte é da chamada micropolítica – cada um trata da sua especificidade, não há uma grande articulação e o mundo por si só não resolve nada. O grau de articulação e de debate que se tem hoje é muito alto. Ele é permitido pela Internet ou criado pelas pessoas que participam por ela, por setores que se organizam em ONG, por sindicatos que debatem, que não são de comunicação, mas passam a debater comunicação. Isso nos dá a possibilidade de termos outro tipo de controle. Temos que ter uma sociedade forte, senão é imposição. Se for a expressão de um consenso criado em debate pela sociedade, teremos necessariamente uma sociedade civil forte. E como parte disso temos, evidentemente, a Academia, a Universidade.

Este livro foi composto nas fontes Peignot LT Std e Adobe Arabic e impresso em papel offset 75g/m^2, na Prol Editora Gráfica em setembro de 2012.